Hablar con extraños

Malcolm Gladwell

Hablar con extraños
Por qué es crucial (y tan difícil)
leer las intenciones de los desconocidos

Traducción de Pedro Cifuentes

taurus

Título original: *Talking to Strangers: What We Should Know about the People We Don't Know*

Primera edición: marzo de 2020

© 2019, Malcolm Gladwell
© 2020, Penguin Random House Grupo Editorial, S. A. U.
Travessera de Gràcia, 47-49. 08021 Barcelona
© 2020, Pedro Cifuentes Huertas, por la traducción
© 1981, Linda Gray Sexton y Loring Conant, Jr., por el permiso de reproducción de «La adicta»
©2020, de la presente edición en castellano:
Penguin Random House Grupo Editorial USA, LLC
8950 SW 74th Court, Suite 2010
Miami, Florida 33156

Diseño de cubierta:
Penguin Random House Grupo Editorial,
a partir del diseño original de Matt Dorfman

ISBN: 978-1-644731-39-0

Impreso en Estados Unidos - *Printed in USA*

Penguin
Random House
Grupo Editorial

A Graham Gladwell (1934-2017)

ÍNDICE

CUARTA PARTE
Lecciones

QUINTA PARTE
Acoplamiento

NOTA DEL AUTOR

Hace muchos años, cuando vinieron mis padres a visitarme a Nueva York, decidí alojarlos en el Mercer. Fue una pequeña travesura por mi parte. Se trata de un hotel elegante y exclusivo, el tipo de sitio donde se alojan los famosos y famosetes. Mi padre y mi madre eran ajenos a esta realidad. Él, en particular, no veía la televisión, ni iba al cine ni escuchaba música popular. Posiblemente pensaba que la revista *People* era una publicación antropológica. Sus áreas de especialización eran muy específicas: las matemáticas, la jardinería y la Biblia.

Fui a recogerlos para ir a cenar y le pregunté a él cómo había ido el día. «¡Maravilloso!», me dijo. Al parecer, se había pasado la tarde conversando con un hombre en el vestíbulo. Este era un comportamiento de lo más habitual en mi padre. Le gustaba hablar con desconocidos.

—¿De qué hablasteis? —le pregunté.

—¡De jardinería! —dijo mi padre.

—¿Cómo se llamaba?

—Ah, no tengo ni idea. Pero todo el tiempo venía gente a sacarle fotos y a hacerle firmar papelitos.

Si hay un famoso de Hollywood que recuerde haber estado charlando con un inglés barbudo hace mucho tiempo en el vestíbulo del hotel Mercer, le ruego que se ponga en contacto conmigo.

Todos los demás asimilemos la lección. A veces, las mejores conversaciones entre desconocidos son las que permiten al desconocido seguir siendo un desconocido.

INTRODUCCIÓN

I

En julio de 2015, una joven afroamericana llamada Sandra Bland conducía desde su ciudad, Chicago, a una pequeña localidad una hora al oeste de Houston.[1] La iban a entrevistar para un trabajo en la Universidad Prairie View A&M, donde se había graduado unos años antes. Era alta y llamativa, con una personalidad a la altura. Había pertenecido a la hermandad Sigma Gamma Rho y tocaba en la banda de la universidad. También había sido asistente voluntaria de un grupo de ancianos. Colgaba con regularidad vídeos cortos e inspiracionales en YouTube, bajo el alias «Sandy Speaks», que solían comenzar con un: «Buenos días, mis preciosos reyes y reinas».

> Me levanto hoy y no puedo sino alabar a Dios, dándole las gracias. Dándole las gracias no solo porque es mi cumpleaños, sino por mis avances, dándole las gracias por las diferentes cosas que Él ha hecho en mi vida este último año. Haciendo recuento, sin más, de los veintiocho años que llevo en esta tierra, y todo lo que me ha enseñado. Aunque he cometido algunos errores, y claramente la he liado, Él todavía me ama, y quiero que vosotros, mis reyes y reinas, sepáis que también os ama a vosotros.[2]

Bland consiguió el trabajo en Prairie View. Estaba exultante. Su plan era hacer un máster de Ciencias políticas a la vez. La tarde del 10 de julio, salió de la universidad para hacer la compra y, al girar a la derecha para incorporarse a la autovía que circunvala el campus de Prairie View, un policía le dio el alto. Su nombre era Brian Encinia; blanco, de pelo corto y moreno y de treinta años. Fue cortés... al menos al principio. Le dijo que no había señalizado su cambio de carril y le hizo algunas preguntas. Ella las contestó. Entonces Bland encendió un cigarrillo, y Encinia le pidió que lo apagara.

La cámara del salpicadero del coche del agente grabó toda la interacción posterior, que ha sido vista millones de veces en los distintos vídeos de los usuarios de YouTube.[3]

BLAND: Estoy en mi coche, ¿por qué voy a apagar el cigarrillo?

ENCINIA: Vale, baje del coche.

BLAND: No tengo por qué bajarme del coche.

ENCINIA: Bájese del coche.

BLAND: ¿Por qué me...?

ENCINIA: ¡Bájese del coche!

BLAND: No, no tiene usted derecho. ¡No, no tiene usted derecho!

ENCINIA: Bájese del coche.

BLAND: No tiene usted derecho. No tiene usted derecho a hacer esto.

ENCINIA: Tengo derecho; o se baja o la saco yo.

BLAND: Me niego a hablar con usted salvo para identificarme. [*Interferencia.*] ¿Me quiere hacer bajar del coche por no poner el intermitente?

ENCINIA: O se baja o la saco yo. Le estoy dando una orden legal. Bájese del coche ahora o voy a tener que sacarla yo mismo.

BLAND: Y yo voy a llamar a mi abogado.[4]

Bland y Encinia continúan así durante un tiempo incómodamente prolongado. Las emociones van intensificándose.

ENCINIA: Voy a sacarla de ahí. [*Se inclina y mete los brazos en el coche.*]

BLAND: Vale, ¿me va a sacar de mi coche? Fantástico.

ENCINIA: [*Pide refuerzos.*] 2547.

BLAND: Así que esto va en serio.

ENCINIA: Claro que va en serio. [*Agarra a Bland.*]

BLAND: ¡No me toque!

ENCINIA: ¡Salga del coche!

BLAND: No me toque. ¡No me toque! No estoy detenida… No tiene derecho a sacarme del coche.

ENCINIA: ¡Está detenida!

BLAND: ¿Estoy detenida? ¿Por qué? ¿Por qué? ¿Por qué?

ENCINIA: [*A la centralita.*] 2547 County FM 1098. [*Inaudible.*] Mándenme otra unidad. [*A Bland.*] ¡Bájese del coche! ¡Bájese del coche ahora!

BLAND: ¿Por qué me detiene? Se trata solo de una multa por…

ENCINIA: ¡He dicho que salga del coche!

BLAND: Pero ¿por qué me detiene? Acaba de abrir mi…

ENCINIA: Le estoy dando una orden legal. Voy a sacarla de ahí como sea.

BLAND: ¿Me está amenazando con sacarme de mi propio coche?

ENCINIA: ¡Bájese del coche!

BLAND: ¿Y después va a [*interferencia*]?

ENCINIA: ¡La voy a freír! ¡Bájese! ¡Ahora! [*Saca una pistola y apunta a Bland.*]

BLAND: Guau, guau… [*Bland sale del coche.*]

ENCINIA: Salga. Ahora. ¡Bájese del coche!

BLAND: ¿Por no poner el intermitente? ¿Todo esto por no poner el intermitente?

Bland fue detenida y encarcelada. Tres días después se suicidó en la celda.

II

El caso Sandra Bland surgió en medio de un extraño interludio en la vida pública estadounidense, que había comenzado a finales del verano de 2014, cuando un joven negro de dieciocho años llamado Michael Brown recibió un disparo mortal de un agente de policía en Ferguson.[5] Al parecer, acababa de robar un paquete de cigarrillos en una tienda. En los años posteriores fue apareciendo un caso mediático tras otro de violencia policial contra la población negra. Hubo revueltas y protestas por todo el país. Nació el movimiento por los derechos civiles Black Lives Matter. Durante un tiempo, esto era de lo que hablaban los estadounidenses. Quizá recuerden algún nombre de las noticias. En Baltimore, un joven negro que respondía al nombre de Freddie Gray fue detenido por llevar una navaja, y entró en coma en la parte trasera de una furgoneta policial. En Mineápolis, un policía dio el alto a otro joven negro llamado Philando Castile, a quien disparó inexplicablemente siete veces después de que le enseñase los papeles del seguro. En Nueva York, un hombre negro llamado Eric Garner fue abordado por un grupo de policías bajo la sospecha de que estaba vendiendo ilegalmente cigarrillos y murió asfixiado en la disputa subsiguiente. En North Charleston, un conductor negro de nombre Walter Scott tuvo que detener el vehículo porque tenía una luz de freno rota, salió corriendo y murió por los disparos efectuados a su espalda por un agente de policía blanco. Scott falleció el 4 de abril de 2015.[6] Sandra Bland le dedicó un episodio entero de *Sandy Speaks*.

> Buenos días, mis preciosos reyes y reinas. No soy racista.
> Me crie en Villa Park, en Illinois. Era la única niña negra de un equipo de animadoras blancas [...]. Gente negra, no tendréis éxito en este mundo hasta que aprendáis a trabajar con gente blanca.
> Quiero que las personas blancas entiendan que de verdad la gente negra está haciendo lo que puede [...]. Y que no podemos evitar cabrearnos cuando vemos situaciones en las que está claro que la vida negra no importaba. Aquellos de vosotros que os preguntáis por qué huía, bueno, maldita sea, en las noticias que hemos visto en los últimos tiempos queda patente que puedes quedarte ahí, hacer caso a los polis y acabar muerto de todas formas.[7]

Tres meses después, ella también estaba muerta.

Hablar con desconocidos es un intento de comprender qué pasó en realidad aquel día, en el arcén de una autovía de la Texas rural.

¿Por qué escribir un libro sobre un control de tráfico que se acaba torciendo? Porque el debate alumbrado por esta retahíla de casos fue profundamente insatisfactorio. Un bando lo convirtió en una discusión sobre racismo, como si contemplase el caso desde las alturas. El otro examinó cada detalle de cada caso con lupa. ¿Cómo era el agente de policía? ¿Qué hizo exactamente? Unos veían el bosque, pero no los árboles. Los otros veían los árboles, pero no el bosque.

Todos tenían razón, a su manera. Los prejuicios y la incompetencia explican mucho acerca de las disfunciones sociales de Estados Unidos. Pero ¿qué se hace con todos esos diagnósticos, además de prometer, con toda seriedad, esforzarse más la próxima vez? Hay malos polis. Hay polis sesgados. Los conservadores prefieren la primera interpretación; los progresistas la segunda. Al final, ambos bandos se anularon. Todavía hay agentes de policía que matan a ciudadanos en este país, pero esas muertes ya no abren los telediarios. Sospecho que quizá se haya tenido que parar un momento, durante la lectura, para recordar quién era Sandra Bland. Apartamos estas polémicas después de un intervalo decente de tiempo y pasamos a otras cosas.

Yo no quiero pasar a otras cosas.

III

En el siglo XVI las naciones y estados de Europa estuvieron implicados en casi setenta guerras. Los daneses lucharon contra los suecos; los polacos, contra los caballeros teutónicos; los otomanos lo hicieron contra los venecianos; los españoles, contra los franceses… y así sucesivamente. Si hubo un patrón común en el interminable conflicto, fue que un porcentaje abrumador de las batallas implicaban a vecinos. Se guerreaba contra personas situadas justo al otro lado de la frontera, que siempre habían estado ahí. O bien, contra alguien dentro de las propias fronteras; la guerra otomana de 1509 fue entre dos hermanos. Durante la mayor parte de la historia humana, los encuentros —hostiles o de otra índole— rara vez han tenido lugar entre desconocidos. La gente a la que se conocía y con la que se peleaba creía con frecuencia en el mismo dios, construía sus edificios y organizaba sus ciudades de la misma manera y libraba las batallas con las mismas armas y de acuerdo a las mismas reglas.

Pero el conflicto más sangriento del siglo xvi no encaja en ninguno de esos patrones. Cuando el conquistador español Hernán Cortés conoció al gobernante azteca Moctezuma II, ningún bando sabía absolutamente nada del otro.[8]

Cortés arribó a México en febrero de 1519 y, poco a poco, avanzó hacia el interior, hasta llegar a la capital azteca de Tenochtitlán. Allí, él y su ejército quedaron deslumbrados. Tenochtitlán era extraordinaria a la vista, bastante más grande e impresionante que ninguna de las ciudades que Cortés y sus hombres hubiesen conocido en su país natal. Estaba en medio de un islote, se conectaba al resto del territorio por puentes y estaba surcada de canales. Contaba con grandes bulevares, acueductos complejos, mercados prósperos, templos levantados en brillante estuco blanco, jardines públicos e incluso un zoológico. Estaba impecablemente limpia, lo que, para alguien criado en la suciedad de las ciudades medievales europeas, debió de parecer casi milagroso. Uno de los oficiales de Cortés, Bernal Díaz del Castillo, lo recordaba así:

> Y desque vimos tantas cibdades y villas pobladas en el agua, y en tierra firme otras grandes poblazones, y aquella calzada tan derecha y por nivel cómo iba a México, nos quedamos admirados, y decíamos que parescía a las cosas de encantamiento que cuentan en el libro de Amadís [...]. Y aun algunos de nuestros soldados decían que si aquello que vían si era entre sueños. Y no es de maravillar que yo lo escriba aquí desta manera, porque hay mucho que ponderar en ello que no sé cómo lo cuente: ¡ver cosas nunca oídas ni vistas, ni aun soñadas, como víamos![9]

Una asamblea de jefes aztecas recibió a los españoles a las puertas de Tenochtitlán, para luego conducirlos a la presencia de Moctezuma. Este hacía gala de una majestuosidad casi surrealista, transportado en una camilla bordada en oro y plata y festoneada con flores y piedras preciosas. Un cortesano iba al frente de la procesión, barriendo el suelo. Cortés bajó de su caballo. Moctezuma fue descendido de su camilla. El primero, como el español que era, se dispuso a abrazar al líder azteca… y fue frenado por asistentes de Moctezuma. Nadie abrazaba a Moctezuma. En lugar de eso, ambos hombres se inclinaron el uno ante el otro.

—¿No sois él? ¿Sois Moctezuma?

Moctezuma respondió:

—Sí, soy él.[10]

Ningún europeo había puesto un pie en México antes. Ningún azteca había conocido jamás a un europeo. Cortés no sabía nada de los aztecas, excepto la fascinación que le producían su riqueza y la extraordinaria ciudad que habían levantado. Moctezuma no sabía nada de Cortés, excepto que se había acercado al reino azteca con gran audacia, provisto de armas extrañas y de unos animales grandes y misteriosos, los caballos, que los aztecas jamás habían visto.

¿Puede sorprender que la reunión entre Cortés y Moctezuma haya fascinado a los historiadores durante tantos siglos? Aquel momento —hace quinientos años— en el que los exploradores empezaron a surcar océanos y a acometer valerosas expediciones en territorios previamente desconocidos dio pie al surgimiento de un tipo completamente nuevo de encuentro. Cortés y Moctezuma querían tener una conversación, a pesar de no saber nada el uno sobre el otro. Cuando Cortés preguntó a Moctezuma «¿Sois él?», no hizo esa pregunta directamente, pues solo hablaba español. Tuvo que llevar a dos intérpretes con él. Uno de ellos era una mujer indígena llamada Malinche, a quien los españoles habían capturado algunos meses antes. Conocía la lengua azteca nahuatl y el maya, el idioma del territorio mexicano en el que Cortés había empezado su viaje. Cortés llevaba también consigo a un sacerdote español llamado Gerónimo del Aguilar, que había naufragado en Yucatán y aprendido maya durante su estancia allí. Así que Cortés hablaba a Aguilar en español, Aguilar traducía al maya para Malinche y ella traducía del maya al nahuatl para Moctezuma; y cuando Moctezuma respondió «Sí, soy él», la larga cadena de traducción se puso en marcha en sentido inverso. Esa clase tan sencilla de interacción cara a cara a la que cada uno de ellos se había sometido durante toda su vida se complicaba ahora, de repente y sin remedio.*

Cortés fue llevado a uno de los palacios de Moctezuma, un lugar que Aguilar describiría más tarde como un espacio con «innumerables estancias, antecámaras, salones espléndidos, colchones con grandes capas, almohadas de cuero y fibra natural, buenos mantos y admirables túnicas de piel blanca».[12] Después de la cena, Moctezuma reunió a Cortés y a sus hombres y dio un discurso. Inmediatamente comenzó la confusión. Según interpretaron los españoles las afirmaciones de Moctezuma, el rey azteca hacía una concesión asombrosa: creía que Cortés era un dios, y que con él se cumplía una antigua profecía que decretaba que una deidad exiliada regresaría algún día desde el Este. Así pues, se rendía a Cortés. Se puede imaginar la reacción de Cortés, por cuanto aquella ciudad imponente era ahora efectivamente suya.

Pero ¿es eso realmente lo que quería decir Moctezuma? El nahuatl, la lengua de los aztecas, tenía un modo reverencial. Una figura real como Moctezuma hablaba en una especie de código, según una tradición cultural en la que los poderosos proyectaban su status mediante una cuidada y falsa humildad. La palabra en nahuatl para «noble», según señala el historiador Matthew Restall, es casi idéntica a la palabra para «niño». Cuando un gobernante

---

* La historiadora Camilla Townsend, entre otros, ha refutado la idea de que Moctezuma consideraba a Cortés un dios. Townsend sostiene que fue probablemente un simple malentendido, que partió del hecho de que los nahua usaban la palabra *teotl* para referirse a Cortés y sus hombres, la cual se traduce al español como «dios». Pero Townsend argumenta que la usaban solo porque «tenían que llamar a los españoles de alguna forma, y no estaba en absoluto claro de cuál. En el universo nahua, tal como había existido hasta ese momento, una persona era siempre denominada por su procedencia de un pueblo o de una ciudad-estado particular, o —más específicamente— como alguien que ocupaba un rol social determinado —un recaudador de impuestos, príncipe, sirviente, etcétera—. Estas gentes nuevas no encajaban en ningún lugar.[11]

como Moctezuma hablaba de sí mismo como alguien pequeño y débil, estaba, en otras palabras, destacando con sutileza que era respetado y poderoso.

«La imposibilidad de traducir adecuadamente semejante lengua es obvia», escribe Restall:

> El hablante se veía con frecuencia obligado a decir lo contrario de lo que quería realmente decir. El auténtico significado estaba integrado en el uso del lenguaje reverencial. Desprovisto de estos matices en la traducción, y distorsionado por el uso de múltiples intérpretes, no solo era improbable que las palabras de Moctezuma se entendieran con precisión, sino que era lo más fácil que su significado se invirtiera. En ese caso, el discurso de Moctezuma no era una rendición, sino una aceptación de la rendición española.[13]

Probablemente recuerden de la secundaria cómo terminó el encuentro entre Cortés y Moctezuma. El rey fue hecho prisionero por Cortés, y más adelante asesinado. Ambos bandos fueron a la guerra. Perecieron hasta veinte millones de aztecas, bien directamente a manos de los españoles o indirectamente, por las enfermedades que habían traído con ellos. Tenochtitlán fue destruida. La incursión de Cortés en México dio comienzo a una era de catastrófica expansión colonial. Y también introdujo un patrón nuevo de interacción social, de factura moderna. Hoy nos vemos empujados a tener contacto permanente con personas cuyas creencias, perspectivas y antecedentes son diferentes de los nuestros. El mundo moderno no se reduce a dos hermanos que se disputan el control del Imperio otomano. Son Cortés y Moctezuma esforzándose por entenderse a través de varias capas de traductores. *Hablar con desconocidos* trata de por qué se nos da tan mal esa clase de traducción.

Cada uno de los capítulos que siguen va dirigido a comprender un aspecto diferente del problema de los desconocidos. El lector habrá oído algo sobre muchos de los ejemplos. En la Universidad de Stanford, en el norte de California, un estudiante de primero llamado Brock Turner conoce a una mujer en una fiesta, y al final de la velada está bajo custodia policial. En Pensilvania, el antiguo segundo entrenador del equipo de fútbol americano de la universidad estatal, Jerry Sandusky, es declarado culpable de pedofilia, y se descubre que el presidente de la institución y dos de sus principales asistentes han sido cómplices de sus delitos. También leeremos sobre un espía que pasó años en los niveles más altos del Pentágono sin ser descubierto, sobre el hombre que hizo caer al gestor de fondos de inversión Bernie Madoff, sobre la falsa condena de la estudiante estadounidense de intercambio Amanda Knox y sobre el suicidio de la poeta Sylvia Plath.

En todos estos casos, las partes involucradas confiaron en una serie de estrategias para traducir al otro sus palabras e intenciones. Y en todos ellos algo salió muy mal. Lo que quiero hacer en *Hablar con desconocidos* es entender estas estrategias —analizarlas, criticarlas, averiguar de dónde venían y cómo enmendarlas—. Al final del libro volveré a Sandra Bland, porque hay algo en ese encuentro en la cuneta que debería atormentarnos. Reflexionemos sobre lo duro que fue. Sandra Bland no era alguien a quien Brian Encinia conociera del barrio o de su calle. Eso hubiera sido fácil: «¡Sandy! ¿Cómo estás? Ten un poco más de cuidado la próxima vez». En lugar de eso, tenemos a Encinia de Texas y a Bland de Chicago, un hombre y una mujer, una persona blanca y una negra, un agente de policía y una civil, uno armado y la otra desarmada. Eran completos desconocidos el uno para el otro. Si fuéramos más considerados como sociedad —si tuviésemos voluntad de emprender una búsqueda interior sobre cómo nos acercamos y entendemos a los desconocidos—, ella no habría terminado muerta en un calabozo de Texas.

Pero, para empezar, tengo dos preguntas —dos enigmas sobre desconocidos—, que empiezan con una historia contada por un hombre llamado Florentino Aspillaga, hace años, en una sala de interrogatorios en Alemania.

PRIMERA PARTE

Espías y diplomáticos: dos enigmas

1

LA REVANCHA DE FIDEL CASTRO

I

El destino final de Florentino Aspillaga era Bratislava, en lo que entonces era Checoslovaquia. Corría 1987, dos años antes de la caída del Muro. Aspillaga dirigía una consultora llamada Cuba Técnica, supuestamente relacionada con el comercio. No lo estaba. Era una tapadera. Aspillaga era un oficial de alto rango en la Dirección General de Inteligencia cubana.

Aspillaga había sido nombrado agente de inteligencia del año en el servicio cubano de espionaje en 1985, había recibido una carta manuscrita de felicitación del mismísimo Fidel Castro, había servido a su país con distinción en Moscú, Angola y Nicaragua. Era una estrella. Desde Bratislava, dirigía la red cubana de agentes de la región.

Pero, en algún momento de su continuado ascenso dentro del servicio de inteligencia cubano, se desencantó. Vio a Castro pronunciar un discurso en Angola, en el que celebraba la revolución comunista que había tenido lugar allí, y le horrorizaron la arrogancia y el narcisismo del líder cubano. Cuando fue destinado a Bratislava, en 1986, aquellas dudas se habían consolidado.

Planeó desertar el 6 de junio de 1987. Se trataba de un elaborado chiste privado, pues en esa fecha tenía lugar el aniversario de la fundación del Ministerio del Interior cubano, el todopoderoso organismo que administraba los servicios de espionaje nacionales. Si se trabajaba para la Dirección General de Inteligencia, habitualmente se celebraba el 6 de junio. Habría discursos, recepciones y ceremonias en honor del aparato cubano de espionaje. Aspillaga quería que su traición escociese.

Se encontró con su novia, Marta, en un parque en el centro de Bratislava. Era sábado por la tarde. Ella era también cubana, una de los miles de trabajadores cubanos invitados que había en fábricas checas. Como todos los cubanos en esa situación, tenía el pasaporte retenido en las oficinas del Gobierno cubano en Praga. Aspillaga tendría que pasarla ilegalmente por la frontera. Tenía un Mazda propiedad del Gobierno. Quitó la rueda de repuesto del maletero, perforó un orificio de ventilación en el suelo y le dijo que se metiera dentro.

Europa del Este, en aquel entonces, todavía estaba separada del resto del continente. Los viajes entre un lado y otro estaban fuertemente restringidos. Pero Bratislava estaba solo a un rato en coche de Viena. Aspillaga había hecho el trayecto antes. Era conocido en la frontera y llevaba un pasaporte diplomático. Los guardas lo saludaron al pasar.

En Viena, él y Marta abandonaron el Mazda, pidieron un taxi y se presentaron ante la verja de la Embajada de Estados Unidos. Era sábado por la tarde. Todo el personal superior estaba en casa. Pero Aspillaga no tuvo que hacer mucho para llamar la atención del vigilante:

—Soy un agente de la inteligencia cubana. Soy *comandante*[*] de inteligencia.[1]

En la jerga de los espías, la aparición de Aspillaga en la embajada vienesa se conoce como un «fichaje». Un agente del servicio de inteligencia de un país aparece inesperadamente en la puerta del de otro país. Y Tiny Aspillaga fue uno de los grandes fichajes de la Guerra Fría. Lo que sabía de Cuba —y de su fiel aliado, la Unión Soviética— era tan sensible que, por dos veces tras su defección, sus antiguos superiores del espionaje cubano lo siguieron y trataron de asesinarlo. Las dos veces escapó. Solo se vio una

---

[*]   En castellano en el original. *(N. del T.)*

vez a Aspillaga desde entonces. Lo hizo Brian Latell, que dirigió la oficina latinoamericana de la CIA durante muchos años.

A Latell le dio el aviso un agente encubierto que actuaba como intermediario de Aspillaga. Quedó con el intermediario en un restaurante de Coral Gables, a las afueras de Miami. Allí se le dieron instrucciones para encontrarse en otro lugar, más cerca de donde estaba viviendo Aspillaga bajo una nueva identidad. Latell reservó una suite en un hotel, en un sitio bastante anónimo, y esperó a que llegara Tiny.

—Era más joven que yo. Yo tenía setenta y cinco años. Él estaría entonces en la segunda mitad de los sesenta —cuenta Latell, al rememorar la reunión—. Pero había tenido problemas terribles de salud. Quiero decir, ser un desertor, vivir con una nueva identidad… es duro.

Pese al deterioro físico, Latell dice que era obvio lo que Aspillaga debía de haber sido de joven un hombre carismático, esbelto, con una cierta teatralidad y gusto por los riesgos y los grandes gestos emocionales. Cuando entró en la suite del hotel, Aspillaga llevaba una caja. La colocó sobre la mesa y se dirigió a Latell:

—Esto son unas memorias que escribí poco después de desertar —le dijo—. Quiero que las tenga.

Dentro de la caja, en las páginas de las memorias de Aspillaga, había una historia que no tenía sentido.

II

Tras su dramática aparición en la embajada estadounidense en Viena, Aspillaga fue trasladado a un centro de interrogatorios en una base militar estadounidense en Alemania. En aquellos años, la inteligencia norteamericana operaba desde la Sección de Intereses de Estados Unidos en La Habana, bajo bandera suiza (la delegación cubana tenía un acuerdo similar en Estados Unidos). Aspillaga dijo que antes de que comenzaran a interrogarlo tenía una petición; quería que la CIA trajese a uno de los antiguos comisarios jefes de La Habana, un hombre al que la inteligencia cubana conocía como «el Alpinista».[2]

El Alpinista había servido a la CIA por todo el mundo. Tras la caída del Muro de Berlín, la documentación del KGB y de la policía secreta de Alemania Oriental a la que se tuvo acceso reveló que habían llegado a dar un curso sobre el Alpinista a sus agentes. Tenía una carrera impecable. En una ocasión, unos agentes secretos soviéticos trataron de reclutarlo; le colocaron delante, literalmente, bolsas llenas de dinero. Les dijo que se marchasen y se burló de ellos. El Alpinista era incorruptible. Hablaba español como un cubano. Era un referente para Aspillaga, que quería conocerlo en persona.

—Yo estaba de misión en otro país cuando me llegó el mensaje de salir corriendo para Fránkfurt —recuerda el Alpinista, quien, aunque lleva mucho tiempo retirado de la CIA, todavía prefiere ser identificado por su alias—. Era allí donde teníamos el centro de procesamiento de deserciones. Me dijeron que se había entregado un tipo en una embajada. Había salido en coche de Checoslovaquia con su novia en el maletero, lo habían «fichado» en Viena, e insistía en hablar conmigo. Me pareció una locura.

El Alpinista entró directamente en el centro de interrogatorios.

—Me encontré a cuatro agentes sentados en el salón —recuerda—. Me dijeron que Aspillaga estaba en el dormitorio, haciendo el amor con su novia, como había hecho sin parar desde que llegara a un lugar seguro. Entonces entré y hablé con él. Era larguirucho, estaba mal vestido, como los europeos del Este y los cubanos solían estar por aquel entonces. Algo descuidado. Pero de inmediato se hacía evidente que era un tipo muy listo.

Cuando entró, el Alpinista no le dijo a Aspillaga quién era. Quería ser cauto; Aspillaga era una incógnita. Pero solo pasaron unos minutos antes de que este se diese cuenta. Hubo un momento de conmoción, risas. Se abrazaron, al estilo cubano.

—Hablamos cinco minutos antes de entrar en los detalles. Siempre que interrogas a uno de estos tipos, hace falta que te den una prueba de buena fe —explica el Alpinista—. Entonces le pregunté sin más qué podía contarme sobre el funcionamiento [de la inteligencia cubana].

Fue entonces cuando Aspillaga dejó caer la bomba, la información que lo había llevado desde detrás del Telón de Acero a las puertas de la embajada en Viena. La CIA tenía una red de espías dentro de Cuba cuyos diligentes informes para los agentes especializados ayudaban a modelar el entendimiento que Estados Unidos tenía de su adversario. Aspillaga nombró a uno de ellos y dijo: «Es un agente doble; trabaja para nosotros». Cundió la estupefacción. No tenían ni idea. Pero Aspillaga aún continuó. Nombró a otro espía. «Es doble también». Después a otro, y a otro. Tenía nombres, detalles, pelos y señales. «Este tipo que reclutasteis en el barco en Amberes. ¿El gordito con el bigote? Es un agente doble. ¿Ese otro tipo con una cojera que trabaja en el Ministerio de Defensa? También.» Siguió así hasta enumerar docenas de nombres, prácticamente la nómina al completo de agentes secretos estadounidenses en Cuba. Estaban todos trabajando para La Habana, alimentando a la CIA con información cocinada por los propios cubanos.[3]

—Me senté ahí y tomé notas —recuerda el Alpinista—. Traté de no mostrar ninguna emoción. Es lo que nos enseñan. Pero mi corazón iba a mil por hora.

Aspillaga estaba hablando de la gente del Alpinista, los espías con los que había trabajado cuando lo habían destinado a Cuba, en los años en que era un agente joven y ambicioso. Cuando llegó por primera vez a La Habana, el Alpinista había hecho hincapié en trabajarse sus fuentes de forma agresiva, presionándoles para extraer información.

—La cosa es que, si tienes un agente que está en la oficina del presidente de cualquier país, pero no puedes comunicarte con él, ese agente no tiene ningún valor —dijo el Alpinista—. Mi idea era: «Vamos a comunicarnos y a extraer algo valioso en lugar de esperar seis meses o un año hasta que el agente aparezca en algún otro lugar». —Pero ahora el ejercicio completo resultaba ser una farsa—. Debo admitir que me desagradaba tanto

Cuba que me daba mucho placer engañarlos y dejarlos a ciegas —dijo con tristeza—. Pero resulta que no era yo el que engañaba. Eso fue un golpe, para qué negarlo.

El Alpinista se subió a un avión militar y voló con Aspillaga directamente a la Base de la Fuerza Aérea Andrews, a las afueras de Washington, donde los esperaban unos peces gordos de la división latinoamericana.

—En la sección cubana la reacción fue de convulsión y horror absolutos —rememora—. Tan sencillo como que no podían creer que los hubieran timado de tal manera, durante tantos años. Causó una gran conmoción.

La cosa empeoró. Cuando Fidel Castro se enteró de que Aspillaga había informado a la CIA de su humillación, decidió echar sal a la herida. Primero reunió a todo el elenco de presuntos agentes de la CIA y les hizo desfilar triunfalmente por toda Cuba. Después emitió en la televisión cubana un asombroso documental de once episodios titulado *La guerra de la CIA contra Cuba*. La inteligencia cubana, evidentemente, había grabado todo lo que la CIA había estado haciendo en su país durante al menos una década, como si prepararan un *reality show*, algo así como *Supervivientes: Edición La Habana*. La calidad de las grabaciones era sorprendente. Contenían primeros planos y ángulos cinematográficos. El audio se entendía de forma cristalina; los cubanos habían debido de tener información previa sobre los lugares donde se iban a celebrar las reuniones secretas y habrían enviado a sus técnicos para colocar micrófonos en las habitaciones.

En la pantalla, identificados con su nombre, aparecían agentes de la CIA supuestamente encubiertos. Había vídeos de todos los dispositivos de alta tecnología de la CIA, como transmisores escondidos en cestas de picnic y maletines. Se daban explicaciones detalladas sobre qué banco de qué parque utilizaban los agentes estadounidenses para comunicarse con sus fuentes y de cómo recurrían a camisas de diferentes colores para hacer señales secretas a sus contactos.[4] Un largo plano-secuencia mostraba a un agente de la CIA que embutía dinero e instrucciones dentro de una gran «roca» de plástico; en otro, se filmaba a uno que escondía documentos secretos para sus agentes dentro de un coche siniestrado en un desguace en Pinar del Río; un tercero mostraba a otro espía estadounidense, que buscaba un paquete entre la hierba alta de la cuneta mientras su mujer echaba humo desde el coche.[5] El Alpinista tenía un breve cameo en el documental. Su sucesor salía mucho peor parado.

—Al ver ese programa de televisión —recuerda el Alpinista—, parecía que hubiesen tenido a un tipo con una cámara siguiéndolo allí adonde fuese.

Cuando el jefe de la oficina del FBI en Miami se enteró de la existencia del documental, llamó a un agente cubano y le pidió una copia. Le fueron enviadas sin demora una serie de cintas de vídeo, atentamente dobladas al inglés. Al servicio de inteligencia más sofisticado del mundo le habían hecho pasar por tonto.

III

Esto es lo que no tiene sentido en la historia de Florentino Aspillaga. Una cosa es que Cuba hubiese engañado a un grupo de ancianos inválidos, al modo en el que lo hacen los artistas del timo. Pero habían burlado a la CIA, una organización que se toma muy en serio el problema de entender a los desconocidos.

Había extensos dosieres sobre cada uno de esos agentes dobles. El Alpinista asegura que los estudió con sumo cuidado. No había señales obvias de alarma. Como todas las agencias de inteligencia, la CIA tiene una división —contrainteligencia— cuya labor es supervisar sus propias operaciones en busca de indicios de traición. ¿Qué habían encontrado? Nada.[*] Al analizar el epi-

---

[*]   Es práctica habitual de la CIA hacer pasar a sus agentes por pruebas para detectar mentiras, para cuidarse precisamente de traiciones como las que Aspillaga relató. Cada vez que uno de los espías cubanos de la agencia abandonaba la isla, la CIA se reunía en secreto con él en la habitación de un hotel y le hacía pasar por un polígrafo. A veces, los cubanos lo pasaban; el jefe de la división de polígrafos dio en persona el certificado de buena salud a seis agentes cubanos que resultarían ser espías dobles. Otras veces, fallaban. Pero ¿qué pasaba en esos casos? Los que dirigían la sección cubana los desechaban. Uno de los antiguos polígra-

sodio años después, todo lo que Latell podía hacer era encoger-
se de hombros y decir que los cubanos debían de ser buenos de
verdad. «Lo hicieron de un modo exquisito», reconocía.

Es decir, Fidel Castro seleccionó a los agentes dobles que usó de
cebo. Lo hizo con auténtica brillantez… Algunos de ellos habían
sido formados en el engaño teatral. Uno de ellos iba de ingenuo,
ya sabes […]. Era en realidad un oficial de inteligencia muy astuto, con mucha experiencia […]. Fue ese rol de «Es tan simplón,
¿cómo va a ser un doble?». Fidel lo orquestó todo. Es decir, Fidel
es el mejor actor de todos ellos.

El Alpinista, por su parte, sostiene que el trabajo de la sección
cubana de la CIA era sencillamente chapucero. Había trabajado
antes en Europa del Este, frente a Alemania Oriental, y allí, dice,
la agencia había sido mucho más meticulosa.

Pero ¿cómo era el historial de la CIA en Alemania Oriental?
Pues tan malo como el historial de la CIA en Cuba. Después de
la caída del Muro de Berlín, el superior de la inteligencia ger-
manooriental, Markus Wolf, escribió en sus memorias que, a
finales de la década de 1980:

---

fos de la CIA, John Sullivan, recuerda haber sido convocado a una reunión
después de que su grupo suspendiera a demasiados activos cubanos. «Nos pilla-
ron por sorpresa —diría después Sullivan—. El rapapolvo fue despiadado. Estaban todos los agentes y funcionarios diciendo: "No tenéis ni idea de lo que hacéis",
etcétera, etcétera. "Ni la Madre Teresa os aprobaría". En serio, de verdad que
fueron muy desagradables con ese tema.»

Pero ¿se les puede culpar por ello? Los responsables al efecto eligieron sustituir un método de comprender a desconocidos (atarlos a un polígrafo) por otro,
a saber, su propio juicio. Algo completamente lógico. La poligrafía es, por decirlo suavemente, un arte inexacto.

Los responsables habían estado acumulando años de experiencia con los
agentes; se reunían con ellos, mantenían conversaciones, analizaban la calidad de
los informes que enviaban. La evaluación de un profesional cualificado, entrena-
da a lo largo de los años, debería ser más precisa que los resultados de una reunión
apresurada en la habitación de un hotel, ¿no? Pero resulta que no lo era.

—Muchos de nuestros agentes piensan: «¡Qué bueno soy, a mí no hay quien
me engañe!» —opina Sullivan, antiguo polígrafo de la CIA. Estoy pensando en
un tipo en particular que era muy muy bueno, al que tenían por uno de los mejores en la agencia. —Es evidente que se refiere al Alpinista—. Pues se lo llevaron al huerto. Llegaron a grabarlo realizando una entrega encubierta. Fue de
locos.

Estábamos en la posición envidiable de saber que ni un solo agente de la CIA había trabajado en Alemania Oriental sin haber sido convertido en agente doble o trabajar con nosotros desde un principio. Todos suministraban a los estadounidenses información y desinformación seleccionada con el mayor de los cuidados.[6]

La supuestamente meticulosa división de Europa Oriental sufrió, de hecho, una de las peores filtraciones de toda la Guerra Fría. Aldrich Ames, uno de los oficiales de mayor rango responsables del contraespionaje soviético, en realidad trabajaba para la Unión Soviética. Sus traiciones llevaron a la captura —y ejecución— de incontables espías norteamericanos en Rusia. El Alpinista lo conocía. Todo el que era alguien en la agencia lo conocía.

—No tenía una opinión elevada de él, porque me constaba que era un borracho y un vago —dice el Alpinista; pero ni él ni ninguno de sus colegas sospecharon jamás que Ames fuera un traidor—. Para los veteranos era impensable que uno de los nuestros pudiera ser alguna vez seducido por el otro bando de la forma que lo fue Ames —reconoce—. Nos desconcertó profundamente que uno de los nuestros pudiese traicionarnos de esa manera.

El Alpinista era una de las personas más talentosas en una de las instituciones más sofisticadas del mundo. Y, sin embargo, había sido testigo por tres veces de humillantes traiciones; la primera, la maquinada por Fidel Castro; después, la de los alemanes del Este y, por último, en el mismo corazón de la CIA, la de un compañero vago y borracho. Y si a los mejores de la CIA se les puede engañar de semejante manera, tantas veces, ¿qué sucede con el resto de la humanidad?

Y ese es el enigma número uno: ¿por qué no podemos darnos cuenta de que el desconocido que tenemos enfrente nos está mintiendo a la cara?

2

CONOCER AL FÜHRER

I

La noche del 28 de agosto de 1938, Neville Chamberlain convocó a su asesor más próximo al número 10 de Downing Street para celebrar una sesión estratégica de madrugada.[1] Chamberlain había sido primer ministro británico durante poco más de un año. Antiguo hombre de negocios, práctico y directo, sus intereses y su experiencia estaban en los asuntos nacionales. Pero ahora afrontaba su primera crisis de política exterior. Involucraba a Adolf Hitler, que había estado llevando a cabo una escalada de declaraciones belicosas sobre la intención que albergaba de invadir los Sudetes, la parte germanoparlante de Checoslovaquia.

Si Alemania invadía Checoslovaquia, significaría con casi total seguridad una guerra mundial, que Chamberlain quería evitar con desesperación. Pero Hitler había estado especialmente huidizo durante los meses anteriores, y las intenciones alemanas eran tan opacas que el resto de Europa se estaba poniendo cada vez más nervioso. El primer ministro británico se había propuesto resolver el *impasse*. Llamó a su idea, que explicó a sus asesores aquella noche, plan Z. Era alto secreto. Chamberlain escribiría después que la propuesta era «tan poco convencional y audaz que dejó a Halifax [lord Halifax, ministro de Exteriores] perplejo». Chamberlain quería volar a Alemania y solicitar una reunión cara a cara con Hitler.

Uno de los aspectos más llamativos de los desesperados días de finales de la década de los treinta, mientras Hitler arrastraba al mundo a la guerra, es el escaso número de dirigentes mundiales que conocían de verdad a su homólogo germano;[*] era un misterio. Franklin Roosevelt, presidente estadounidense durante el ascenso de Hitler, nunca lo conoció. Tampoco Joseph Stalin, el dirigente soviético. Winston Churchill, sucesor de Chamberlain, estuvo cerca mientras recopilaba información para un libro en Múnich en 1932. Él y Hitler hicieron planes dos veces para tomar el té, pero, en ambas ocasiones, Hitler lo dejó plantado.

Las únicas personas en Inglaterra que de verdad pasaron tiempo con Hitler antes de la guerra fueron los aristócratas británicos que simpatizaban con la causa nazi, los cuales cruzaban a veces el canal para presentar sus respetos al Führer o unirse a sus fiestas. («En ciertos ambientes podía ser muy divertido», escribió en sus memorias la vividora fascista de la alta sociedad Diana Mitford, que cenaba con él frecuentemente en Múnich. «Hacía imitaciones maravillosas de personas y situaciones»).[3] Pero eso eran veladas sociales. Lo que Chamberlain pretendía era impedir una guerra mundial, y le parecía que sería una ventaja tomar la medida a Hitler en persona. ¿Era Hitler alguien con quien se pudiera razonar? Chamberlain quería averiguarlo.[4]

En la mañana del 14 de septiembre, el embajador británico en Alemania envió un telegrama al ministro de Exteriores de Hitler, Joachim von Ribbentrop. ¿Querría reunirse Hitler? Von Ribbentrop contestó que sí el mismo día. Chamberlain era un político experto con un don para el espectáculo, y filtró la noticia en un movimiento sibilino. Iba a viajar a Alemania para ver si podía evitar la guerra. Todo Reino Unido alzó la voz para celebrarlo. Las encuestas mostraban que un 70 por ciento del país consideraba este viaje «bueno para la paz». Los periódicos

---

[*]   La única excepción fue el primer ministro canadiense William Lyon Mackenzie King. Conoció a Hitler en 1937. Lo adoraba, hasta el punto de compararlo con Juana de Arco.[2]

lo respaldaron. En Berlín, un corresponsal extranjero relató que estaba comiendo en un restaurante cuando saltó la noticia y el salón entero se había puesto en pie, como una sola persona, para brindar a la salud de Chamberlain.

El primer ministro salió de Londres el 15 de septiembre por la mañana. Nunca antes había volado, pero mantuvo la calma incluso cuando el avión se encontró con un temporal cerca de Múnich. Miles de personas se habían congregado en el aeropuerto para recibirlo. Fue conducido a la estación de ferrocarriles en un desfile de catorce Mercedes, para almorzar después en el vagón comedor del propio Hitler mientras el tren se dirigía a las montañas, hacia el refugio de Hitler en Berchtesgaden. Llegó a las cinco de la tarde. Hitler apareció y le estrechó la mano. Chamberlain relataría después cada detalle de sus primeras impresiones en una carta a su hermana Ida:

> A media escalera estaba el Führer, con la cabeza descubierta y un abrigo de color caqui, con un brazalete rojo con una esvástica, y la cruz militar en el pecho. Llevaba pantalones negros como los que llevamos por las noches y zapatos de charol con cordones del mismo color. Tiene el pelo castaño, no moreno, y los ojos azules, con una expresión, más bien desagradable, en particular en reposo. En general, tiene una apariencia mediocre por completo. Nunca repararías en él en una multitud, y lo tomarías por el pintor de brocha gorda que era.[5]

Hitler invitó a Chamberlain a subir a su estudio, solo con un intérprete a sus espaldas. Hablaron, en ocasiones acaloradamente. «¡Estoy dispuesto a afrontar una guerra mundial!», exclamó Hitler en un momento dado. Dejó claro que iba a apoderarse de los Sudetes, con independencia de lo que pensara el mundo. Chamberlain deseaba saber si eso era todo lo que Hitler quería. Este dijo que sí. El primer ministro británico lo miró fijamente durante largo rato, para decidir que lo creía. En la misma carta a su hermana, Chamberlain escribió que había oído, de gente cercana a Hitler que el dirigente alemán había tenido la sensación de tener una conversación «con un hombre». Chamberlain prosiguió:

> En resumen, había establecido una cierta confianza, que era mi meta, y por mi parte, a pesar de la dureza y la crueldad que creí ver en su rostro, tuve la impresión de que aquí estaba un hombre en quien se podía confiar una vez que había dado su palabra.

Chamberlain regresó a Inglaterra a la mañana siguiente. En el aeropuerto de Heston hizo unas breves declaraciones en la pista.

—Ayer por la tarde tuve una larga charla con herr Hitler —dijo—. Estoy satisfecho, ahora que cada uno de nosotros entiende a la perfección qué hay en la mente del otro.

Prometió que ambos iban a reunirse de nuevo, solo que esta vez más cerca de Inglaterra. «Para ahorrar a un hombre mayor otro viaje tan largo», añadió Chamberlain, entre lo que aquellos que estuvieron presentes recordaron como «risas y vítores».

II

Por lo general, las negociaciones de Chamberlain con Hitler se consideran uno de los grandes disparates de la Segunda Guerra Mundial. Chamberlain cayó en el hechizo de Hitler. Fue superado tácticamente en la mesa de negociación. Leyó mal las intenciones de Hitler y no le advirtió de que, si renegaba de sus promesas, habría serias consecuencias. La historia no ha sido amable con Neville Chamberlain.

Pero por debajo de esas críticas hay un enigma. Chamberlain voló a Alemania dos veces más. Se sentó con Hitler durante horas. Los dos hombres hablaron, discutieron, comieron juntos, pasearon juntos. Chamberlain fue el único dirigente aliado de ese periodo que pasó un tiempo significativo con Hitler. Tomó nota minuciosa del comportamiento del alemán. «El aspecto y el comportamiento de Hitler cuando lo vi parecían sugerir que persistían las señales de tormenta», contó Chamberlain a su hermana Hilda después de otra de sus visitas a Alemania. Pero después «me dio el doble apretón de manos que reserva para demostraciones de especial amistad». De vuelta en Londres, contó a su gabinete que no había visto en el Führer «signos de demencia, pero sí muchos de excitación». Hitler no estaba loco. Era racional, tenaz: «Había reflexionado sobre qué quería y pensaba conseguirlo, y no toleraría oposición a partir de un determinado punto». Chamberlain actuaba bajo la misma suposición que todos asumimos cuando tratamos de entender a los desconocidos, por lo que creemos que la información obtenida de una interacción personal es de un valor excepcional. Nunca contrataríamos a una niñera sin conocer antes a la persona. Las empresas no aceptan empleados a ciegas. Los convocan y los entrevistan cuidadosamente, a veces durante varias horas seguidas y varias veces. Eso es lo que hizo Chamberlain, mirar a la persona a los ojos, observar su conducta y su comportamiento y sacar conclusiones. «Me dio el doble apretón de manos.» Sin embargo, toda esa información extra que recopiló Chamberlain en sus interacciones personales con Hitler no lo ayudó a verlo con mayor claridad. Todo lo contrario.

¿Se debe esto a que Chamberlain era ingenuo? Quizá. Su experiencia en asuntos internacionales era mínima. Más adelante, uno de sus críticos lo compararía con un sacerdote que entra en un pub por primera vez, insensible a la diferencia «entre una reunión social y una pelea multitudinaria».

Pero este patrón no se limita a Chamberlain. También afectó a lord Halifax, ministro de Exteriores de aquel. Halifax era un aristócrata, un estudiante extraordinario de Eton y Oxford. Había servido como virrey de la India en el periodo de entreguerras, cuando negoció de forma brillante con Mahatma Gandhi. Era todo lo que Chamberlain no era; cosmopolita, avezado, profundamente encantador, un intelectual y un hombre de una religiosidad tan sólida que Churchill lo apodó el Zorro Sagrado.

Halifax fue a Berlín en el otoño de 1937 para reunirse con el líder alemán en Berchtesgaden. Fue el otro único miembro del círculo dirigente británico que pasó algo de tiempo con el Führer.[6] La reunión que mantuvieron no fue una recepción diplomática irrelevante. Comenzó con Halifax confundiendo a Hitler con un sirviente, y casi le dio su abrigo. Y luego Hitler hizo de Hitler durante cinco horas de enfurruñamientos, gritos, divagaciones y denuncias. Habló de lo mucho que odiaba a la prensa. Habló de los males del comunismo. Halifax asistió a la función con lo que otro diplomático británico de la época llamó «una mezcla de asombro, repugnancia y compasión».

El ministro de Exteriores británico pasó cinco días en Alemania. Se reunió con dos de los ministros más poderosos de Hitler, Hermann Göring y Joseph Goebbels. Asistió a una cena en la embajada británica, en la que conoció a una multitud de importantes políticos y empresarios. Cuando volvió a casa, Halifax dijo que «haber entablado contacto no había acarreado sino cosas buenas» con respecto a los gobernantes germanos, lo cual es difícil de discutir. Es lo que se supone que un diplomático debe hacer. De su encuentro cara a cara había aprendido cosas valiosas sobre el hostigamiento y la volatilidad de Hitler. Pero ¿cuál fue la conclusión última de Halifax? Que Hitler no quería ir a la guerra y que estaba abierto a negociar la paz. Nadie pensó jamás que Halifax fuese un ingenuo, pero salió igual de engañado tras reunirse con Hitler que Chamberlain.

El diplomático británico que pasó más tiempo con Hitler fue el embajador en Alemania, Nevile Henderson. Se reunió con él en varias ocasiones y asistió a sus mítines. Hitler tenía incluso un mote para él, «el hombre del clavel», por la flor que el elegante Henderson llevaba siempre en la solapa.[7] Tras asistir al infame Congreso de Nuremberg a comienzos de septiembre de 1938, Henderson escribió en su despacho a Londres que Hitler parecía tan anormal que «podría haber cruzado la frontera de la demencia». Henderson no estaba subyugado por Hitler. Pero ¿pensaba que tenía intenciones infames para con Checoslovaquia? No. Hitler, creía, «aborrece la guerra como quien más».[8] Así pues, Henderson también se equivocó con Hitler[*].

La ceguera de Chamberlain, Halifax y Henderson no se parece en nada al enigma número uno del primer capítulo. Ese versaba sobre la incapacidad de personas que por lo demás son inteligentes y se dedican a saber cuándo están siendo engañadas. Esta es una situación en la que algunas personas fueron seducidas por Hitler y otras no. Y el enigma es que el grupo de los burlados estaba conformado por quienes uno esperaría que no lo fueran, mientras que aquellos que vieron la verdad son los que se pensaría que sí iban a ser engañados.

Winston Churchill, por ejemplo, no creyó ni por un momento que Hitler fuese nada más que un matón embaucador. Churchill calificó la visita de Chamberlain como «la cosa más estúpida que jamás se ha hecho». Pero Hitler era alguien sobre quien solo había leído. Duff Cooper, uno de los ministros del gabinete de Chamberlain, era igualmente lúcido. Escuchó con horror el relato del primer ministro sobre su reunión con Hitler. Más adelante, dimitiría del Gobierno de Chamberlain en señal de protesta. ¿Conocía Cooper a Hitler? No. Solo una persona en los estamentos superiores del servicio diplomático británico —Anthony Eden, que precedió a Halifax como ministro de Exteriores— había visto a Hitler tal cual era.[10] Pero ¿todos los demás? Las personas que acertaron sobre Hitler eran quienes menos sabían sobre su persona. Los que se equivocaron fueron los que habían hablado con él durante horas.

---

[*]   El oficial nazi al que Henderson conoció incluso mejor fue Göring, el segundo de Hitler. Iban juntos de montería y mantenían largas conversaciones. Henderson estaba convencido de que Göring también quería la paz y de que debajo de su bravuconería nazi había un hombre decente. En un relato sobre su estancia en Berlín, escrito al comienzo de la guerra, Henderson dijo que Göring «amaba a los animales y a los niños; y antes incluso de que tuviese uno propio para él, el piso superior del Karinhall albergaba un cuarto de juegos enorme con todos los juguetes mecánicos apreciados por un niño de esos tiempos. Nada le daba mayor placer que ir y jugar allí con ellos. Los juguetes podían incluir, es cierto, maquetas de aviones que lanzaban bombas pesadas que explotaban en ciudades y pueblos indefensos; pero como como observó cuando le reproché ese tema, "no era parte de la concepción nazi de la vida ser excesivamente civilizado o enseñar remilgos a los niños"». En caso de que alguien se lo pregunte, eso era en realidad el nazismo; la crianza de niños duros y resistentes.[9]

Todo esto podría ser una coincidencia, por supuesto. Quizá Chamberlain y su séquito, por cualquier razón privada, estaban predispuestos a ver el Hitler que querían ver, con independencia de lo que percibieran sus sentidos. Pero es que el mismo y enigmático patrón aflora por todas partes.

III

El juez era alto, de mediana edad, canoso, con un acento que situaba sus raíces en pleno distrito de Brooklyn. Llamémoslo Solomon. Había sido magistrado en el estado de Nueva York durante más de una década. No era autoritario ni intimidante, sino un hombre pensativo, con unos modales sorprendentemente suaves.

Era jueves, lo que en su juzgado significaba un típico día de ajetreo dedicado a la instrucción de cargos. Todos los acusados eran personas detenidas en las veinticuatro horas anteriores bajo la sospecha de algún tipo de delito. Habían pasado la noche en vela en un calabozo y ahora los conducían esposados a la sala, uno a uno. Se sentaron en un banquillo detrás de una mampara, a la izquierda de Solomon. A medida que se iba anunciando cada caso, el secretario entregaba al juez un documento con los antecedentes del demandado, que él empezaba a hojear, para ponerse al día. El acusado esperaba de pie, justo enfrente de Solomon, con su abogado a un lado y el fiscal de distrito al otro. Los dos letrados hablaban. El juez escuchaba. Entonces decidía si el acusado debía depositar una fianza o no y, en su caso, qué importe alcanzaría. «¿Merece este perfecto desconocido su libertad?»

Más tarde, contaría que los casos más difíciles eran los que implicaban a menores de edad. Entraban chavales de dieciséis años acusados de crímenes horribles. Y él sabía que si imponía una fianza suficientemente alta, terminarían en una «jaula» en la famosa prisión de Rikers Island, donde —lo expresó con la mayor delicadeza que pudo— hay básicamente «una pelea a punto de empezar en cada esquina».[*] Esos casos se complicaban aún más cuando miraba al público que había sentado en la sala, para acabar viendo a la madre del chico sentada en el auditorio. «Tengo un caso de estos todos los días», afirmaba. Había comenzado a hacer meditación. Descubrió que facilitaba las cosas.

Solomon se enfrentaba, día sí y día también, a una versión del mismo problema que habían afrontado Neville Chamberlain y el servicio diplomático británico en el otoño de 1938; se le pedía que valorase el carácter de un desconocido. Y el sistema de justicia penal presume, como hizo Chamberlain, que ese tipo de decisiones difíciles se toman mejor cuando el juez y el acusado se conocen primero.

Esa misma tarde, por ejemplo, Solomon tuvo enfrente a un hombre mayor, con el pelo ralo y muy corto, vestido con vaqueros y una guayabera, que solo hablaba español. Había sido detenido por un «incidente» en el que estaba implicado el nieto de seis años de su novia. El niño se lo había contado enseguida a su padre. El fiscal pedía una fianza de cien mil dólares. Con sus recursos, no había manera alguna de que el hombre pudiera reunir esa cantidad. Si Solomon accedía a la petición del fiscal, el hombre de la guayabera iría directo a la cárcel.

El acusado, por otro lado, lo negaba todo. Tenía dos delitos en sus antecedentes penales; pero eran faltas de muchos años antes. Trabajaba de mecánico, empleo con el que mantenía a una exmujer y a un hijo de quince años y que perdería si iba a la cárcel. Así que Solomon debía pensar en ese quinceañero que dependía del sueldo de su padre. También sabía con seguridad que los niños de seis años no son los testigos más fiables. Así que no había forma de que Solomon tuviera la certeza de si aquello acabaría siendo un malentendido descomunal o bien parte de alguna trama siniestra. En otras palabras, la decisión sobre si dejar libre al hombre de la guayabera —o retenerlo en la cárcel hasta que se celebrara el juicio— era endiabladamente compli-

---

[*] La ley ha cambiado desde entonces. Un acusado debe tener al menos dieciocho años para que lo puedan enviar a Rikers.

cada. Y para ayudarlo a tomar la medida correcta, Solomon hizo lo que todos nosotros haríamos en esa situación: miró al hombre directamente a los ojos y trató de hacerse una idea de quién era en realidad. Pero ¿fue de alguna utilidad? ¿O están los jueces sometidos al mismo enigma que Neville Chamberlain?

IV

La mejor respuesta que tenemos a esa pregunta proviene de un estudio realizado por un economista de Harvard, tres ingenieros informáticos de elite y un experto en fianzas de la Universidad de Chicago.[11] El grupo —al que por simplificar me referiré por el nombre del economista, Sendhil Mullainathan— decidió usar la ciudad de Nueva York como campo de pruebas. Reunieron los archivos de 554.689 acusados que comparecieron en la audiencia preliminar en Nueva York entre 2008 y 2013; 554.689 personas en total. De todas ellas, descubrieron que los jueces, humanos, de Nueva York habían soltado a poco más de 400.000.

Mullainathan construyó entonces un sistema de inteligencia artificial, le proporcionó la misma información que los fiscales habían dado a los jueces en esos casos (la edad y los antecedentes del acusado) y le pidió que cribara esos 554.689 casos e hiciera su propia lista de 400.000 personas a liberar. Era una competición, el hombre frente a la máquina. ¿Quién tomaba las mejores decisiones? ¿Qué lista cometía menos delitos estando bajo fianza y se presentaba al juicio con mayor probabilidad? Los resultados fueron notablemente distintos. Las personas en la lista del ordenador tenían un 25 por ciento menos de probabilidad de cometer un delito mientras esperaban su juicio que las personas liberadas por los jueces de la ciudad de Nueva York. ¡Un 25 por ciento! En la competición, la máquina pisoteaba al ser humano.*

---

*   Dos apuntes técnicos sobre las listas enfrentadas de los 400.000 acusados: cuando Mullainathan dice que la lista informática cometió un 25 por ciento menos de

Para hacerse una idea de la capacidad de la máquina de Mullainathan, esta etiquetó a un 1 por ciento de los acusados como «de alto riesgo». Se trataba de las personas que el ordenador pensaba que en ningún caso debían ser liberadas antes del juicio. Según los cálculos de la máquina, bastante más de la mitad de las personas de ese grupo de alto riesgo cometería otro delito si salían bajo fianza. Cuando los jueces humanos observaron a ese mismo grupo de manzanas podridas, sin embargo, no los identificaron para nada como peligrosos. ¡Liberaron al 48,5 por ciento! «Los jueces tratan a muchos de los acusados etiquetados por el algoritmo como de alto riesgo como si fueran de bajo riesgo —concluyó el Equipo Mullainathan en un pasaje particularmente devastador—. La realización de este ejercicio sugiere simple y llanamente que los jueces no solo están fijando un umbral alto para la reclusión, sino que clasifican a los acusados de forma errónea [...]. La cuota marginal de los que son encerrados proviene de toda la distribución de riesgo prevista». Traducción: las decisiones que los jueces toman sobre las fianzas están fuera de control.

Creo que estaremos de acuerdo en que es algo desconcertante. Cuando los jueces deciden si alguien sale o no bajo fianza, tienen acceso a tres fuentes de información. Tienen el perfil del

delitos que la lista de los jueces, está incluyendo la no comparecencia en la fecha del juicio como delito. Segundo, por si está usted preguntándose cómo podía calcular Mullainathan con tanta exactitud quién acabaría o no cometiendo un delito bajo fianza, no es porque tenga una bola de cristal. Es una estimación realizada sobre la base de un análisis estadístico altamente sofisticado. Esta es la versión resumida. Los jueces en Nueva York se turnan en las vistas de fianza. Se les asignan acusados por azar para que dictaminen. Como en todas las jurisdicciones, los jueces varían dramáticamente en cuanto a la probabilidad de que liberen a alguien, o cuán prohibitivamente alta sea la fianza. Algunos jueces son muy permisivos. Otros son estrictos. Así que imagine que un conjunto de jueces estrictos ve a 1.000 acusados y libera al 25 por ciento de ellos. Otro grupo de jueces permisivos ve a 1.000 acusados, que son equivalentes en todos los aspectos a los otros 1.000, y libera al 75 por ciento de ellos. Al comparar los índices de criminalidad de los acusados liberados en cada grupo, puede tener una idea de cuántas personas inofensivas son encarceladas por los jueces estrictos y cuántas personas peligrosas liberan los jueces permisivos. Esa estimación, a su vez, puede aplicarse a las predicciones de la máquina. Cuando emite un juicio sobre sus propios 1.000 acusados, ¿cuánto mejor es respecto a los jueces estrictos, por un lado, y los jueces permisivos, por otro? Esto suena muy complicado, y lo es. Pero es una metodología firmemente asentada. Para una explicación más completa, lo invito a leer el artículo de Mullainathan.

acusado; edad, antecedentes, qué pasó la última vez que se le concedió una fianza, dónde vive, dónde trabaja. Tienen el testimonio del fiscal de distrito y del abogado defensor, toda la información que se comunica en el tribunal. Y tienen la evidencia que les dictan sus propios ojos. «¿Qué sensación me transmite este hombre que tengo ante mí?».

El ordenador de Mullainathan, por su parte, no podía ver al acusado ni podía oír nada de lo que se dijese en la sala. Solo tenía la edad y los antecedentes. Contaba con una fracción de la información disponible para los jueces, y, sin embargo, era mucho más competente a la hora de adoptar decisiones sobre la fianza.

En mi segundo libro, *Inteligencia intuitiva,* conté la historia de cómo las orquestas contratan a músicos mucho mejor cuando organizan audiciones con ellos detrás de una pantalla. Quitar información al comité reclutador se traduce en mejores evaluaciones. Pero eso es porque la información obtenida al ver a alguien tocar es fundamentalmente irrelevante. Si se está juzgando si alguien es un buen violinista, saber si esa persona es alta o baja, apuesta o poco agraciada, blanca o negra, no va a ser de ayuda. De hecho, es probable que solo introduzca sesgos que harán el trabajo aún más difícil.

Pero, cuando se trata de decidir si conceder la fianza, parecería que la información extra que posea el juez pudiera ser realmente útil. En un caso anterior del tribunal de Solomon, se acusaba a un joven en pantalones de baloncesto y camiseta gris de haberse peleado con un hombre y haberse comprado después un coche con la tarjeta de crédito que le había robado. Al solicitar la fianza, el fiscal señaló que, en otras dos detenciones previas, no había aparecido a la fecha del juicio. Se trataba de una señal grave de alarma. Pero no todas las incomparecencias son idénticas. ¿Y si al acusado le habían dado una fecha errónea? ¿Y si perdía su empleo si se tomaba ese día libre y decidió que no merecía la pena? ¿Y si su hija estaba en el hospital? Eso es lo que su abogado defensor le dijo al juez, que su cliente tenía una buena excusa. El ordenador no sabía eso, pero el juez sí. ¿Cómo podía no ser de ayuda?

En el mismo sentido, Solomon dijo que lo que más tiene en cuenta para conceder o no una fianza es la existencia de una «enfermedad mental con denuncia previa de violencia». Esa clase de casos son la peor pesadilla de un juez; dejar a alguien libre bajo fianza y que después deje de tomar su medicación y cometa algún delito horrible.

—Puede disparar a un policía —dice Solomon—. O estrellar un coche contra una furgoneta, o matar a una mujer embarazada y a su marido. Puede hacer daño a un niño, empujar a alguien a la vía del metro y matarlo. Se trata de una situación espantosa desde cualquier ángulo posible. Ningún juez querría nunca ser el que haya tomado la decisión de haber soltado a esa persona.

Algunas de las claves, en ese tipo de situaciones, están en el historial del acusado; fichas médicas, hospitalizaciones previas, alguna mención al hecho de que el acusado tenga la condición de incapacitado... Pero otras pistas solo pueden verse en el momento.

—En el juzgado también vuela la terminología relacionada con personas con trastornos emocionales —explica Solomon—. Puede venir, por un lado, del departamento de policía que haya traído a los detenidos, que te entrega un sobre de un médico de las urgencias psiquiátricas del hospital en el que se le ha examinado antes de la vista oral. Otras veces, esa información pasa a la carpeta del fiscal, que hará preguntas sobre ello. Es algo en lo que tengo que pensar.

En esos casos, observará al acusado, de cerca, minuciosamente, buscando «esa mirada vidriosa incapaz de establecer contacto visual, no al adolescente incapaz de establecer contacto visual porque el lóbulo frontal aún no se ha desarrollado del todo. Me refiero al adulto que no se está tomando la medicación...».

La máquina de Mullainathan no puede oír hablar al fiscal sobre una persona con trastornos emocionales, y tampoco puede ver esa reveladora mirada vidriosa. Ese hecho debería traducirse en una gran ventaja para Solomon y sus colegas jueces. Pero por alguna razón no es así.

Enigma número dos: ¿cómo es posible que conocer a un desconocido pueda, a veces, hacernos entender peor a esa persona que si no la conociéramos?

V

Neville Chamberlain hizo su tercera y última visita a Alemania a finales de septiembre de 1938, dos semanas después de su primera visita. El encuentro se celebró en Múnich, en las oficinas del Partido Nazi, el Führerbau. El líder italiano Benito Mussolini y el primer ministro francés Édouard Daladier también fueron invitados. Los cuatro se reunieron, junto con sus asistentes, en el estudio privado de Hitler. En la mañana del segundo día, Chamberlain preguntó a Hitler si ambos podían reunirse a solas. Llegados a este punto, Chamberlain pensaba que había tomado la medida a su adversario.

Cuando Hitler había dicho que sus ambiciones se limitaban a Checoslovaquia, Chamberlain creyó que «herr Hitler decía la verdad». Ahora era solo cuestión de conseguir ese compromiso por escrito.

Hitler lo llevó a su apartamento en Prinzregentenplatz. Chamberlain sacó un papel en el que había escrito un simple acuerdo y preguntó a Hitler si estaría dispuesto a firmarlo. Mientras el intérprete traducía las palabras al alemán, «Hitler exclamaba frecuentemente "*Ja! Ja!*" y, al final, dijo: "Sí, por supuesto que lo firmaré"». Chamberlain después escribió a una de sus hermanas: «Pregunté: "¿Cuándo lo haremos?"; "Ahora", y fuimos de inmediato a la mesa del despacho y estampamos sendas firmas en las dos copias que había llevado conmigo».

Esa tarde, Chamberlain regresó a su país y fue recibido como un héroe. Una muchedumbre de periodistas se abalanzó sobre él. Sacó la carta del bolsillo interior de la chaqueta y la agitó ante la multitud. «Esta mañana he tenido otra charla con el canciller alemán herr Hitler, y aquí hay un papel que lleva su nombre y el mío.»

Después, se encaminó a la residencia del primer ministro en el número 10 de Downing Street.

—Queridos amigos: esta es la segunda vez en nuestra historia que regresa de Alemania a Downing Street la paz junto con el honor. Creo esta será una paz para toda nuestra era. Os lo agradecemos desde el fondo de nuestros corazones.

La multitud lo aclamó.

—Ahora, os recomiendo que os vayáis a casa y durmáis plácidamente en vuestras camas.

En marzo de 1939, Hitler invadió el resto de Checoslovaquia. Había tardado menos de seis meses en romper su acuerdo con Chamberlain. El 1 de septiembre de 1939 —once meses después— Hitler invadió Polonia y el mundo entró en guerra.

En otras palabras, tenemos oficiales de la CIA que no pueden desentrañar a sus espías, jueces que no pueden desentrañar a sus acusados y primeros ministros que no pueden desentrañar a sus adversarios; tenemos a personas con problemas para valorar las primeras impresiones de un desconocido; tenemos a personas con problemas para entender a un desconocido, cuando han dispuesto de meses para ello; tenemos personas con problemas cuando se encuentran con alguien solo una vez, y a gente que tiene problemas cuando vuelve a ver al desconocido una y otra vez. Tienen problemas para evaluar la honestidad de un desconocido. Tienen problemas con respecto al carácter de un desconocido. Tienen problemas con respecto a las intenciones de un desconocido.

Es un auténtico lío.

VI

Una última cosa:

Echemos un vistazo a la siguiente palabra incompleta y probemos a rellenar con letras los tres espacios en blanco, haciéndolo rápido, sin pensarlo.

T R _ _ _ E

En esto consiste esta tarea, en completar palabras a base de rellenar huecos. Los psicólogos suelen recurrir a ella para poner a prueba cosas como la memoria.

Yo he completado T R _ _ _ E como TRISTE. Hay que recordarlo. La siguiente palabra es:

_ _ I O

Esta la he completado formando la palabra ODIO. Hay que recordarlo también. He aquí el resto de las palabras:

_ I E _ O	F U E _ _ _	M E _ O _
P _ N _	_ _ _ _ T I V O	A _ E _ A _ A
_ _ _ _ E N T E	E _ _ A _ O	B A _ _ O
A _ A _ _ E	_ U T _	_ R A _ _ A
T E _ _ O	_ I C O	_ R A _ A _ O
M _ _ A	E X _ _ _	
S U _ _ A	T R I _ _ _ O	

He comenzado con TRISTE y ODIO para terminar con MIEDO, ATAQUE, TEDIO, MOFA, SUCIA, ENGAÑO, TRAMPA y FRACASO. Es una lista bastante malsana y melancólica. Pero no creo que diga nada sobre la oscuridad de mi alma. Yo no soy dado a la melancolía; soy un optimista. Supongo que la primera palabra, TRISTE, me vino a la cabeza, y luego continué por ahí.

Hace unos años, un equipo de psicólogos dirigido por Emily Pronin hizo el mismo ejercicio con un grupo de personas.[12] Una vez que los voluntarios hubieron rellenado los espacios en blanco, Pronin les hizo a todos la misma pregunta: ¿Qué crees que dicen de ti las palabras que has escrito? Por ejemplo, si completaste _ _ _ _ ENTE como INOCENTE, ¿significa eso que eres un tipo de persona diferente de otra que haya escrito la palabra VALIENTE? Los encuestados coincidieron conmigo en que no. No eran más que palabras.

«No me parece que las palabras que he escrito digan nada de mi personalidad», escribió uno de los participantes del experimento de Pronin. El resto del grupo se mostró de acuerdo:

«No creo que mi lista de palabras revele nada de mí en absoluto. Las he escrito al azar.»

«Algunas de las palabras que he escrito me parecen la antítesis de cómo veo el mundo. Por ejemplo, no me considero obsesionado por ser FUERTE, por ser el MEJOR ni un GANADOR.»

«Sinceramente, no creo que esas palabras revelen mucho sobre mí. Son producto de la casualidad.»

«No revelan mucho, salvo mi vocabulario.»

«Realmente no creo que haya ninguna relación. Son palabras aleatorias.»

«Las palabras PENA, ATAQUE y AMENAZA parecen apuntar en un sentido, pero no veo que digan nada sobre mí.»

Pero entonces las cosas se pusieron interesantes. Pronin le pasó al grupo las listas de palabras que habían escrito otras personas, perfectos desconocidos. Repitió la misma pregunta: ¿qué creéis que revelan estas palabras? Y, esta vez, el grupo reunido por Pronin cambió por completo de opinión.

«No parece que esta persona lea demasiado. En mi opinión, la forma más normal de completar _ICO sería RICO o PICO. La palabra MICO resulta algo aleatoria, y podría ser indicio de una mente dispersa o distraída.»

«Me da la sensación de que el que escribió esta lista es algo vanidoso, pero en el fondo parece buena persona.»

Téngase en cuenta que quienes opinaban así eran exactamente las mismas personas que momentos antes habían negado que el ejercicio tuviera significado alguno.

«Parece una persona orientada a objetivos y habituada a desenvolverse en entornos muy competitivos.»

«Esta persona me da la sensación de llevar una vida llena de fatigas. También parece interesada en tener relaciones íntimas con alguien del sexo opuesto; y probablemente le guste jugar a ciertos juegos.»

La misma persona que había escrito «No creo que mi lista de palabras revele nada de mí en absoluto» emitió el siguiente juicio acerca de una perfecta desconocida:

«Creo que esta chica tenía la regla. También parece que ella misma o alguien que conoce bien mantiene una relación sexual deshonesta, según revelan palabras como AMANTE, PUTA, SUCIA, ENGAÑO.»

El resto de participantes fueron desgranando sucesivamente juicios similares, sin que ninguno de ellos se mostrara ni mucho menos consciente de incurrir en tal contradicción.

«Parece haber una relación […] Habla mucho sobre EFECTIVO, de dinero, que mete en el BANCO. Existen varias correlaciones.»
«Lo veo muy centrado en competir y ganar. Podría ser un atleta de alta competición.»
«En general, este individuo parece tener una perspectiva positiva hacia las cosas que se obtienen con esfuerzo. La mayoría de las palabras, como TRIUNFO, ÉXITO u OBJETIVO, indican algún tipo de competitividad, como revelaría el uso de una jerga entre lo empresarial y lo militar claramente competitiva.»

Si estas personas hubieran visto mis TRISTE, ODIO, MIEDO, ATAQUE, TEDIO, MOFA, SUCIA, ENGAÑO, TRAMPA y FRACASO, se habrían preocupado por mi salud mental.

En palabras de Pronin, que se refiere a este fenómeno como «visión asimétrica ilusoria»:

Nuestro convencimiento de conocer a los demás mejor de lo que ellos nos conocen a nosotros —y de poseer percepciones sobre ellos de las que ellos carecen, así como de que esto no ocurre a la inversa— nos lleva a hablar cuando nos convendría más escuchar, y a ser menos pacientes de lo que deberíamos cuando son los demás quienes se muestran convencidos de ser malinterpretados o juzgados injustamente.

He aquí el meollo de los dos primeros enigmas; los funcionarios de la CIA encargados de Cuba jamás dudaron de su capacidad para evaluar la lealtad de sus espías. Tampoco los jueces se consideran incapaces de valorar la personalidad de los acusados, sino que se toman un minuto o dos antes de emitir un dictamen autorizado. Neville Chamberlain nunca cuestionó la sabiduría de su audaz plan para evitar la guerra. Si las intenciones de Hitler no estaban claras, su obligación como primer ministro era ir a Alemania para aclararlas.

Nos creemos que podemos mirar sin más dentro de los corazones de los demás basándonos en las pistas más endebles. Nos lanzamos a juzgar a los desconocidos con una ligereza que jamás nos aplicaríamos a nosotros mismos. Pero es que nosotros somos complejos, enigmáticos, estamos llenos de matices. Los desconocidos, en cambio, son accesibles.

Si puedo convencerte de una única cosa con este libro, que sea esta: los desconocidos no son simples.

SEGUNDA PARTE

El sesgo de veracidad

3

LA REINA DE CUBA

I

Echemos un vistazo a otra historia de espías cubanos.

A comienzos de la década de los noventa, miles de cubanos comenzaron a huir del régimen de Fidel Castro. Fabricaban barcas rudimentarias —hechas con cámaras de aire, bidones metálicos, puertas de madera y cualesquiera otras piezas sueltas— y emprendían un viaje desesperado a través de las noventa millas del estrecho de Florida hasta Estados Unidos. Según una estimación, hasta veinticuatro mil personas murieron en el intento. Fue un desastre humanitario. En respuesta, un grupo de migrantes cubanos en Miami fundó Hermanos al Rescate. Formaron una improvisada fuerza aérea conformada por Cessna Skymasters monomotor, con los que surcaban los cielos del estrecho de Florida para buscar refugiados desde el aire e informar por radio de sus coordenadas a la Guardia Costera. Hermanos al Rescate salvó miles de vidas. Se convirtieron en héroes.

Con el tiempo, se volvieron más ambiciosos. Empezaron a sobrevolar el espacio aéreo cubano, lanzando octavillas sobre La Habana, en las que se instaba al pueblo cubano a sublevarse contra el régimen de Castro. El Gobierno cubano, avergonzado ya por la huida de sus ciudadanos, estaba indignado. Las tensiones aumentaron, alcanzando su nivel máximo el 24 de febrero de 1996. Esa tarde tres aviones de Hermanos al Rescate despegaron hacia el estrecho de Florida. Cuando se acercaban a la costa cubana, dos cazas MiG de la Fuerza Aérea cubana abatieron dos de los aviones, matando a las cuatro personas que iban a bordo.

La respuesta al ataque fue inmediata. El Consejo de Seguridad de Naciones Unidas aprobó una resolución denunciando al Gobierno cubano. Un presidente Clinton muy serio organizó una rueda de prensa. La población cubana de Miami estaba furiosa. Se había derribado a los aviones en el espacio aéreo internacional, convirtiendo el incidente en el equivalente a un acto de guerra. La conversación por radio entre los pilotos del Ejército cubano fue entregada a la prensa:

—¡Le dimos, cojones, le dimos!
—Le eliminamos, cojones.
—Le dimos.
—¡Pringaos!
—Marca el lugar donde lo derribamos.
—Este no nos va a joder nunca más.

Y a continuación, después de que uno de los MiGs pusiera la mira en el segundo Cessna:
—¡Patria o muerte, cabrones![1]

Pero, en medio de la polémica, la historia dio un giro repentino. Un contraalmirante jubilado estadounidense llamado Eugene Carroll concedió una entrevista a la CNN. Carroll era una figura influyente en Washington. Había dirigido todas las fuerzas armadas estadounidenses en Europa, con siete mil armas bajo su control. Carroll contó que, justo antes del derribo de los Hermanos al Rescate, un pequeño grupo de analistas militares se habían reunido con oficiales cubanos de alto rango.[2]

CNN: Almirante, ¿puede decirme qué ocurrió en su viaje a Cuba, con quién habló y qué se le dijo?
CARROLL: Fuimos recibidos por el ministro de Defensa, el general Rosales del Toro. Recorrimos la isla, inspeccionamos bases cubanas, colegios, su central energética nuclear parcialmente ter-

minada, etcétera. Durante las largas conversaciones con el general Rosales y su equipo, surgió la pregunta sobre estos sobrevuelos de aviación estadounidense —no aviación gubernamental, sino aeronaves privadas que operaban desde Miami—. Nos preguntaron: «¿Qué pasaría si derribásemos uno? Podemos hacerlo, ¿sabe?».

Carroll interpretó esa pregunta de sus anfitriones como una advertencia apenas velada. La entrevista continuó:

> CNN: Así que cuando volvieron, ¿a quiénes transmitieron esta información?
> CARROLL: Tan pronto como pudimos cerrar citas, analizamos la situación con miembros del departamento de Estado y de la Agencia de Inteligencia de la Defensa.

La Agencia de Inteligencia de la Defensa (DIA, por sus siglas en inglés) es el tercer brazo del triunvirato de inteligencia en el extranjero del Gobierno de Estados Unidos, junto con la CIA y la Agencia de Seguridad Nacional. Si Carroll se había reunido con el departamento de Estado y la DIA, entonces había entregado la advertencia cubana al máximo nivel posible en el Gobierno estadounidense. ¿Y se tomaron en serio esas advertencias en el departamento de Estado y la DIA? ¿Intervinieron e impidieron que Hermanos al Rescate continuasen sus temerarias incursiones en el espacio aéreo cubano? Obviamente no.[*]

Los comentarios de Carroll rebotaron por los círculos políticos de Washington. Era esta una revelación bochornosa.[3] El

---

[*] El departamento de Estado había informado a Hermanos al Rescate, a través de canales oficiales, de que cualquier plan de vuelo con destino en Cuba era inaceptable. Pero está claro que las advertencias no llegaron a buen puerto.

> CNN: Almirante, el departamento de Estado había emitido otras alertas a Hermanos al Rescate sobre esto, ¿no es así?
> CARROLL: No alertas efectivas. Sabían que [los Hermanos] habían estado registrando planes de vuelo falsos para ir después a Cuba, y esto incidía en el resentimiento cubano, que el Gobierno no estuviera haciendo cumplir sus propias regulaciones.

ataque cubano se había producido el 24 de febrero. Los avisos de Carroll al departamento de Estado y a la DIA se habían comunicado el 23 de febrero.[4] Un destacado informador de Washington se había reunido con oficiales estadounidenses el día antes de la crisis y los había advertido de forma explícita de que los cubanos habían perdido la paciencia con Hermanos al Rescate, y esta alerta fue ignorada. Lo que empezó como una atrocidad cubana se había transformado en una historia sobre la incompetencia diplomática norteamericana.

CNN: ¿Y el argumento de que estos eran aviones civiles no armados?

Carroll repitió lo que le habían dicho en La Habana.

CARROLL: Esa es una pregunta muy delicada. ¿Dónde estaban? ¿Qué estaban haciendo? Le haré una analogía. Supongamos que tuviésemos a los aviones volando sobre San Diego desde México, lanzando octavillas y movilizando a la gente contra el gobernador [de California] Wilson. ¿Cuánto tiempo toleraríamos estos sobrevuelos después de haberlos advertido sobre ellos?[5]

A Fidel Castro no lo invitaban a la CNN para que ofreciera su versión, ni falta que hacía. Ya tenía un contraalmirante que lo defendiera.

II

Los siguientes tres capítulos de *Hablar con desconocidos* están dedicados a las ideas de un psicólogo llamado Tim Levine, que ha pensado como nadie en el ámbito de las ciencias sociales sobre el problema de por qué nos engañan los desconocidos. El segundo capítulo aborda las teorías de Levine a través de la historia de Bernie Madoff, el inversor que armó el mayor esquema Ponzi de la historia. El tercero examina el desconocido caso de Jerry Sandusky, el entrenador de fútbol americano de la Universidad Estatal de Pensilvania condenado por abuso sexual. Y este, el primero, es sobre las repercusiones de la crisis entre Estados Unidos y Cuba en 1996.

¿Hay algo con respecto al almirante Carroll y a los ataques aéreos cubanos que le resulte raro? Encontramos aquí una cantidad impresionante de coincidencias.

1. Los cubanos planifican un ataque homicida deliberado sobre ciudadanos estadounidenses que sobrevolaban el espacio aéreo internacional.
2. Sucede que, un día antes del ataque, un destacado operador militar entrega una seria advertencia a oficiales estadounidenses sobre la posibilidad de que esa misma acción se lleve a cabo.
3. Y, de modo fortuito, esa advertencia sitúa a ese mismo funcionario, el día después del ataque, en la posición de defender a Cuba en una de las cadenas de noticias más respetadas del mundo.

La secuencia de estos tres acontecimientos es un poco demasiado perfecta, ¿no les parece? Si una agencia de relaciones públicas tratase de silenciar las consecuencias de una acción muy polémica, este es exactamente el relato que construiría, con un experto aparentemente neutral, disponible de inmediato para decir: «¡Yo los avisé!».

Esto es lo que un analista de contrainteligencia militar llamado Reg Brown pensó durante los días que siguieron al incidente. Brown trabajaba en la unidad latinoamericana de la Agencia de Inteligencia de la Defensa. Su trabajo era entender las maneras en las que los servicios de inteligencia cubanos estaban tratando de influir en las operaciones militares estadounidenses. De lo que se encargaba, en otras palabras, era de estar alerta ante la clase de matices, sutilezas y coincidencias no explicadas que el resto ignoramos. Y no podía sacudirse la sensación de que Cuba, de alguna forma, había orquestado toda la crisis.

Resultó, por ejemplo, que los cubanos tenían una fuente dentro de Hermanos al Rescate, un piloto llamado Juan Pablo Roque. El día antes del ataque, había desaparecido, para volver a aparecer al lado de Castro en La Habana. Está claro que Roque, de vuelta en casa, les había dicho a sus jefes que Hermanos al Rescate tenía algo planeado para el día 24. Eso hizo que a Brown le resultase difícil hacerse a la idea de que la fecha de la reunión con Carroll se hubiese elegido al azar. En términos de impacto mediático, los cubanos querrían que el mensaje fuese entregado el día antes, ¿no? De esa forma el departamento de Estado y la DIA no podrían eludir el problema diciendo que la advertencia fuera vaga o que se había hecho mucho antes. Tenían las palabras de Carroll justo delante de ellos el día que los pilotos despegaron de Miami.

Entonces, ¿quién había organizado esa reunión? Brown se hizo esa pregunta. Empezó a investigar, y el nombre que salió a la luz lo sorprendió mucho. Era una colega suya de la DIA, una experta cubana llamada Ana Belén Montes. Ana Montes era una estrella. La habían propuesto repetidas veces para ascensos y oportunidades especiales de hacer carrera, y le llovían los honores y las primas. Sus informes eran brillantes. Había llegado a la DIA desde el departamento de Justicia, y, en su recomendación, uno de sus antiguos supervisores la había descrito como la mejor empleada que hubiera tenido jamás. Una vez, recibió una medalla de manos de George Tenet, el director de la CIA. Su apodo dentro de la comunidad de inteligencia era «la Reina de Cuba».[6]

Pasaron las semanas. Brown sufría. Acusar a una colega de traición sobre la base de semejante especulación semiparanoide era un paso enormemente arriesgado, en especial cuando la colega era alguien de la talla de Montes. Al final, Brown tomó la decisión y llevó sus sospechas a un oficial de contrainteligencia de la DIA llamado Scott Carmichael.

«Vino a verme y paseamos un rato por el barrio a la hora de comer —recuerda Carmichael de su primer encuentro con Reg Brown—. Y le costó mucho llegar a lo de Montes. O sea, casi todo fue oírle decir "Dios mío". Se retorcía las manos y decía "No quiero equivocarme"».

Poco a poco, Carmichael le sonsacó. Todos los que trabajaban en Cuba recordaban la bomba que había soltado Florentino Aspillaga. Los cubanos eran buenos. Y Brown tenía pruebas propias. Había escrito un informe a finales de los ochenta en el que detallaba la implicación de altos funcionarios cubanos en el contrabando internacional de drogas. «Identificó a funcionarios cubanos veteranos específicos que estaban implicados de forma directa —explica Carmichael—, y después proporcionó los detalles. Me refiero a vuelos, fechas, horas, lugares, quién hizo qué a quién, la movida completa.» Y unos días antes de que se publicase el informe de Brown, los cubanos reunieron a todos los que aparecían en su investigación, ejecutaron a unos cuantos y emitieron una nota pública negando los hechos. «Y Reg dijo: "¿Qué cojones pasa aquí?". Se trataba de una filtración».

Aquel episodio había convertido a Brown en un paranoico. En 1994, dos agentes de inteligencia cubanos habían desertado y contado una historia similar, que los cubanos tenían a alguien importante dentro de la inteligencia estadounidense. ¿Qué debía pensar entonces?, le preguntó Brown a Carmichael. ¿No tenía motivos para albergar sospechas?

Entonces, le contó a Carmichael otra cosa que había ocurrido durante la crisis de Hermanos al Rescate. Montes trabajaba en la oficina de la DIA en la base aérea de Bolling, en el barrio de Anacostia, en Washington D.C. Cuando los aviones fueron derribados, la llamaron al Pentágono; si eres uno de los mayores expertos gubernamentales sobre Cuba, en un caso así tienes que estar a mano. Los derribos habían ocurrido un sábado. Resulta que, la noche del día siguiente, Brown llamó para preguntar por Montes.

«Al parecer, una mujer le cogió el teléfono y le dijo que Ana se había ido», cuenta Carmichael. Más temprano ese mismo día, Montes había recibido una llamada… y después se había mostrado intranquila. Luego había dicho a todo el mundo que estaba cansada, que todo parecía tranquilo y que se iba a casa.

Reg, simple y llanamente, no se creía nada. Era tan contrario a nuestra cultura que no podía creerlo. Todo el mundo entiende que cuando explota una crisis y se te convoca es porque tienes conocimientos que pueden contribuir a los procesos de toma de decisiones. Y en el Pentágono estás disponible hasta que se te dice que te puedes marchar. Se sobreentiende. Si alguien a ese nivel te convoca porque de repente los norcoreanos han lanzado un misil sobre San Francisco, no decides marcharte cuando estás cansado y tienes hambre. Todo el mundo lo sabe. Y, sin embargo, ella lo hizo. Y Reg reaccionó en plan: «¿Qué demonios pasa aquí?».

Según la perspectiva de Brown, si era verdad que ella trabajaba para los cubanos, estos habrían estado desesperados por saber de ella, querrían saber qué pasaba en la sala de crisis. ¿Tuvo una reunión aquella noche con su controlador? Era todo un poco descabellado, razón por la que Brown estaba tan aturdido. Pero había espías cubanos. Lo sabía. Y allí estaba esa mujer, recibiendo una llamada personal y saliendo por la puerta en medio de lo que era —para un especialista en Cuba— quizá la mayor crisis en una generación. Y, como guinda del pastel, ¡era la persona que había organizado aquella reunión tan conveniente con el almirante Carroll!

Brown dijo a Carmichael que los cubanos habían querido derribar uno de los aviones de Hermanos al Rescate durante años, pero que no lo habían hecho porque sabían qué tipo de provocación sería. Podría servir como la excusa que necesitaba Estados Unidos para deponer a Fidel Castro o para lanzar una invasión. A los cubanos no les merecía la pena, a menos, claro está, que pudieran concebir alguna forma de poner a la opinión pública de su parte.

Así que se da cuenta de que Ana no solo era una de las personas que estaban en la habitación con el almirante Carroll, sino que era ella quien lo había organizado; se da cuenta y piensa: «la hostia, tengo delante de las narices una operación de golpe de efecto de la contrainteligencia cubana para hacer circular una historia falsa, y Ana es la persona que lideró los esfuerzos para reunirse con el almirante Carroll. ¿Qué demonios es todo esto?».

Pasaron los meses. Brown persistió. Al final, Carmichael sacó el archivo de Montes. Había pasado sus polígrafos más recientes con brillantez. No escondía problemas con el alcohol ni tenía sumas sin justificar en la cuenta bancaria. No daba señales de alarma.

—Después de revisar los archivos sobre ella de seguridad y de personal, pensé: «A Reg se le ha ido la pinza con esto» —dijo Carmichael—. Esa mujer iba a ser la próxima directora de inteligencia de la DIA; era sencillamente fabulosa.

Sabía que para justificar una investigación sobre la base de estas especulaciones tenía que ser meticuloso. Nos cuenta que Reg Brown se estaba «viniendo abajo». Tenía que atender las sospechas de Brown de una u otra manera; en sus propias palabras, «documentar hasta la última mota de polvo relacionada con cualquier cosa», porque si corría la voz de que Montes estaba bajo sospecha «estaba seguro de que me iba a caer encima una lluvia de mierda».

Carmichael convocó a Montes. Se reunieron en una sala de conferencias en Bolling. Era atractiva, inteligente, esbelta, con pelo corto y rasgos afilados, casi severos. Carmichael pensó para sus adentros: «Esta mujer es impresionante».

—Se sentó prácticamente a mi lado, como a esta distancia —cuenta Carmichael colocando las manos a un metro escaso de distancia—. En el mismo lado de la mesa. Cruzó las piernas. No creo que lo hiciera a propósito, pienso que solo quería ponerse cómoda. Resulta que soy un hombre de piernas; ella no podía saberlo, pero me gustan las piernas y sé que miré para abajo.

Le preguntó sobre la reunión del almirante Carroll. Tenía una respuesta. No había sido idea suya en absoluto. El hijo de alguien a quien conocía en la DIA había acompañado a Carroll a Cuba, y la habían llamado después.

Dijo: «Conozco a su padre, este me llamó y dijo "Hey, si quieres la última exclusiva sobre Cuba, deberías ir a ver al almirante Carroll", así que llamé al almirante Carroll y comparamos nuestras agendas y fijamos el 23 de febrero como la fecha más conveniente para ambos, y así fue».

Resulta que Carmichael conocía al empleado de la DIA a la que ella se refería. Le dijo a Montes que iba a llamarlo para corroborar su historia. «Por favor, hágalo», dijo ella. ¿Y qué pasó con la llamada aquella en la sala de crisis? Ella respondió que no recordaba haber recibido ninguna llamada, y a Carmichael le sonó sincera. Aquel día de hace nueve meses había sido de locos, frenético. ¿Y lo de marcharse antes?

«Bueno, sí, me marché —admitió de inmediato, pues negarlo la habría convertido en sospechosa—. Me marché pronto ese día, sí […]. En fin, era domingo, las cafeterías estaban cerradas. Soy maniática para comer, tengo alergias, así que no como cosas de máquinas expendedoras. Había llegado allí sobre las seis de la mañana, eran como… las ocho de la tarde. Me estaba muriendo de hambre, no pasaba nada, en realidad no me necesitaban, así que decidí irme sin más. Irme a casa y comer algo.»[*]

—Me sonó sincera, la verdad —reconoce Carmichael, que aun así verificó sus respuestas: la fecha de la reunión parecía de verdad una coincidencia; era verdad que el hijo de su amigo había ido a Cuba con Carroll—. Me enteré de que es cierto que tiene alergias y no come nada de las máquinas, es muy especial para la comida. Pensé: «ahí estaba ella en el Pentágono un domingo, con la cafetería cerrada, como me ha pasado a mí mismo

---

[*] Esto era, de hecho, cierto. Montes controlaba su dieta de forma estricta, llegando en algún momento a alimentarse nada más que de «patatas cocidas sin condimentar». Más tarde, los psicólogos de la CIA concluirían que se trataba de un caso límite de trastorno obsesivo compulsivo o TOC. También tomaba duchas muy largas con tipos diferentes de jabón, y usaba guantes para conducir. Con un cuadro semejante, no sorprende que nadie sospechase de su comportamiento frecuentemente extraño.

muchas veces. Había pasado todo el día sin comer y se fue a casa». Me pareció que encajaba. ¿Qué pruebas tenía de lo contrario? No tenía nada. En fin…

Carmichael le dijo a Reg Brown que no se preocupara. Pasó a encargarse de otros asuntos. Ana Montes volvió a su oficina. Todo quedó olvidado y perdonado hasta un día de 2001, cinco años más tarde, cuando se descubrió que, cada noche, Montes se había ido a casa, había escrito de memoria todos los datos e impresiones que hubiera recabado aquel día en el trabajo y se lo había enviado todo a sus superiores en La Habana.

Montes había espiado para Cuba desde el día que entrara en la DIA.

III

En las novelas clásicas de espías, el agente secreto es escurridizo y taimado. Nos deslumbra la brillantez del enemigo. Así explicaron numerosos funcionarios de la CIA las revelaciones de Florentino Aspillaga: «Castro es un genio», «Los agentes eran actores brillantes». En realidad, sin embargo, los espías más dañinos rara vez son diabólicos. Aldrich Ames, quizá el traidor más perjudicial de la historia de Estados Unidos, tenía unos informes de rendimiento mediocres, un problema con la bebida y ni siquiera trataba de esconder todo el dinero que le estaba dando la Unión Soviética por espiar.

Ana Montes no era mucho mejor. Justo antes de ser detenida, la DIA encontró los códigos que usaba para enviar sus despachos a La Habana… en su monedero. Y en el apartamento tenía una radio de onda corta en una caja de zapatos dentro del armario.

Brian Latell, el especialista en Cuba de la CIA que asistió al desastre de Aspillaga, conocía bien a Montes.

—Solía sentarse enfrente de mí en reuniones que yo convocaba cuando era [oficial nacional de inteligencia] —recuerda.

No era refinada ni suave. Él sabía que tenía una gran reputación dentro de la DIA, pero siempre pensó que era un tanto peculiar.

—Yo trataba de hacerla participar, y siempre reaccionaba de modo extraño. Cuando trataba de concretar algo con ella en las reuniones, como, por ejemplo, «¿Cuáles crees que son los motivos de Fidel para esto?», balbuceaba, paralizada como un ciervo frente a unos faros en la noche. Se resistía. Incluso tenía algún tipo de reacción física que me llevaba a pensar: «Caramba, está nerviosa porque es muy mala analista. No sabe qué decir».

Un año, cuenta Latell, aceptaron a Montes en el programa para analistas distinguidos de la CIA, un año sabático de investigación para funcionarios de inteligencia de todas las áreas del Gobierno. ¿Adónde pidió ir? A Cuba, por supuesto.

—Se fue a Cuba, subvencionada por este programa. ¿Se lo imagina? —dice Lattell.

¿Un espía cubano tratando de ocultar sus intenciones pediría un año sabático pagado en La Habana?

Latell habla casi veinte años después de los hechos, pero aún hoy le asombra la desfachatez de Montes.

Se marchó a Cuba como una distinguida analista de inteligencia de la CIA. Ni que decir tiene que estuvieron encantados de tenerla, en especial con los gastos pagados, y estoy seguro de que le dieron todo tipo de entrenamiento clandestino sobre el oficio mientras estuvo ahí. Sospecho —no puedo probarlo, pero estoy seguro— que se reunió con Fidel. A él le gustaba mucho reunirse con sus principales agentes, motivarlos, felicitarlos, gozar del éxito que estaban logrando juntos contra la CIA.

Cuando Montes regresó al Pentágono, escribió un artículo en el que ni siquiera se preocupó de ocultar sus inclinaciones:

Cuando sus supervisores leyeron el informe, deberían haber saltado toda clase de alarmas y medidas cautelares, porque decía cosas sobre el ejército cubano que no tenían ningún sentido en absoluto, excepto desde el punto de vista [de los cubanos].

Pero ¿hizo alguien sonar esas alarmas? Latell dice que nunca sospechó que fuese una espía.

—Había agentes de la CIA de mi rango, o próximos a mi rango, que la consideraban la mejor analista de asuntos cubanos con la que contaban —explica; así que racionalizó su inquietud—. Nunca me fie de ella, pero por las razones equivocadas, y ese es uno de mis grandes remordimientos. Estaba convencido de que era una pésima analista de Cuba. En fin, así era. Pero porque no trabajaba para nosotros, trabajaba para Fidel. Sin embargo, nunca conecté los puntos.

Ni él ni nadie. Montes tenía un hermano menor llamado Tito, que era agente del FBI. No tenía ni idea. Su hermana también era agente del FBI, y de hecho desempeñó un papel clave en el desmantelamiento de una red de espías cubanos en Miami. Ella tampoco tenía ni idea. El novio de Montes también trabajaba para el Pentágono. Su especialidad, aunque parezca increíble, era la inteligencia latinoamericana. Su trabajo era descubrir a espías como su novia. No tenía ni idea. Cuando Montes fue por fin detenida, el jefe de su sección reunió a sus colegas de oficina y les dio la noticia. Hubo gente que se echó a llorar de incredulidad. La DIA ofreció un equipo de psicólogos para prestar servicios de terapia allí mismo. Su supervisor estaba destrozado. Nadie tenía la más mínima idea. En su cubículo tenía una cita del *Enrique V* de Shakespeare pegada a la pared, a la atura de los ojos, para que la viera todo el mundo.

> El Rey tiene noticia
> de todo cuanto traman, por escuchas
> que ni imaginan.

O, para decirlo de forma un poco más llana, la Reina de Cuba toma nota de todo lo que se propone Estados Unidos, por medios que ninguno de los que la rodean sueñan siquiera.

La cuestión con los espías no es que haya algo brillante en ellos, sino que hay algo que no funciona en nosotros.

IV

Durante el transcurso de su carrera, el psicólogo Tim Levine ha llevado a cabo cientos de versiones del mismo y sencillo experimento.[7] Invita a un grupo de estudiantes a su laboratorio y les da un test con preguntas y respuestas como cuál es la montaña más alta de Asia, y ese tipo de cosas. Si responden correctamente, ganan un premio en metálico.

Para ayudarles, se les asigna un compañero, alguien a quien nunca han visto antes, y que trabaja para Levine, aunque esto ellos no lo saben. Hay una instructora que se llama Rachel en la sala. A mitad del test, Rachel tiene que marcharse de repente. Abandona la estancia y se dirige al piso de arriba. Entonces comienza la actuación, cuidadosamente planificada. El compañero dice: «No sé tú, pero a mí me vendría bien el dinero. Creo que se ha dejado las respuestas ahí mismo». Y señala un sobre a la vista de todos sobre el pupitre. «Depende de ellos hacer trampas o no», explica Levine. En un 30 por ciento aproximado de los casos, las hacen. «Entonces —continúa Levine—, los entrevistamos, les preguntamos: "¿Has hecho trampas?".»

La cantidad de académicos que estudian el engaño humano por todo el mundo es inmensa. Hay más teorías sobre por qué mentimos y sobre cómo detectar esas mentiras que sobre el asesinato de Kennedy. Y en un campo tan saturado, Levine destaca. Ha construido con mucho esmero una teoría unificada sobre el engaño.[*] Y en el núcleo de esa teoría están las lecciones extraídas de ese primer estudio con base en las preguntas de trívial.

Estuve viendo unas cintas de vídeo con una docena o así de las entrevistas posteriores con Levine en su despacho de la Universidad de Alabama, en Birmingham. Recojo a continuación una típica, con un joven algo distraído. Llamémoslo Philip.[8]

---

[*]   Las teorías de Levine están presentadas en su libro *Duped: Truth-Default Theory and the Social Science of Lying and Deception* (Tuscaloosa, University of Alabama Press, 2019). Para quien tenga interés en entender cómo funciona el engaño, no hay mejor comienzo.

ENTREVISTADOR: Muy bien… ¿Has jugado al Trivial Pursuit alguna vez?

PHILIP: No mucho, pero creo que he jugado.

ENTREVISTADOR: En este juego, ¿te parecieron difíciles las preguntas?

PHILIP: Sí, algunas lo eran. Yo pensaba, «Bueno, ¿esto qué es?»

ENTREVISTADOR: Si pudieras evaluarlas de uno a diez, siendo uno fácil y diez difícil, ¿dónde crees que las situarías?

PHILIP: Les pondría [un] ocho.

ENTREVISTADOR: Un ocho. Sí, son bastante complicadas.

A Philip se le comunica entonces que él y su compañero hicieron muy bien el test. El entrevistador le pregunta por qué.

PHILIP: Trabajo en equipo.

ENTREVISTADOR: ¿Trabajo en equipo?

PHILIP: Sí.

ENTREVISTADOR: De acuerdo, muy bien. Como recordarás, pedí a Rachel que saliera de la sala un momento. Cuando se ausentó, ¿hiciste trampas?

PHILIP: Creo que… No.

Philip masculla apenas la respuesta. Después, mira hacia otro lado.

ENTREVISTADOR: ¿Estás diciendo la verdad?

PHILIP: Sí.

ENTREVISTADOR: De acuerdo. Cuando entreviste a tu compañera y le pregunte, ¿qué va a decir?

En este momento de la cinta hay un silencio incómodo, como si el estudiante estuviese tratando de apuntalar su historia.

—Era obvio que se estaba devanando los sesos —dice Levine.

PHILIP: Que no.

ENTREVISTADOR: ¿Que no?

PHILIP: Eso.

ENTREVISTADOR: Bueno, de acuerdo. Gracias, no necesito nada más, puedes irte.

¿Dice Philip la verdad? Levine le ha mostrado la cinta de Philip a cientos de personas, y casi todo observador lo tacha, con razón, de tramposo. Como el «compañero» confirmó a Levine, Philip miró dentro del sobre con las respuestas al minuto de que Rachel dejase la sala. En la entrevista posterior mintió. Y es obvio.

—Carece de convicción —concluye Levine.

Lo mismo pensé yo. De hecho, cuando le preguntan a Philip: «¿Hiciste trampas?» y él responde: «Creo que… no», no pude contenerme y exclamé: «¡Es malísimo!». Philip miraba para otro lado, estaba nervioso, no podía mantener una expresión serena en el rostro. Cuando el entrevistador insiste («¿Estás diciendo la verdad?»), Philip hace una pausa, como si tuviese que pensarlo primero.

Era un caso fácil. Pero cuantas más cintas veíamos, más difícil se ponía la cosa. Recojo un segundo caso. Llamémoslo Lucas. Era apuesto, elocuente, seguro de sí mismo.

ENTREVISTADOR: Tengo que preguntártelo: cuando Rachel abandonó la sala, ¿hubo alguna trampa?

LUCAS: No.

ENTREVISTADOR: ¿No? ¿Me estás diciendo la verdad?

LUCAS: Sí.

ENTREVISTADOR: Cuando entreviste a tu compañera y le haga la misma pregunta, ¿qué crees que va a decir?

LUCAS: Lo mismo.

—Todo el mundo lo cree —dijo Levine.

Hasta yo lo hice. Pero Lucas mentía.

Levine y yo pasamos casi toda una mañana mirando sus cintas de vídeo sobre los tests. Cuando terminamos, estaba dispuesto a rendirme. No sabía qué pensar acerca de los entrevistados.[9]

El objetivo de la investigación de Levine era intentar contestar a uno de los mayores enigmas de la psicología humana, el de por qué somos tan malos a la hora de detectar mentiras. Uno pensaría que se nos debe de dar bien. La lógica dice que sería muy útil para los seres humanos saber cuándo los están engañando. La evolución, a través de muchos millones de años, debería haber favorecido a las personas con la capacidad de descubrir las sutiles señales del engaño. Pero no ha sido así.

En una repetición del mismo experimento, Levine dividió sus cintas por la mitad; veintidós mentirosos y veintidós personas que decían la verdad. De media, las personas a las que hizo ver los cuarenta y cuatro vídeos identificaron correctamente a los mentirosos el 56 por ciento de las veces. Otros psicólogos han probado versiones similares del mismo experimento. ¿El promedio para todos ellos? 54 por ciento. Casi todo el mundo lo hace pésimamente, ya se trate de policías, jueces, terapeutas… incluso agentes de la CIA que dirigen extensas redes de espías por el mundo. Todos. ¿Por qué?*

La respuesta de Tim Levine se llama teoría del sesgo de veracidad.[10]

Los argumentos de Levine nacieron del hallazgo de una de sus estudiantes de posgrado, Hee Sun Park. Fue justo al comienzo de la investigación de Levine, cuando estaba tan desconcertado como el resto de sus colegas sobre por qué somos todos tan malos en algo que, pensándolo con detenimiento, deberíamos hacer bien.

—Su gran idea, la primera, fue que la cifra del 54 por ciento de precisión frente a los engaños era un promedio tanto de verdades como de mentiras —explica Levine—. Las cosas se ven bajo una perspectiva muy diferente si se separa cuánta gente tiene razón sobre las verdades y cuánta sobre las mentiras.

---

* En mi libro *Inteligencia intuitiva*, escribí sobre la afirmación de Paul Ekman de que un número pequeño de personas son capaces de detectar con éxito a los mentirosos. Para más información sobre el debate Ekman-Levine, véase el comentario extenso que hay en las notas al final del libro.

Lo que quería decir era que si nuestra tasa de precisión con los vídeos de Levine se acerca al 50 por ciento, la deducción natural es pensar que estamos tratando de acertar al azar, sin más; que no tenemos ni idea de lo que estamos haciendo. Pero Park observó que eso no es cierto. Somos mucho mejores que el azar identificando correctamente a los estudiantes sinceros. Pero somos mucho peores que el azar a la hora hacerlo con los que mienten. Vamos viendo todos esos videos y adivinando —«verdadero, verdadero, verdadero»—, lo que significa que acertamos la mayoría de las entrevistas veraces, y fallamos con la mayoría de los mentirosos. Tenemos un sesgo hacia la veracidad; la hipótesis de la que partimos es que la gente con la que tratamos es sincera.

Levine dice que su propio experimento es una ilustración casi perfecta de ese fenómeno. Invita a personas a jugar al trívial por dinero. De repente, el instructor debe abandonar la sala. ¿Y deja sin más las respuestas al test sobre la mesa y a la vista? Levine dice que lo lógico sería que los sujetos arquearan las cejas. Son estudiantes universitarios. No son estúpidos. Se han apuntado a un experimento psicológico. Se les asigna un «compañero» a quien nunca han visto antes y que los anima a que hagan trampas. Podrían albergar alguna pequeña sospecha de que las cosas no son lo que parecen. ¡Pero no!

—A veces se dan cuenta de que el hecho de que la instructora abandone la sala puede ser un montaje —dice Levine—. Lo que casi nunca pillan es que sus compañeros están fingiendo. Así que piensan que quizá haya algún propósito oculto. Piensan que puede ser un montaje, porque los experimentos son montajes, ¿no? Pero ¿esa persona tan amable con la que están charlando? No, esa no.

Ni siquiera se lo cuestionan.

Despertar del «modo sesgo de veracidad» requiere lo que Levine llama «un disparador». Un disparador no es lo mismo que una sospecha o que una primera brizna de duda. Salimos del modo sesgo de veracidad solo cuando los argumentos contra nuestra suposición inicial son definitivos. Es decir, no nos comportamos como científicos prudentes que acumulan, poco a poco, las pruebas sobre la veracidad o falsedad de algo antes de alcanzar una conclusión. Hacemos lo contrario. Empezamos por creer. Y dejamos de creer solo cuando nuestras dudas y recelos llegan a tal punto que ya no podemos dejarlos de lado.

Esta proposición suena al principio como una de esas sutilezas que entusiasman a los científicos sociales. No lo es. Se trata de una observación profunda que explica mucho sobre comportamientos que, de otra manera, serían desconcertantes.

Consideremos, por ejemplo, uno de los resultados más famosos en el campo de la psicología, el del experimento sobre la obediencia de Stanley Milgram.[11] En 1961, Milgram reclutó a unos voluntarios de New Haven para tomar parte en lo que dijo que era un experimento sobre la memoria. Todos se encontraron por separado con un joven serio e imponente llamado John Williams, que les explicó que iban a interpretar el papel del «profesor» en el experimento.

Williams les presentó a otro voluntario, un hombre agradable de mediana edad que respondía al nombre de señor Wallace. Se les dijo que el señor Wallace iba a ser el «aprendiz». Se sentaría en un cuarto adyacente, conectado a un complicado aparato capaz de enviar descargas eléctricas de hasta cuatrocientos cincuenta voltios (quien tenga curiosidad sobre cuánto daño hacen cuatrocientos cincuenta voltios, baste decir que está cerca de la cantidad de electricidad que produce la lesión de los tejidos).

Al profesor-voluntario se le instruyó para que asignase al aprendiz una serie de ejercicios mnemotécnicos, y cada vez que el aprendiz fallaba, el voluntario debía castigarlo con una descarga eléctrica, que sería cada vez mayor, con objeto de comprobar si la amenaza del castigo afectaba a la capacidad mnemotécnica de las personas. A medida que las descargas aumentaban, Wallace gritaba cada vez más, para, en última instancia, comenzar a golpear las paredes. Pero si el «profesor» titubeaba, el instructor temible los exhortaría a seguir:

—Por favor, continúe. Es necesario para el experimento que continúe. Es absolutamente esencial. No tiene otra opción; debe usted seguir.

La razón por la que el experimento es tan famoso es que prácticamente todos los voluntarios obedecieron. El 65 por ciento terminó administrando la máxima tensión al desdichado aprendiz. Después de la Segunda Guerra Mundial —con las revelaciones sobre lo que habían ordenado hacer a los guardias alemanes en los campos de concentración nazis—, los hallazgos de Milgram causaron un gran impacto.

Pero para Levine hay una segunda lección en el experimento.[12] El voluntario aparece y conoce al joven e imponente John Williams. A este, profesor de biología en un instituto de secundaria cercano, se le eligió, en palabras de Milgram, «por su aspecto técnico y severo, del tipo que se vería posteriormente por televisión en relación con el programa espacial». Todo lo que Williams dijo durante el experimento, lo había memorizado a partir de un guion escrito por el propio Milgram.

El señor Wallace en realidad se llamaba Jim McDonough. Trabajaba en el ferrocarril. A Milgram le gustaba para el papel de víctima porque era «manso, sumiso». Sus gritos de agonía estaban grabados y se emitían por un altavoz. El experimento era una pequeña producción teatral de *aficionados*, palabra que aquí es crucial. El experimento Milgram no era, ni mucho menos, una producción de Broadway. El señor Wallace, según la propia descripción de Milgram, era un actor pésimo. Y todo el experimento era, por decirlo con suavidad, un despropósito. La máquina de descargas eléctricas no funcionaba de verdad. Más de un participante vio el altavoz en una esquina y se preguntó por qué los gritos de Wallace provenían de allí, y no del otro lado de la puerta del cuarto donde estaba sujeto Wallace. Y si el propósito del experimento era medir el aprendizaje, ¿por qué demonios pasaba Williams todo el tiempo con el profesor y no detrás de la puerta con el aprendiz? ¿No dejaba eso clarísimo que lo que quería hacer en realidad era observar a la persona que infligía el daño y no a la que lo recibía? Como engaño, el experimento de Milgram era en realidad de una transparencia ideal. Pero, al igual que sucedió con el juego de preguntas de Levine, la gente se lo creyó. Se inclinó por la veracidad.

«De hecho, busqué en las esquelas del *New Haven Register* durante al menos dos semanas después del experimento, para ver si había estado implicado en la muerte del famoso aprendiz, si había colaborado en ella de alguna manera; y me alivió mucho que su nombre no apareciese entre ellas», escribió un individuo a Milgram en un cuestionario de seguimiento. Otro declaraba: «Créame, cuando no llegó ninguna respuesta del señor Wallace tras la máxima descarga, pensé que era probable que de verdad aquel hombre estuviese muerto». Estamos hablando de adultos —no de estudiantes inmaduros del primer curso—, a todas luces convencidos de que una prestigiosa institución de educación superior llevaba a cabo una operación de tortura potencialmente mortal en uno de sus sótanos. «El experimento tuvo tal efecto sobre mí —escribió otro—, que pasé la noche entre sudores fríos y pesadillas, por el temor a que hubiese matado al hombre sentado en la silla.»

Pero aquí está el detalle decisivo. Los participantes del experimento de Milgram no hacían gala de una ingenuidad irremediable. Tenían dudas, ¡muchas dudas! En su fascinante historia sobre los experimentos de obediencia, *Behind the Shock Machine*, Gina Perry entrevista a un fabricante de herramientas llamado Joe Dimow, que fue uno de los sujetos originales de Milgram.

—Pensaba: «Qué raro es todo esto» —le contó a Perry un Dimow que acabó convencido de que Wallace estaba fingiendo—. No sabía exactamente qué pasaba, pero tenía mis sospechas. Se me ocurrió: «Si mis sospechas son ciertas, entonces él [el aprendiz] está conchabado con ellos; tiene que estarlo. Luego no estoy aplicando ninguna descarga. Simplemente chilla de vez en cuando».

Pero, entonces, al final del experimento, el señor Wallace salió de la habitación cerrada e hizo una breve actuación. Parecía, recuerda Dimow, «demacrado» y conmovido.

—Entró con un pañuelo en la mano, limpiándose la cara. Vino hacia mí y me extendió la mano para estrecharla con la mía, diciendo: «Quiero darte las gracias por parar esto». Cuando entró, pensé: «Guau. Puede que fuera real».

Dimow estaba seguro de que le mentían. Pero bastó que uno de los mentirosos estirase el simulacro un poco más —parecer un poco alterado y secarse las cejas con un pañuelo— para que Dimow abandonase la idea.

Basta con mirar las estadísticas completas del experimento Milgram:[13]

Creía sin lugar a dudas que el aprendiz estaba recibiendo unas descargas dolorosas.	56,1%
Aunque tenía algunas dudas, creía que el aprendiz probablemente estaba recibiendo descargas.	24%
Lo cierto es que no estaba seguro de si el aprendiz estaba recibiendo descargas o no.	6,1%
Aunque tenía algunas dudas, pensé que el aprendiz probablemente no estaba recibiendo descargas.	11,4%
Estaba seguro de que el aprendiz no estaba recibiendo descargas.	2,4%

Más del 40 por ciento de los voluntarios repararon en algo extraño, algo que sugería que el experimento no era lo que parecía. Pero esas dudas no fueron suficientes para eliminar el sesgo de veracidad. Ese es el argumento de Levine. Crees a alguien no porque no tengas dudas sobre ellos. Creer no implica ausencia de dudas. Se cree a alguien porque no se tienen dudas suficientes acerca de esa persona.

En la tercera parte de esta sección, voy a regresar a la distinción entre «algunas» dudas y dudas «suficientes», porque pienso que es esencial. No hay más que pensar en cuántas veces se critica *a posteriori* a alguien por su fracaso a la hora de descubrir a un mentiroso. «Deberías haberte dado cuenta», «Había todo tipo de señales», «Tuviste dudas». Levine diría que esa es la forma equivocada de pensar sobre el problema. La pregunta adecuada es: ¿había suficientes indicios para ir más allá del umbral de confianza? Si no los había, entonces, al optar por la veracidad, solo se estaba siendo humano.

V

Ana Belén Montes creció en los prósperos barrios residenciales de Baltimore. Su padre era psiquiatra. Fue a la Universidad de Virginia, después cursó un máster en Relaciones Internacionales en la Universidad Johns Hopkins. Era una ferviente defensora del Gobierno sandinista marxista de Nicaragua, el cual estaba siendo presionado por la Administración estadounidense para conseguir su derrocamiento. Su activismo atrajo la atención de un reclutador de la inteligencia cubana. En 1985, hizo un viaje secreto a La Habana. «Sus manipuladores, a quienes ayudaba sin darse cuenta, evaluaron sus debilidades y explotaron sus necesidades psicológicas, su ideología y sus patologías personales, con la intención de reclutarla y mantenerla motivada para trabajar para La Habana», concluyó la CIA en un informe de balance de su carrera. Sus nuevos compatriotas la animaron a buscar un empleo en la comunidad de la inteligencia estadounidense. Ese mismo año, ingresó en la DIA, y a partir de ahí su ascenso fue veloz.

Montes llegaba a la oficina a primera hora de la mañana, almorzaba en su mesa y se mostraba reservada. Vivía sola, en un apartamento de dos dormitorios en el barrio de Cleveland Park de Washington. Nunca se casó. En el curso de la investigación que llevó a cabo, Scott Carmichael —el oficial de contrainteligencia de la DIA— recopiló todos los adjetivos usados por los colegas de Montes para describirla. Se trata de una lista impactante: «tímida, callada, distante, tranquila, independiente, autosuficiente, displicente, inteligente, seria, trabajadora, focalizada, aplicada, aguda, rápida, manipuladora, venenosa, insociable, ambiciosa, encantadora, segura de sí misma, formal, sensata, asertiva, reflexiva, tranquila, madura, imperturbable, capaz y competente».

Ana Montes presumió que el motivo de su reunión con Carmichael era que estaba realizando un control rutinario de seguridad. Todos los agentes de inteligencia pasaban por exámenes periódicos para poder seguir conservando la acreditación de seguridad. Pero se comportó de manera brusca.

—Cuando llegó, trató de escabullirse diciéndome que acababa de ser nombrada jefa de división con carácter interino, lo cual era cierto —narra Carmichael—. Tenía un montón de responsabilidades, reuniones y cosas que hacer y, sencillamente, no disponía de mucho tiempo.

Carmichael es un hombre de un aspecto extraordinariamente aniñado, con el pelo rubio y una panza prominente. Se parece, según estimación propia, al cómico y actor Chris Farley en su madurez. Ella debió de pensar que podía intimidarlo.

—Lo gestioné de la forma en que se hace normalmente —recuerda—; la primera vez lo reconoces sin más, dices: «Ah, ya entiendo. Sí, lo había oído, felicidades, estupendo. Comprendo que tienes una cantidad de tiempo limitada». Y después, como que lo ignoras, porque si el asunto requiere doce días, pues requiere doce días. No dejas que nadie se vaya. Sin embargo, siguió machacándome con lo mismo. Insistió de verdad en ello. Ni siquiera me había acomodado todavía cuando dijo: «Pero en serio, me tengo que ir a las dos», o algo así, «porque tengo que hacer todas estas cosas». Yo pensé: «¿Qué cojones?» Es lo que pensé… No perdí los estribos, pero sí la paciencia. «Mira, Ana. Tengo razones para sospechar que puedas estar involucrada en una operación psicológica de contrainteligencia. Tenemos que sentarnos a hablar de ello». ¡Bum!, en toda la cara.

Montes llevaba espiando para Cuba casi desde el inicio de su carrera pública. Se había reunido con sus superiores no menos de trescientas veces, entregándoles tantos secretos que figura entre los espías más dañinos de la historia de Estados Unidos. Había ido en secreto a Cuba en varias ocasiones. Tras su detención, se supo que Fidel Castro la había condecorado en persona. Durante todo ese tiempo, no había habido siquiera una sombra de sospecha. Y de repente, al inicio de lo que ella tomó por un control rutinario, un personaje de apariencia peculiar parecido a Chris Farley la señala con el dedo. Se sentó, conmocionada.

—Me miraba como un ciervo deslumbrado por los faros de un coche, esperando que yo dijese alguna palabra. Solo a la espera.

Al reflexionar sobre esa reunión años después, Carmichael se dio cuenta de que esa fue la primera pista que se le escapó: su reacción no tenía sentido.

—Pasé por alto el hecho de que nunca dijo: «¿De qué estás hablando?», ni nada parecido. Ni una puñetera palabra. Se sentó sin más, atenta a mis palabras. Si hubiese sido astuto, habría seguido por ahí: la ausencia de negación, de confusión o de enfado. Al verse acusado de un crimen, cualquier inocente respondería: «Pero ¿de qué me estás hablando?»; o bien: «Un momento, ¿me acabas de acusar de…? Ya me puedes contar de qué coño va todo esto». Plantaría cara, plantaría cara de verdad. Pero Ana no hizo absolutamente nada más que sentarse.

Carmichael tuvo dudas desde el principio. Pero las dudas desencadenan desconfianza solo cuando no las puedes explicar. Y podía justificarlas con facilidad. Era la Reina de Cuba, por el amor de Dios. ¿Cómo podía la Reina de Cuba ser una espía? Le había dicho que tenía razones «para sospechar que puedas estar involucrada en una operación psicológica de contrainteligencia» solo porque quería que se tomase la reunión en serio.

—Estaba ansioso por ir al grano y dar el paso siguiente. Como digo, me estaba felicitando a mí mismo: «Ha funcionado, se ha callado. No voy a tener que seguir escuchando esa mierda. Ahora vamos al asunto, terminemos de una vez». Por eso se me escapó.

Hablaron sobre la reunión informativa del almirante Carroll. Ella tenía una buena respuesta. Hablaron de por qué dejó abruptamente el Pentágono aquel día. Tenía una respuesta. Se puso coqueta, algo juguetona. Él empezó a relajarse. Le miró las piernas de nuevo.

—Ana empezó a hacer eso… Tenía las piernas cruzadas y comenzó a mover un dedo del pie, así. No sé si era consciente… Pero lo que sí sé es que capturaba la atención… Una vez que estuvimos más cómodos el uno con el otro, empezó a coquetear un poco más. O sea, no estoy seguro de si coqueteaba, pero se ponía algo lisonjera al responder a las preguntas.

Hablaron de la llamada telefónica. Dijo no haberla recibido, o que no la recordaba. Debería haber sido otro indicio, ya que las personas que estaban con ella ese día en la sala de crisis recordaban con toda nitidez que había recibido una llamada telefónica. Pero se fueron a lo mismo, a que había sido un día largo y estresante. Todos habían estado en medio de una crisis internacional. Quizá la habían confundido con otra persona.

Se dio otra incidencia; otro momento en el que Carmichael observó algo en el modo en que ella reaccionaba que le dio que pensar. Hacia el final de la entrevista, hizo a Montes una serie de preguntas sobre qué había hecho cuando dejó el Pentágono ese día. Era un procedimiento de investigación estándar. No buscaba más que obtener una imagen tan completa como fuese posible de los movimientos que había realizado aquella noche.

Le preguntó qué hizo después del trabajo. Ella dijo que había ido en coche a casa. Le preguntó dónde había aparcado. Dijo que en el aparcamiento del otro lado de la calle. Le preguntó si había visto a alguien más cuando estaba aparcando. ¿Había saludado a alguien? Respondió que no.

—Dije: «Vale, bien, entonces, ¿qué hiciste? Aparcaste el coche y cruzaste la calle…»; y mientras yo hablaba, sobrevino un cambio de actitud por su parte. Ten en cuenta que había estado hablando con ella casi dos horas y, en ese momento, Ana y yo éramos casi amiguetes, no muy cercanos, pero con una buena conexión. De hecho, ella bromeaba y hacía comentarios graciosos de vez en cuando sobre lo que fuese; todo muy informal y cordial, por decirlo así. Y entonces, de repente, tuvo lugar un cambio tremendo en ella. Era patente; un minuto antes está casi flirteando, pasándoselo bien, y, de repente, ha cambiado. Era como un niño pequeño al que hubieran pillado con la mano en el tarro de las galletas y que lo esconde tras su espalda, mientras que mamá le pregunta: «¿Qué tienes ahí?». Me miraba y lo negaba todo, pero con esa mirada de «¿Qué sabes? ¿Cómo lo sabes? ¿Me vas a atrapar? No quiero que me atrapen».

Tras su detención, los investigadores descubrieron qué había pasado en realidad aquella noche. Los cubanos tenían un acuerdo con ella, por el que si alguna vez veía a uno de sus antiguos controladores en la calle, significaba que necesitaban urgentemente hablar con ella en persona. Ella debía seguir caminando como si nada y reunirse con ellos a la mañana siguiente, en un lugar acordado de antemano. Aquella noche, cuando llegó del Pentágono a su casa, vio a uno de sus antiguos controladores de pie frente a su edificio de apartamentos. Así que cuando Carmichael le preguntó directamente «¿A quién viste? ¿Viste a alguien en tu camino a casa?», debió de pensar que él sabía algo sobre ese acuerdo, que la había descubierto.

—Estaba absolutamente acojonada. Ella pensaba que yo lo sabía, pero no era así. No tenía ni idea, no era consciente de lo que tenía entre manos. Sabía que tenía algo, sabía que había algo. Repasé la entrevista después de haberla hecho y… ¿qué hice? Lo mismo que hace todo ser humano; le busqué una explicación racional. Pensé: «Bueno, quizá se está viendo con un hombre casado… y no ha querido decírmelo. O quizá es lesbiana o algo así y había quedado con una novia de la que no quiere que sepamos nada, y está preocupada por ello». Empecé a pensar en todas esas otras posibilidades y de alguna forma lo acepté, lo suficiente como para no seguir volviéndome loco. Lo acepté.

Ana Montes no era una maestra en el arte del espionaje. No le hacía falta. En un mundo en el que nuestro detector de mentiras está, por lo normal, apagado, un espía siempre lo va a tener fácil. ¿Y fue Scott Carmichael de alguna forma negligente? En absoluto. Hizo lo que la teoría del sesgo de veracidad predice que haría cualquiera de nosotros; funcionar bajo el supuesto de que Ana Montes estaba diciendo la verdad y, casi sin darse cuenta, cuadrar todo lo que ella había dicho con esa hipótesis inicial. Necesitamos un disparador para salir del sesgo de veracidad, pero el umbral de los disparadores es alto. Carmichael ni se acercó.

Levine sostiene que la verdad simple y llana es que la detección de mentiras no funciona —no puede funcionar— de la forma que esperamos que funcione. En las películas, el detective brillante se enfrenta a su objetivo y lo caza, en ese mismo instante, en una mentira. Pero, en la vida real, acumular la cantidad de pruebas necesarias para superar nuestras dudas lleva su tiempo. Si alguien pregunta a su pareja si tiene una aventura, y responde que no, se lo cree. El sesgo por defecto es que él está diciendo la verdad. Y no importan las pequeñas inconsistencias que advierta en su relato; busca una forma de explicarlas. Pero, tres meses después, se da cuenta por azar de un cargo inusual de un hotel en un extracto de la tarjeta de crédito; y la combinación de eso con las semanas de ausencias no explicadas y las llamadas telefónicas misteriosas lleva a traspasar el límite. Así es como se detectan las mentiras.

Esta es la explicación del primero de los enigmas, el de cómo es posible que los cubanos fueran capaces de engañar a la CIA durante tanto tiempo. Este episodio no constituye una impugnación del buen hacer de la agencia, lo que refleja es el hecho de que sus agentes —como el resto de nosotros— son humanos y, como tales, vienen equipados, como todo el mundo, con el mismo conjunto de sesgos hacia la verdad.

Carmichael fue a ver a Reg Brown y trató de darle una explicación.

—Le dije: «Reg, soy consciente de lo que opinas y entiendo tu razonamiento de que aquí hay una operación deliberada para dar un golpe de efecto. Lo parece. Pero, si lo fue, no puedo apuñalarla a ella con el dedo y decir que fue parte de una operación deliberada. Tan simple como que no tiene ningún sentido. Al final, he tenido que cerrar el caso.

VI

Cuatro años después de la entrevista de Scott Carmichael con Ana Montes, uno de sus colegas de la DIA se vio con una analista de la Agencia de Seguridad Nacional (NSA, por sus siglas en inglés) en una reunión entre agencias. La NSA es el tercer brazo de la red de inteligencia estadounidense, junto con la CIA y la DIA. Son los descodificadores; la analista dijo que la agencia a la que pertenecía había tenido cierto éxito con los códigos que los cubanos utilizaban en ese momento para comunicarse con sus agentes.

Los códigos eran filas largas de números, emitidos a intervalos regulares a través de radio de onda corta, y la NSA había logrado descodificar algunos fragmentos. Le habían pasado la bolsa de golosinas al FBI dos años y medio antes, pero no habían obtenido ninguna respuesta. A resultas de esa frustración, la analista de la NSA decidió compartir algunos detalles con su homónimo de la DIA. Le dijo que los cubanos tenían un espía muy bien situado en Washington a quien llamaban Agente S. Este estaba interesado en algo llamado un sistema *safe*. Al parecer, había visitado la base estadounidense de la bahía de Guantánamo en un lapso de dos semanas transcurrido entre el 4 y el 18 de julio de 1996.

El agente de la DIA mostró su preocupación. «SAFE»[*] era el nombre del archivo interno de mensajes informáticos de la DIA. Y ello sugería con mucho peso que el Agente S estaba en la DIA, o al menos que tenía un vínculo estrecho con ella. Regresó a la oficina y se lo contó a sus superiores; estos se lo contaron a Carmichael, que se puso furioso. El FBI había estado trabajando durante dos años y medio en un caso de espionaje con la implicación potencial de un empleado de la DIA, ¿y nadie le había dicho nada? ¡Era el investigador de contrainteligencia de la DIA!

Sabía con exactitud lo que tenía que hacer; registrar el sistema informático de la DIA. Cualquier empleado del departamento de Defensa que vaya a la bahía de Guantánamo necesita obtener un permiso. Se han de enviar dos mensajes a través del sistema del Pentágono, solicitando primero permiso para viajar y después para hablar con quien sea que quieran entrevistar en la base.

—Muy bien, así que dos mensajes —dijo Carmichael.

---

[*] *SAFE* [«seguro» en inglés] son las siglas de *Security Analyst File Environment* (Entorno de Archivos de Analistas de Seguridad). Me encanta cuando la gente comienza con el acrónimo y trabaja después hacia atrás para crear el nombre a partir de ahí.

Supuso que alguien que quisiera viajar a Guantánamo en julio lo más pronto que solicitaría sus permisos de seguridad sería en el mes de abril. Así que tenía unos parámetros de búsqueda, autorización de viaje y solicitud de permisos de seguridad por empleados de la DIA en relación con la bahía de Guantánamo, de entre el 1 de abril y el 18 de julio de 1996. Le pidió a su compañero «Gator» Johnson que efectuase la misma búsqueda a la vez. Cuatro ojos verían más que dos.

Lo que hacía [el sistema informático] en aquellos tiempos era crear un archivo de coincidencias. Apilaba electrónicamente todos los mensajes y te decía: «Tienes x coincidencias». Puedo oír a Gator todavía… Lo oigo teclear. Sabía que no había terminado siquiera de completar la búsqueda y yo ya tenía el archivo de coincidencias para analizar, así que pensé: «Voy a repasarlas rápido, a ver si alguno [nombre] destaca», y fue entonces, estoy seguro por completo, cuando el vigésimo de la lista me golpeó en toda la cara. Era Ana B. Montes. El juego había terminado, y había terminado en un segundo. Estaba realmente aturdido, sin palabras. Podía haberme caído de la silla. Me alejé literalmente de la pantalla —la silla tenía ruedas—, me estaba distanciando como podía de esta pésima noticia. Literalmente, me alejé todo lo que pude, hasta el final del cubículo en el que estaba, y Gator seguía haciendo clic, clic, clic… y ahí fue cuando dije: «Menuda mierda».

4

EL LOCO SAGRADO

I

En noviembre de 2003 Nat Simons, gestor de carteras para el fondo de capital de riesgo Renaissance Technologies, en Long Island, remitió a varios de sus colegas un email transido de preocupación; mediante una serie de complejos acuerdos financieros, Renaissance había terminado con una participación en un fondo gestionado por un inversor de Nueva York llamado Bernard Madoff, y Madoff le daba mala espina a Simons.

Es probable que quien haya trabajado en el mundo de las finanzas en Nueva York en la década de los noventa y comienzos de los 2000 haya oído hablar de Bernard Madoff. Trabajaba en una elegante torre de oficinas en el centro de Manhattan llamada Lipstick Building, estaba en el consejo de varias asociaciones importantes de la industria financiera y se movía en los adinerados círculos de los Hamptons y Palm Beach. Siempre se mostraba muy seguro de sí mismo y lucía una abundante melena cana; además, se trataba de un tipo solitario, reservado. Y esto último era lo que preocupaba a Simons. Había oído rumores. En el correo grupal contaba que alguien de quien se fiaba «nos ha contado en confianza que cree que Madoff tendrá un problema serio en los próximos doce meses».[1]

Y proseguía: «Incluid en la ecuación que su cuñado es su auditor y que su hijo también tiene un puesto directivo en la organización, y tenemos el riesgo de algunas acusaciones graves, la congelación de las cuentas, etcétera».

Al día siguiente, Henry Laufer, uno de los altos ejecutivos de la firma, respondió al mensaje. Estaba de acuerdo. Renaissance, añadía, tenía «pruebas independientes» de que algo raro pasaba con Madoff. Entonces, el supervisor de riesgos de la empresa, Paul Broder —la persona responsable de asegurarse de que el fondo no ponía su dinero en ningún sitio peligroso—, aportó un análisis amplio y detallado sobre la estrategia bursátil que decía estar siguiendo Madoff. «Nada parece tener sentido», concluía. Los tres decidieron realizar su propia investigación interna. Las sospechas se agravaron.

—Llegué a la conclusión de que no entendíamos lo que estaba haciendo —diría Broder después—. No teníamos ni idea de cómo hacía para ganar dinero. Los volúmenes que indicaba estar obteniendo no se apoyaban en ninguna prueba que pudiésemos encontrar.

Renaissance tenía dudas. ¿Vendió su participación en el fondo Madoff? No exactamente. La rebajaron a la mitad. Protegieron sus apuestas. Cinco años después, cuando el fraude de Madoff —el cerebro del mayor esquema Ponzi de la historia— ya se había revelado, unos investigadores federales se reunieron con Nat Simons y le pidieron que explicara por qué.

—Nunca, como director, consideré que fuera un verdadero fraude —reconoció Simons.

Estaba dispuesto a admitir que no entendía los manejos de Madoff, y que olía un poco a chamusquina. Pero no a creer que fuera un perfecto embustero. Simons tenía dudas, pero no las dudas suficientes. Incurría en el sesgo de veracidad.

Los correos entre Simons y Laufer se descubrieron durante una auditoría rutinaria a cargo de la Comisión de Bolsa y Valores (SEC, por sus siglas en inglés), la agencia responsable de supervisar el sector de los fondos de capital de riesgo. No era la primera vez que la SEC se encontraba con dudas sobre las operaciones de Madoff. Este afirmaba seguir una estrategia de inversión ligada a la bolsa de valores, lo que significaba que, como con cualquier otra estrategia basada en el mercado, sus dividendos debían aumentar y disminuir en paralelo a las subidas y bajadas del mercado. Pero sus beneficios eran completamente estables, lo que desafiaba toda lógica. Un investigador de la SEC llamado Peter Lamore fue una vez a verlo para pedirle una explicación. La respuesta de Madoff fue, en resumidas cuentas, que tenía un sexto sentido, que tenía un «instinto» infalible para saber cuándo salir del mercado justo antes de una recesión y regresar al mercado justo antes de un repunte.

—Lo interrogué con insistencia —recordaría después Lamore—. Pensaba que su instinto era, ya me entiendes, raro, sospechoso. Seguía intentando presionarlo. Pensaba que habría algo más... Pensaba, en fin, que estaba recibiendo algún tipo de información global sobre el mercado que otros no recibían. Así que lo presioné hasta la extenuación al respecto. Pregunté a Bernie sin descanso, una y otra vez, y llega un momento, entiéndeme, en el que uno ya no sabe bien qué más hacer.

Lamore trasladó las dudas a su jefe, Robert Sollazzo, que las compartía. Pero no eran dudas *suficientes*. Como concluyó el informe posterior de la SEC sobre el caso Madoff, «Sollazzo no creía que la afirmación de Madoff de que hacía transacciones "con el corazón" fuera "necesariamente... ridícula"». La SEC cayó en el sesgo de veracidad y el fraude continuó. En Wall Street, de hecho, innumerables personas que tenían negocios con Madoff pensaban que había algo extraño en él. Varios bancos de inversión se fueron apartando de él. Incluso el agente inmobiliario que le alquilaba las oficinas pensaba que era un tipo raro. Pero nadie hizo nada, ni llegó a la conclusión de que era el mayor estafador de la historia. En el caso Madoff, todo el mundo incurrió en el sesgo de veracidad; bueno... todo el mundo menos una persona.

A comienzos de febrero de 2009 —poco más de un mes después de que Madoff se entregase a las autoridades—, un hombre llamado Harry Markopolos testificó ante el Congreso en una audiencia televisada. Era un investigador de fraudes independiente. Llevaba un traje verde que no le sentaba muy bien. Hablaba, con su acento del norte de Nueva York, con un deje nervioso y muestras de timidez. Nadie había oído nunca hablar de él.

—Mi equipo y yo hicimos lo que pudimos para conseguir que la SEC llevase a cabo una investigación y cerrase el esquema Ponzi de Madoff, con alertas repetidas y creíbles que comenzaron en mayo del año 2000 —declaró Markopolos ante un público atento.

También afirmó que él y unos cuantos colegas habían confeccionado tablas y gráficos, revisado modelos informáticos y preguntado en Europa, donde Madoff recaudaba la mayor parte de su dinero: «Sabíamos entonces que habíamos proporcionado suficientes señales de alarma y pruebas matemáticas a la SEC para que hubiesen sido capaces de cerrarle inmediatamente su negocio de aún menos de siete mil millones». Como la SEC no hizo nada, Markopolos volvió a la carga en octubre de 2001. Y otra vez en 2005, en 2007 y en 2008. Nunca logró nada. Mientras leía sus notas con detenimiento, Markopolos describía años de frustraciones.

> Les había entregado, envuelto en papel de regalo, el mayor esquema Ponzi de la historia, y por algún motivo no les interesó realizar una investigación exhaustiva y adecuada; parece que estaban muy ocupados en asuntos de mayor prioridad… En fin, si un esquema Ponzi de cincuenta mil millones de dólares no está en la lista de prioridades de la SEC, me gustaría saber quién establece sus prioridades.[2]

Harry Markopolos, única persona a contar entre quienes tuvieron dudas sobre Bernie Madoff, no incurrió en el sesgo de veracidad. Vio al desconocido tal cual era en realidad. A mitad de la audiencia, un congresista preguntó a Markopolos si se mudaría a Washington para dirigir la SEC. En plena resaca de uno de los peores escándalos financieros de la historia, la sensación era que se trataba de alguien de quien todos podíamos aprender. El sesgo de veracidad es un problema. Permite que espías y artistas del fraude deambulen a sus anchas.

¿O no lo es? Llegamos ahora al segundo y crucial componente de las ideas de Tim Levine sobre el engaño y el sesgo de veracidad.

II

Harry Markopolos es una persona enjuta y dinámica. Hace ya tiempo que entró en la mediana edad, pero parece mucho más joven. Es convincente y simpático, dicharachero, aunque cuenta chistes inoportunos que a veces detienen la conversación. Se describe como un ser obsesivo, de los que limpian el teclado con desinfectante después de abrir el ordenador portátil. Es lo que se conoce en Wall Street como un *quant*, una persona de números. «Para mí, las matemáticas son la verdad», afirma. Cuando analiza una oportunidad de inversión o una empresa, prefiere no reunirse con ninguno de sus ejecutivos en persona; no quiere cometer el error de Neville Chamberlain.

> Quiero oír y ver lo que dicen en la distancia, en sus apariciones públicas, en sus declaraciones financieras; para después analizar esa información de forma matemática, mediante técnicas sencillas. Quiero averiguar la verdad. No quiero tener una opinión favorable sobre alguien que me saluda de forma afectuosa, porque eso solo puede afectar negativamente al asunto que tengo entre manos.

Markopolos se crio en Erie, en Pensilvania, y es hijo de inmigrantes griegos. Su familia administraba una cadena de establecimientos de Arthur Treacher's Fish & Chips.

—Mis tíos perseguían a la gente que iba allí a cenar y desaparecía sin pagar la cuenta. Salían y los atrapaban, les hacía pagar —recuerda—. He visto a mi padre meterse en peleas con los clientes, perseguirlos. He visto a la gente robar cubiertos de plata, o aunque fueran de alpaca… Recuerdo a un tipo, enorme, que estaba comiendo de las sobras que otras personas habían dejado en la barra. «No puede hacer eso», le dijo mi tío, y él contestó: «Sí que puedo; lo han dejado en el plato». Así que mi tío fue al otro lado de la barra, agarró al tío de la barba y lo levantó, y lo siguió levantando. Yo pensaba: «Mi tío está muerto». El tipo aquel medía como dos metros. Lo iba a matar. Por fortuna, otros clientes del restaurante se levantaron dispuestos a ayudar. Si no, creo que mi tío sería hombre muerto.

La historia habitual del migrante emprendedor tiene que ver con el poder redentor del valor y de la ingenuidad. Escuchar a Markopolos contarla, escuchar sus experiencias tempranas en el negocio familiar, es saber cómo le enseñaron lo oscuro y peligroso que es el mundo:

> Vi muchos robos en Arthur Treacher's. Y me volví consciente del fraude a una edad temprana, en la adolescencia. Y vi lo que la gente es capaz de hacer, porque cuando se maneja un negocio, un 5 o 6 por ciento de los ingresos se van a ir en robos. Son estadísticas de la Asociación de Examinadores de Fraude Certificados. No conocía esas estadísticas cuando era joven. Esa organización no existía entonces. Pero lo vi. Vi, de forma habitual, cómo a los pollos y gambas les crecían piernas con las que se escapaban por la puerta de atrás. Vi escamotear bolsas llenas en los maleteros de los coches. Eso lo hacían los empleados…

Cuando Harry Markopolos estudiaba Empresariales, uno de sus profesores le dio una matrícula de honor. Pero Markopolos revisó la fórmula que el profesor usaba para calcular las notas y advirtió que había un error, por lo que solo merecía un sobresaliente. Buscó al profesor y protestó. En su primer empleo después de haber pasado por la Facultad de Empresariales, trabajó para una agencia de corredores de bolsa vendiendo acciones no cotizadas; y una de las reglas de ese mercado es que el corredor debe informar de cualquier operación en los siguientes noventa segundos. Markopolos descubrió que su nuevo superior estaba tardando más de ese lapso, así que denunció a sus propios jefes ante los reguladores. De niños, nos dicen que a nadie le gustan los chivatos, entendiendo que, en ocasiones, buscar lo que parece justo y moral acarrea un coste social inaceptable. Si a Markopolos le dijeron eso alguna vez durante la infancia, ni siquiera prestó atención.

Oyó hablar de Madoff por primera vez a finales de los ochenta. El fondo de inversión para el que trabajaba había reparado en sus espectaculares dividendos, y quería que Markopolos le copiara la estrategia. Él lo intentó; pero no lograba esclarecer en qué consistía. Madoff afirmaba que ganaba el dinero con transacciones arriesgadas, mediante el instrumento financiero conocido como derivados. Pero el caso es que no había rastro alguno de Madoff en esos mercados.

—Entonces yo gestionaba enormes cantidades de derivados cada año y, por tanto, tenía relación con los mayores bancos de inversión que trabajaban con ellos —recuerda Markopolos—. Así que llamé a la gente que conocía en las mesas de negociaciones: «¿Estás trabajando con Madoff?». Todo el mundo respondía que no. Y bueno, si estás trabajando con derivados, por fuerza tienes que acudir a los cinco bancos más grandes para manejar el volumen que él estaba manejando. Si los cinco bancos más grandes no conocen tus actividades y no ven tus negocios, entonces tiene que haber un esquema Ponzi. Es así de fácil. No fue un caso complicado. Me bastó con coger el teléfono.

En aquel entonces Markopolos estaba justo donde la gente de Renaissance estaría varios años después. Había hecho los cálculos y tenía dudas. El negocio de Madoff carecía de sentido.

La diferencia entre Markopolos y Renaissance era que la empresa confiaba en el sistema. Madoff formaba parte de uno de los sectores más férreamente regulados en todo el mercado financiero. Si de verdad estaba inventándose las cosas, ¿no le habría pillado ya uno de los múltiples órganos supervisores gubernamentales? Como Nat Simons, el ejecutivo de Renaissance, dijo después: «Simplemente, das por hecho que alguien habrá vigilando».

Renaissance Technologies, debe señalarse, fue fundada en los ochenta por un grupo de matemáticos y criptoanalistas. Es probable que a lo largo de su historia haya ganado más dinero que ningún otro fondo de capital de riesgo. Laufer, el ejecutivo de Renaissance a quien Simons pidió consejo, tiene un doctorado en Matemáticas por la Universidad de Princeton y ha escrito libros y artículos con títulos como *Singularidades bidimensionales normales* y «Sobre singularidades mínimamente elípticas». La gente de Renaissance es brillante. Pero, en un aspecto crucial, eran exactamente iguales que los estudiantes del experimento de Levine que observaban marcharse a la instructora, veían el sobre con las respuestas dejado de forma llamativa sobre la mesa y no podían dar el paso de creer que estaba todo amañado.

Sin embargo, Markopolos no era así. Estaba provisto de los mismos datos, pero le faltaba la fe en el sistema. Para él, la falta de honradez y la estupidez campan por todas partes.

—La gente tiene demasiada fe en las organizaciones grandes —dice—. Tienen fe en las empresas auditoras, en las que nunca debes confiar porque son incompetentes. En su mejor día son incompetentes, y cuando tienen un mal día son corruptas, cómplices del fraude con solo mirar para otro lado. Creo que la industria de los seguros está corrupta por completo —añade—. Nunca ha tenido supervisión y maneja activos y obligaciones por valor de billones.

Según los cálculos de Markopolos, entre el 20 y el 25 por ciento de las empresas públicas falsea sus declaraciones financieras.

—¿Quieres hablar de otro fraude? —me suelta de repente, sin venir a cuento.

Acababa de publicar unas memorias y ahora se dedicaba a analizar los justificantes de sus derechos de autor. Los llamaba «mierda china»: «Los ladrones a los que investigo —dijo— tienen declaraciones financieras más creíbles que la de mi editor».

Agrega que un dato que tiene presente siempre que va a la consulta del médico es que cuarenta centavos de cada dólar sanitario se defraudan o se desperdician.

—No importa quién me esté tratando, me aseguro de decirle que soy un investigador de delitos de cuello blanco; y le hago saber que hay mucho fraude en la medicina. Les informo de esa estadística. Lo hago para que no hagan nada raro conmigo o con mi familia.

No hay un umbral elevado en la mente de Markopolos antes de que las dudas se tornen en desconfianza. No tiene ningún umbral.

III

En el folclore ruso hay un arquetipo llamado *yurodivy* o «loco sagrado». El loco sagrado es un inadaptado social —excéntrico, poco amable, a veces incluso demente— que, sin embargo, tiene acceso a la verdad. Aunque «sin embargo» no es, en realidad, la expresión adecuada. El loco sagrado dice la verdad *porque* es un marginado. Aquellos que no forman parte de las jerarquías sociales existentes son libres de soltar verdades incómodas o cuestionarse cosas que el resto damos por sentado. En una fábula rusa, un loco sagrado observa un icono famoso de la Virgen María y lo declara obra del demonio. Es una afirmación indignante, herética. Pero entonces alguien lanza una piedra a la imagen y el recubrimiento se resquebraja, revelando el rostro de Satán.

Cada cultura tiene su versión del loco sagrado. En el famoso cuento infantil de Hans Christian Andersen «El traje nuevo del emperador», este baja por la calle con lo que le han dicho que es un traje mágico. Nadie dice una palabra, excepto un niño pequeño que grita: «¡El rey va desnudo!». El niño pequeño es un loco sagrado. Los sastres que le vendieron el traje al emperador le dijeron que la prenda sería invisible a cualquier persona no apta para realizar su trabajo. Los adultos callaban por miedo a ser tachados de incompetentes. Al niño eso no le importaba. Lo más próximo que tenemos a los locos sagrados en la vida moderna son los denunciantes. Están dispuestos a sacrificar la lealtad hacia su institución —y, en muchos casos, el apoyo de sus compañeros— en aras de exponer el fraude y el engaño.

Lo que diferencia al loco sagrado es un sentido diferente de la posibilidad del engaño. En la vida real, nos recuerda Levine, las mentiras son escasas. Y esas mentiras que se dicen provienen de un subconjunto muy pequeño de gente. Por eso no importa tanto que seamos muy malos a la hora de detectar mentiras en la vida real. En ese contexto, de hecho, el sesgo de veracidad tiene un sentido lógico; si la persona que hay detrás de la barra de la cafetería le dice que el precio con impuestos es 6,74 dólares, puede hacer las cuentas usted mismo para verificar los cálculos, haciendo esperar a la gente de la fila y perdiendo treinta segundos de su tiempo, o puede presumir sin más que le está diciendo la verdad, porque en conjunto la mayoría de la gente dice la verdad.

Eso es lo que hizo Scott Carmichael. Tenía dos alternativas. Reg Brown decía que Ana Montes se estaba comportando de manera sospechosa. Ana Montes, por el contrario, tenía una explicación completamente inocente de sus acciones. Por un lado, estaba la posibilidad, de una rareza extraordinaria, de que una de las figuras más respetadas de la DIA fuese una espía. Por otro, el escenario mucho más probable de que Brown estuviese un poquito paranoico. Carmichael siguió el cálculo de probabilidades, es decir, lo que hacemos cuando incurrimos en el sesgo de veracidad. Nat Simons también siguió la probabilidad. Era *posible* que Madoff fuera el cerebro del mayor fraude financiero de la historia, pero ¿cuáles eran las posibilidades?

El loco sagrado es alguien que no piensa de esa manera. Las estadísticas dicen que el mentiroso y el estafador son una excepción. Pero para el loco sagrado están por todas partes.

La sociedad necesita un loco sagrado de vez en cuando. Los locos sagrados desempeñan un papel valioso, por eso los idealizamos. Harry Markopolos fue el héroe de la saga de Madoff. Se hacen un montón de películas protagonizadas por chivatos. Pero la segunda y esencial parte del argumento de Levine es que no podemos ser todos locos sagrados. Sería un desastre.

Levine sostiene que, en el transcurso de la evolución, los seres humanos nunca han desarrollado habilidades sofisticadas y precisas para detectar engaños mientras sucedían, porque emplear el tiempo escrutando las palabras y el comportamiento de aquellos que lo rodean a uno no ofrece ventajas. Lo ventajoso para los seres humanos es suponer que los desconocidos dicen la verdad. En sus palabras, el equilibrio entre sesgo de veracidad y riesgo de fraude es

una transacción con la que salimos ganando mucho. Lo que obtenemos a cambio de ser vulnerables a una mentira ocasional es una comunicación eficiente, así como coordinación social. En comparación, los beneficios son enormes, y los costes, triviales. Por supuesto, de vez en cuando nos engañan. No es más que el coste de hacer negocios.[3]

Suena desalmado, porque es fácil ver todo el daño hecho por gente como Ana Montes y Bernie Madoff. Puesto que confiamos por defecto, no se detecta a los espías, los criminales vagan libremente y las personas sufren daños en sus vidas. Pero el argumento de Levine es que el precio de renunciar a esa estrategia es mucho mayor. Si todo el mundo en Wall Street se comportase como Harry Markopolos, no habría fraudes en Wall Street [...], pero el aire estaría tan viciado de sospechas y paranoia que tampoco sería Wall Street.[*]

---

[*] Pero, un momento, ¿no queremos que los agentes de contrainteligencia sean locos sagrados? ¿No es esta justo la profesión en la que tiene más sentido contar con alguien que sospeche de todo el mundo? En absoluto. Uno de los más notables predecesores de Scott Carmichael fue James Angleton, que dirigió las operaciones de contrainteligencia de la CIA durante las décadas de 1960 y 1970. Angleton estaba convencido de que había un topo soviético en los niveles superiores de la agencia. Inició una investigación que llegó a alcanzar a ciento veinte agentes. Con todo, no pudo encontrar al espía. Frustrado, mandó a numerosos integrantes de la división de especialistas en los soviéticos a casa. Se despachó a cientos de personas, especialistas en Rusia con enormes conocimientos y experiencia acerca del principal adversario de Estados Unidos. La moral quedó por los suelos. Los funcionarios dejaron de reclutar a nuevos agentes.[4]

En última instancia, uno de los máximos responsables de personal de Angleton analizó los costes abrumadores de más de una década de paranoia y llegó a una paranoica conclusión: si la Unión Soviética quería debilitar a la CIA, la forma más eficiente de hacerlo era hacer que un topo liderase una caza prolongada, dañina y exhaustiva de un topo, lo que significaba que el topo tenía que ser Angleton.

¿Quién fue la última víctima de la caza de brujas de James Angleton? James Angleton. Fue expulsado de la CIA en 1974, después de treinta y un años de servicio. Si Scott Carmichael se hubiese comportado como James Angleton y sospechado de que todo el mundo era un espía, la DIA se habría colapsado en una nube de paranoia y desconfianza, como lo había hecho la división de la CIA dedicada al mundo soviético.

IV

En el verano de 2002, Harry Markopolos fue a Europa. Él y un colega buscaban inversores para un nuevo fondo que estaban creando. Se reunió con gestores de activos en París, en Ginebra y en todos los centros de las capitales de Europa occidental, y lo que aprendió le dejó de piedra. Todo el mundo había invertido con Madoff. Si se vivía en Nueva York y se hablaba con gente de Wall Street, era fácil pensar que Madoff era un fenómeno local, uno de los muchos gestores financieros que servían a los millonarios de la Costa Este. Pero Madoff, comprendió Markopolos, tenía un alcance internacional. El tamaño de su fraudulento imperio era mucho mucho mayor de lo que había imaginado.

Fue entonces cuando Markopolos empezó a creer que su vida estaba en peligro. Un sinnúmero de personas con mucho poder y dinero tenían un interés profundamente arraigado en mantener a Madoff a flote. ¿Por eso sus repetidas súplicas a los reguladores no prosperaban? Mucha gente destacada de la SEC conocía el nombre de Markopolos. Mientras que el esquema Ponzi no fuera expuesto de forma pública, él correría peligro.

Decidió que el siguiente paso lógico era dirigirse al fiscal general de Nueva York, Eliot Spitzer, que había demostrado ser uno de los pocos funcionarios electos interesados en investigar a Wall Street. Pero debía proceder con cautela: Spitzer provenía de una acaudalada familia de Nueva York. ¿Era posible que también él hubiese invertido con Madoff? Markopolos se enteró de que Spitzer iba a estar en Boston, para pronunciar un discurso en la Biblioteca John F. Kennedy. Imprimió los documentos que tenía en folios limpios, suprimiendo cualquier referencia a su persona, y los metió en un sobre corriente de color marrón de 22×30. Después, para asegurarse de que no se dañaran las hojas, lo metió dentro de otro sobre sepia más grande. Se había puesto un par de guantes, así que no dejó huellas dactilares en los documentos. Se vistió con ropa muy abultada y se echó encima el abrigo más grande que poseía. No quería que lo reconociesen. Llegó a la Biblioteca JFK y se sentó en un sitio discreto. Después, al final del discurso, se levantó e intentó entregarle los documentos a Spitzer en persona. Pero no pudo acercarse lo suficiente, así que en lugar de eso se los entregó a una mujer de su equipo, con instrucciones de pasárselos a su jefe.

—Estaba ahí sentado con los documentos —recuerda Markopolos—. Iba a entregárselos a él mismo, pero, una vez terminado el acto, se los tuve que dar a una mujer para que se los entregase, porque no logré llegar hasta él. Estaba rodeado de gente. Después se marchó por la puerta de atrás. Creo que fue al baño, y después tenía una cena en el edificio contiguo… Yo no tenía invitación para esa cena. Luego lo vi salir por la puerta de atrás, para meterse en una limusina que lo llevaría al aeropuerto, para coger el último vuelo a Nueva York. Eliot nunca recibió mi paquete.

Hay que mencionar que, en aquel entonces, Markopolos presidía la Sociedad de Analistas de Seguridad de Boston, con cuatro mil profesionales asociados. No tenía por qué aparecer de incógnito en el discurso de Spitzer, embutido en un abultado abrigo y aferrado a una gavilla de documentos envueltos en dos sobres de color sepia. Podía haber llamado directamente a la oficina de Spitzer para solicitar una reunión.

Le pregunté al respecto:

MARKOPOLOS: Es otro de mis remordimientos. Me siento responsable de eso. Spitzer era la persona adecuada. Debería haberlo llamado. Quizá hubiese llegado hasta él, quizá no; aunque creo que sí lo habría logrado.

MG: Tenía prestigio. Usted era…

MARKOPOLOS: Presidente de la Sociedad de Analistas de Seguridad. Si el anterior presidente o el actual presidente llama al pez gordo y le dice: «Tengo el mayor esquema Ponzi jamás visto entre manos, está en tu patio trasero», creo que él lo va a recibir de buena gana.

MG: ¿Por qué pensó que era mejor no hacerlo así?

MARKOPOLOS: Debería, podría, tendría que haber… Me da pena, ¿sabe? No hay investigación perfecta, y yo también aporté una ración de errores. Debería haberlo hecho.

Markopolos ve sus fallos ahora, con la ventaja que da más de una década de retrospección. Pero en mitad del lío, la misma mente brillante que fue capaz de desentrañar los fraudes de Madoff fue incapaz de conseguir que las personas que ocupaban los puestos de responsabilidad lo tomaran en serio. Esa es la consecuencia de no incurrir en el sesgo de veracidad. Si no comienzas en un estado de confianza, no puedes tener encuentros sociales significativos.

Como escribe Levine:

> Ser engañados de vez en cuando no va a impedir que pasemos nuestros genes ni amenazará seriamente la supervivencia de la especie. Una comunicación eficiente, por el contrario, tiene implicaciones gigantescas para la supervivencia. El intercambio no tiene en realidad mucho de intercambio.

La comunicación de Markopolos en la biblioteca fue, por decirlo con suavidad, ineficiente. ¿Y la mujer a la que le dio el sobre, por cierto? No era una de las asistentes de Spitzer. Trabajaba para la Biblioteca JFK. No tenía más acceso a Spitzer que él. E incluso aunque lo hubiese tenido, con casi total certeza, habría considerado su responsabilidad proteger a una figura pública de semejante talla de hombres misteriosos con abrigos dos tallas más grandes de la correspondiente que portan sobres color sepia.

V

Tras sus fracasos con la SEC, Markopolos comenzó a llevar un revólver Smith & Wesson. Fue a ver al jefe de Policía de la pequeña ciudad de Massachusetts donde vivía. Le contó de sus acciones contra Madoff y que su vida estaba en peligro; pero le rogó que no incluyera ese hecho en el expediente. El jefe le preguntó si quería llevar un chaleco antibalas. Markopolos lo rechazó. Había pasado diecisiete años en la fuerza de reserva y sabía un poco de tácticas letales. Sus asesinos, razonó, serían profesionales. Le dispararían dos veces en la parte posterior de la cabeza. El chaleco antibalas no serviría de mucho. Markopolos instaló un sistema de alarmas último modelo en su casa, cambió las cerraduras, se aseguró de tomar siempre una ruta diferente para ir a casa cada noche, tenía siempre bajo control el espejo retrovisor…

Cuando Madoff se entregó, Markopolos pensó —por un momento— que podría estar a salvo por fin. Pero, entonces, cayó en la cuenta de que solo había sustituido una amenaza por otra. ¿No iría ahora la SEC a por sus archivos? Después de todo, había acumulado pruebas durante años, meticulosamente documentadas sobre, como mínimo, la incompetencia de la organización y, como máximo, de su complicidad criminal. Resolvió que, si iban a por él, su única esperanza sería mantenerlos a raya el máximo tiempo posible, hasta que pudiera conseguir ayuda. Cargó una escopeta del calibre 12 y colocó seis cargas más en la culata. Además, colgó una canana con veinte cartuchos extra en su vitrina de armas. Después, sacó una máscara antigás de los días en el ejército. ¿Y si entraban usando gas lacrimógeno? Se sentó en casa, con las armas al alcance de la mano… mientras el resto del mundo seguía tranquilamente con sus asuntos.

5

ESTUDIO DE CASO
EL NIÑO EN LA DUCHA

I

FISCAL: Cuando usted ejercía como auxiliar graduado en 2001, ¿sucedió algo inusual?

MCQUEARY: Sí.

F: ¿Podría contarle al jurado qué pasó?[1]

21 de marzo de 2017, Juzgado de Dauphin County, en Harrisburg, Pensilvania. El testigo es Michael McQueary, antiguo zaguero de fútbol americano convertido en segundo entrenador del equipo de la Universidad Estatal de Pensilvania; fornido, seguro de sí mismo, con el pelo muy corto y del color del pimentón. Lo interroga la vicefiscal general del estado de Pensilvania, Laura Ditka.

MCQUEARY: Una noche fui al Complejo del Centro Lasch de Fútbol Americano y me dirigí a uno de los vestuarios. Abrí la puerta y oí el sonido de varias duchas, oí como ruidos de cachetadas, y entré por otra puerta que alguien había dejado abierta. Accedí al pasillo de las taquillas. La mía quedaba justo a mi derecha. Fui hacia ella. Por supuesto, sabía que alguien estaba en el vestuario dándose una ducha. Y los ruidos de cachetadas me alertaron de que ahí estaba teniendo lugar algo más que una ducha.

En ese punto, Ditka lo interrumpe: «¿Qué hora era?». McQueary dice que las 20.30; era viernes. Esa zona del campus estaba tranquila. El Complejo Lasch se encontraba prácticamente desierto. Las puertas estaban cerradas.

> F: De acuerdo. Disculpe la interrupción. Quería hacerle otra pregunta. Ha descrito algo como ruidos de cachetadas. ¿Se refiere a palmas, como un aplauso?
>
> MCQUEARY: No, no.
>
> F: ¿Está hablando de un tipo diferente de sonido?
>
> MCQUEARY: Sí.

McQueary declaró que había mirado por encima del hombro derecho, hacia un espejo que había en la pared, lo que le permitió ver, desde un determinado ángulo, la ducha. Vio a un hombre desnudo de pie, detrás de alguien a quien denominó como «un individuo menor».

> F: ¿Pudo usted estimar…? Dice que era un individuo menor. ¿Estamos hablando de un chico de dieciséis o diecisiete años, o alguien que pareciera incluso más pequeño?
>
> MCQUEARY: Más pequeño, sin duda.
>
> F: De acuerdo. ¿Cuál sería su estimación de la edad del niño al que vio?
>
> MCQUEARY: Aproximadamente de entre diez y doce años.
>
> F: Bien. ¿Estaban con ropa o sin ropa?
>
> MCQUEARY: Sin ropa, desnudos.
>
> F: ¿Vio algún movimiento?
>
> MCQUEARY: Un movimiento lento, muy sutil, pero casi nada.
>
> F: De acuerdo. Pero ese movimiento lento, sutil, que usted vio, ¿qué clase de movimiento era? ¿Qué se movía?
>
> MCQUEARY: Era Jerry detrás del niño, pegado a él.
>
> F: ¿Piel contra piel?
>
> MCQUEARY: Sí, del todo.
>
> F: ¿Estómago contra espalda?
>
> MCQUEARY: Sí.

El Jerry al que se refería McQueary era Jerry Sandusky, que por aquel entonces se acababa de retirar como coordinador defensivo del equipo de fútbol americano de Penn State, la Universidad Estatal de Pensilvania. Se trataba de un personaje muy querido en una Penn State obsesionada con el fútbol americano. McQueary lo conocía desde hacía años.

Lo que McQueary hizo fue subir corriendo a su despacho y llamar a sus padres.

—Es alto, es un tipo robusto y no es miedoso. Pero estaba conmocionado —declaró el padre de McQueary ante el juzgado, después de que su hijo finalizase su testimonio—. Estaba claramente conmocionado. No tenía la voz de siempre. Su madre se dio cuenta por teléfono, sin necesidad de verle la cara. Me dijo: «Algo no va bien, John».

Después de ver a Sandusky en la ducha en febrero de 2001, McQueary fue a ver a su jefe, Joe Paterno, el legendario entrenador del equipo de fútbol de la Penn State.

> F: ¿Le contó que Jerry Sandusky estaba desnudo en la ducha?
> MCQUEARY: Sí, desde luego.
> F: ¿Le explicó que había habido contacto piel con piel con el niño?
> MCQUEARY: Creo que sí.
> F: ¿Y le contó que había oído esos ruidos de cachetadas?
> MCQUEARY: Sí.
> F: Bien. ¿Cómo…? No le pregunto por lo que él dijo. ¿Cómo reaccionó? ¿De qué modo se comportó?
> MCQUEARY: Entristecido. Se medio desplomó en la silla y se pasó una mano por la cara. Tenía los ojos tristes.

Paterno avisó a su superior, el director deportivo de Penn State, Tim Curley. Curley se lo contó a otro administrador ejecutivo de la universidad, Gary Schultz. Curley y Schultz se lo dijeron entonces al presidente de la institución, Graham Spanier. Hubo una investigación. A su debido tiempo, Sandusky fue detenido, y durante su juicio salió a la luz una historia insólita; ocho jóvenes declararon que Sandusky había abusado de ellos cientos de veces durante años, en habitaciones de hotel, en las duchas de los vestuarios e incluso en el sótano de su casa, con su mujer arriba. Sandusky fue condenado por cuarenta y cinco delitos de abuso a menores. La Penn State pagó más de cien millones de dólares, como parte del acuerdo con las víctimas.* Sandusky se convirtió —como reza el título de un libro sobre el caso— en «el hombre más odiado de América».

Lo más increíble del caso Sandusky, sin embargo, es lo que encierra la frase: «A su debido tiempo». McQueary vio a Sandusky en la ducha en 2001. La investigación sobre el comportamiento del sospechoso no empezó hasta casi una década después, y a Sandusky no lo detuvieron hasta noviembre de 2011. ¿Por qué llevó tanto tiempo? Después de que se encarcelase a Sandusky, el foco se puso sobre la directiva de la universidad. Joe Paterno, el entrenador de fútbol americano de la institución, cayó en desgracia, dimitió y murió poco después. Unos años antes, se le había erigido una estatua, que entonces fue retirada. Se acusó a Tim Curley y Gary Schultz, los dos administradores ejecutivos de la universidad con los que se había reunido McQueary de conspiración, obstrucción a la justicia y complicidad omisiva en un caso de abuso de menores.** Ambos fueron a la cárcel. Y en las conclusiones finales, devastadoras, sobre el escándalo, los fiscales dirigieron su atención al presidente de la universidad, Graham Spanier. Había dirigido la universidad durante dieciséis años y transformado su reputación académica. Era alguien querido. En noviembre de 2011, lo despidieron. Seis

---

*   En aquel entonces, era una cantidad récord para una Universidad estadounidense en un caso de abusos sexuales. Ese récord fue pronto superado, sin embargo, en el caso de Larry Nassar y la Universidad Estatal de Michigan, donde las indemnizaciones por daños y perjuicios pueden llegar a alcanzar los 500 millones de dólares.

** Entre los cargos también se llegaron a incluir el perjurio, que se desestimó rápidamente, y poner en peligro a un menor. En última instancia, ambos hombres admitieron ser culpables solo de este último delito, con la intención de que, de esta forma, se retiraran todas las demás acusaciones.

años después, se le condenó por haber puesto en peligro a menores.*

En el apogeo de la polémica, Sandusky concedió una entrevista al comentarista deportivo de la NBC Bob Costas.[2]

COSTAS: Dice usted que no es un pederasta.

SANDUSKY: Correcto.

COSTAS: Pero, según usted mismo ha admitido, se ha duchado con chicos jóvenes. Algo muy inapropiado. Hay varios testimonios de que se ha metido en la cama con niños que se quedaban en su casa, en una habitación del sótano. ¿Cómo lo explica? Y si no es usted un pederasta, entonces, ¿qué es usted?

SANDUSKY: Bueno, soy una persona con un fuerte interés... Soy muy apasionado a la hora de intentar marcar la diferencia en la vida de algunas personas jóvenes. Trabajaba muy duro para intentar conectar con ellos...

COSTAS: Pero ¿no es lo que usted describe el clásico *modus operandi* de muchos pederastas?

SANDUSKY: Bueno... podría pensarse eso. No lo sé.

Sandusky se ríe nervioso, para pasar a embarcarse en una larga explicación defensiva. Y entonces:

COSTAS: ¿Se siente atraído sexualmente por chicos jóvenes, por menores?

SANDUSKY: ¿Que si me siento atraído sexualmente por menores? [*Pausa*]

COSTAS: Sí. [*Pausa*]

SANDUSKY: Atraído sexualmente, ya sabe, yo... yo disfruto de la gente joven. Me... me encanta estar con ellos. Yo... yo... Pero no, no me siento atraído sexualmente por chicos jóvenes.

---

*   Justo cuando este libro salía para la imprenta, un juez federal rechazó la condena de Spanier, el día antes de que fuese a ingresar finalmente en prisión. En este momento, ya en imprenta, no se sabe si la fiscalía recurrirá esa decisión o no.

Graham Spanier había permitido que ese hombre se moviera con total libertad por el campus de Penn State.

Pero la pregunta que yo me hago, a la luz de los casos de Ana Montes, Bernie Madoff y Harry Markopolos, así como de cada una de las pruebas reunidas por Tim Levine sobre cuán difícil nos resulta superar nuestro sesgo de veracidad, es: si cualquiera de nosotros hubiera sido el presidente de Penn State, ante el mismo conjunto de hechos y preguntas, ¿habría actuado de manera diferente?

II

Jerry Sandusky nació en Washington, en Pensilvania. Su padre dirigía el centro de ocio de la comunidad local, coordinando programas deportivos para la infancia. Los Sandusky vivían encima. La casa estaba llena de bates de béisbol y de balones de baloncesto y de fútbol. Había niños y niñas por todas partes. De adulto, Sandusky recreó el mundo de su infancia. Un hijo de Sandusky, E.J., describió en cierta ocasión a su padre como «un director de recreos frustrado». Sandusky organizaba partidos de *kickball* en el patio y, según E.J.: «papá hacía que participasen todos los chavales. Teníamos los partidos de *kickball* más grandes de Estados Unidos, con hasta cuarenta niños». Sandusky y su mujer, Dottie, adoptaron seis niños y fueron padres de acogida de muchísimos más. «Aceptaron a tantos niños de acogida que incluso sus amigos más cercanos perdían la cuenta», escribió Joe Posnanski en una biografía del jefe de Sandusky, Joe Paterno.[3] «Había niños constantemente alrededor de Sandusky, tantos que pasaron a formar parte de su persona».[4]

Sandusky era un memo y un bufón. Gran parte de la autobiografía de Sandusky —titulada, increíblemente, *Touched*—* está dedicada a historias de sus payasadas: como la vez que untó

---

* En inglés *touch* significa «emocionar» o «conmover», pero también «tocar». De ahí lo «increíble» del título. *(N. del T.)*

carbón en el auricular del teléfono de su profesor de química o cuando se enfrentó a un socorrista para divertirse con sus hijos en una piscina pública. Cuatro páginas y media están dedicadas en su integridad a peleas con globos de agua que orquestó cuando estaba en la universidad. «Allá donde fuera, parecía que pronto habría problemas —escribió Sandusky—. Vivo una buena parte de mi vida en un mundo imaginario —prosigue—. Me divertía fingir de niño y me encanta hacer lo mismo de adulto con estos chavales. Fingir siempre ha sido parte de mí.»[5]

En 1977, Sandusky fundó una organización benéfica llamada Second Mile. Organizaba un programa recreativo para chicos con problemas. Con el transcurso de los años, miles de niños y niñas de hogares empobrecidos e inestables de la zona pasaron por él. Sandusky llevaba a los chicos de Second Mile a partidos de fútbol americano, peleaba con ellos, les hacía regalos, les escribía cartas, los llevaba de viaje, los metía en su casa. Muchos de ellos estaban siendo criados por madres solteras, y él intentó ser el padre que nunca habían tenido.

«Si Sandusky no tuviese un lado tan humano, habría una tentación [en Penn State] de canonizarlo», dijo un periodista de *Sports Illustrated* sobre la retirada de Sandusky del equipo de entrenadores de la universidad.[6]

Aquí, de la misma época, reproduzco un párrafo de un artículo de *The Philadelphia Inquirer*:

Siempre que te lo topabas por los pasillos de algún hotel y le dirigías algo que representara vagamente cualquier forma de elogio, se ruborizaba, y una cautivadora media sonrisa de modestia le llenaba el rostro. No está en esto por sed de reconocimiento. Su defensa juega frente a millones de personas. Pero cuando abre la puerta e invita a otro pobre descarriado, no hay público. La medida de la nobleza de este hombre es que haya elegido la parte del trabajo que se hace de espaldas al público.[7]

Las primeras preguntas sobre la conducta de Sandusky surgieron en 1998. Un niño de Second Mile volvió a su casa después de pasar el día con él, y su madre vio que tenía el pelo mojado. El niño dijo que había trabajado con Sandusky, y que después los dos se habían duchado en el vestuario. También contó que Sandusky lo había abrazado y le había dicho: «Te voy a estrujar». Entonces lo había levantado para «quitarle el jabón del pelo», con los pies del niño tocándole el muslo.*

La madre se lo contó a la psicóloga de su hijo, Alycia Chambers. Pero no estaba segura de qué pensar sobre el incidente. «¿No estaré exagerando?», preguntó a Chambers. Su hijo, mientras tanto, no veía nada inapropiado. Se describió a sí mismo como «el niño más afortunado del mundo» porque cuando estaba con Sandusky podía sentarse en la banda en los partidos de fútbol de Penn State.[9]

El caso quedó cerrado.

El siguiente incidente denunciado ocurrió diez años más tarde e implicó a un niño llamado Aaron Fisher, que había estado en el programa de Second Mile desde cuarto de primaria. Venía de un hogar conflictivo. Había llegado a conocer bien a Sandusky, y pasaba muchas noches en su casa. Su madre consideraba a Sandusky «una especie de ángel». Pero en noviembre de 2008, cuando tenía quince años, Fisher mencionó a su progenitora que se sentía incómodo con algunos de los comportamientos de Sandusky.[10] Este lo agarraba con firmeza y le estiraba la espalda hasta crujir. Peleaba con él de una manera que parecía extraña.

Fisher fue derivado a un psicólogo infantil llamado Mike Gillum, un creyente en la idea de que las víctimas de abuso sexual entierran a veces sus experiencias tan profundamente que estas solo pueden aflorar con mucho cuidado y paciencia. Estaba convencido de que Sandusky había abusado sexualmente de

---

* Esto no era raro en Sandusky. A menudo se duchaba después de haber hecho ejercicio con los chicos de Second Mile, y le encantaba jugar en el vestuario. «Lo que pasaba era […]. El juego lo llevaba a empezar algo parecido a una batalla de jabón —declaró un antiguo miembro de la organización en el juicio contra Sandusky—. Había dispensadores junto a cada una de las duchas; él se llenaba la mano de jabón y se ponía a lanzarlo.»[8]

Fisher, pero que este no podía recordarlo. Fisher se reunió con su terapeuta repetidamente, a veces a diario, durante meses y Gillum lo animaba y lo persuadía.[11] Como más tarde diría uno de los investigadores policiales: «nos llevó meses lograr que el primer chico [hablase] después de que nos llegara el caso; empezó con un "Sí, me frotaba los hombros", hasta que, después de muchas repeticiones, llegamos por fin al punto en el que nos contó lo que había sucedido». En marzo de 2009, Fisher asintió con la cabeza a la pregunta de si había tenido sexo oral con Sandusky. En junio respondería finalmente «Sí».

Tenemos aquí dos denuncias contra Sandusky en el espacio de una década. Ninguna, sin embargo, condujo a su detención. ¿Por qué? Una vez más, por el sesgo de veracidad.

¿Alcanzaron la duda y las sospechas el nivel en el que ya no podían ser desechadas en el caso de la ducha de 1998? Para nada. El psiquiatra del niño escribió un informe sobre el caso, en el que argumentaba que el comportamiento de Sandusky encajaba en la definición de «un probable patrón pedófilo de establecimiento de confianza y una introducción gradual del contacto físico en un contexto de relación "afectiva" y "especial"». Nótese la palabra «probable». Después, un trabajador social asignado al incidente por el departamento de Bienestar Público en Harrisburg realizó también algunas investigaciones, y quedó aún menos seguro. Pensó que el incidente caía en un área «gris», que se trataba de una cuestión de «límites». Al niño se le evaluó una segunda vez, lo hizo un terapeuta llamado John Seasock, que concluyó: «No parece que se haya dado un incidente que sea calificable como abuso sexual, ni tampoco ningún patrón secuencial de lógicas y comportamientos normalmente acordes con adultos con problemas relacionados con el abuso sexual infantil». Seasock no lo vio. Dijo que alguien debería hablar con Sandusky sobre cómo «evitar semejante situaciones grises en el futuro».

El trabajador social y un detective de la policía local se reunieron con Sandusky. Este les dijo que había abrazado al niño, pero que «no había nada sexual en ello». Admitió haberse duchado con otros chicos en el pasado. Dijo: «Por Dios, no pasó nada». Y recordemos que el propio chico también dijo que no había pasado nada. Así que ¿qué se puede hacer? Se aplica el sesgo de veracidad.

La historia de Aaron Fisher era igual de ambigua.* Los recuerdos de Fisher, durante todas esas conversaciones con su terapeuta y en las sesiones con el gran jurado, cambiaban continuamente. Una vez declaró que el sexo oral dejó de tener lugar en noviembre de 2007; en otra ocasión, que había comenzado en el verano de 2007 y había continuado hasta septiembre de 2008; y, en otra, que había empezado en 2008 y continuado hasta 2009. Declaró que había practicado sexo oral a Sandusky muchas veces. Una semana después, afirmó que lo había hecho solo una vez, y, cinco meses después, negó haberlo hecho nunca. Fisher declaró sobre Sandusky ante un gran jurado por dos veces en 2009, pero parece que los miembros de aquel no lo consideraron creíble y rechazaron procesar a Sandusky.

La policía empezó a entrevistar por sistema a otros chicos que habían estado en el programa Second Mile, a la búsqueda de víctimas. No encontraron nada. Esto sucedió durante un lapso de dos años. El fiscal que llevaba el caso estaba dispuesto a tirar la toalla. Tienes a un hombre maduro al que le gusta juguetear con chicos jóvenes. Algunas personas tienen dudas sobre Sandusky. Pero recuerden: las dudas no son enemigas de la creencia; son sus compañeras.

Y entonces, de repente, en noviembre de 2010, la oficina del fiscal recibe un correo electrónico anónimo: «Me dirijo a ustedes por la investigación de Jerry Sandusky —rezaba el correo—. Si no lo han hecho ya, deben contactar y entrevistar al segundo entrenador del equipo de fútbol americano de Penn State, Mike McQueary. Puede que haya sido testigo de un hecho que involucra a Jerry Sandusky y a un niño.»[12]

---

* La idea de que los recuerdos traumáticos están reprimidos y pueden aflorar solo bajo la dirección de un terapeuta es —siendo prudentes— polémica. Véanse las notas al final del libro para encontrar un debate más extenso al respecto.

Ya no se trataba de adolescentes atribulados con recuerdos inciertos. Con Michael McQueary, la acusación tenía por fin los medios para iniciar un caso contra Sandusky y la directiva de la universidad. Un hombre ve una violación, se lo cuenta a su jefe, y no pasa nada… en once años. Quien en su día leyera sobre el caso Sandusky, la versión a la que habrá tenido acceso habrá sido esta, desprovista de cualquier ambigüedad o cualquier duda.

—Hay una frase que dice que el poder absoluto corrompe de forma absoluta —dijo la fiscal Laura Ditka en su alegato final durante el juicio contra Spanier—. Yo me atrevería a sugerir que Graham Spanier fue corrompido por su propio poder y cegado por la atención mediática que recibía y por la reputación de la que gozaba; y que es un dirigente que no dirigió nada.

En la Penn State, la conclusión final fue que la responsabilidad por los delitos de Sandusky llegaba hasta la cima. Ditka mantenía que Spanier había tomado una decisión: «Lo mantendremos en secreto», imaginó ella que les había dicho a Curley y Schultz. «No lo denunciaremos. No se lo diremos a las autoridades».

Ojalá las cosas fuesen tan sencillas.

III

Michael McQueary mide 1,98. Cuando empezó a jugar de zaguero para la Penn State pesaba 102 kilos. En el momento del incidente en la ducha tenía 27 años y estaba en su apogeo físico. Sandusky era treinta años mayor, y tenía una larga lista de achaques médicos.

La primera pregunta es, si McQueary estaba absolutamente seguro de haber presenciado una violación, ¿por qué no intervino y la detuvo?

En la siguiente parte de *Hablar con desconocidos* voy a contar la historia de un conocido caso de agresión sexual que tuvo lugar en la Universidad de Stanford. Se descubrió cuando dos estudiantes de posgrado que andaban en bicicleta a medianoche por el campus vieron un hombre y una mujer jóvenes tumbados en el suelo. El hombre estaba encima, haciendo movimientos vigorosos. La mujer estaba quieta. Los dos estudiantes se acercaron a la pareja. El hombre salió corriendo y ellos lo atraparon. Había los suficientes datos sospechosos sobre esa situación como para sacar a los estudiantes de posgrado de la hipótesis de base de que el encuentro en el suelo era inocente.

McQueary se enfrentó a una situación que era —en teoría, al menos— mucho más sospechosa. No eran dos adultos. Eran un hombre y un niño, ambos desnudos. Pero él no intervino. Retrocedió, subió corriendo y llamó a sus padres. Su padre le dijo que se fuese a casa. Después, le pidió a un amigo de la familia, un médico de nombre Jonathan Dranov, que se dejase caer para escuchar la historia de Michael.

He aquí a Dranov, bajo juramento, repitiendo lo que le dijo McQueary:

> Dijo haber oído sonidos, sonidos sexuales. Cuando le pregunté que qué quería decir, solo dijo: «Bueno, ya sabes, sonidos, ruidos de sexo». En fin, yo no sabía exactamente de qué estaba hablando. No dio más descripciones ni detalles; pero cuando lo presioné resultó obvio que no tenía nada más que decir sobre el tema en aquel momento. Le pregunté qué había visto. Respondió que no había visto nada, pero volvió a mostrarse agitado y nervioso.

Dranov es médico. Tiene el deber de denunciar cualquier abuso infantil que le conste. La segunda pregunta es: ¿por qué no acude Dranov a las autoridades cuando oye la historia de McQueary? Se le preguntó sobre ello durante el juicio.

DEFENSA: Veamos; usted lo presionó en concreto esa noche y quiso saber de manera explícita lo que había visto, pero entiendo que él no se lo dijo. ¿Correcto?

DRANOV: Correcto.

D: De acuerdo. Él dijo... pero usted abandonó la reunión con la impresión de que él había oído sonidos sexuales. ¿Correcto?

DRANOV: Lo que él interpretó como sonidos sexuales.

Lo que él «interpretó» como sonidos sexuales.

D: Y su… el plan que usted le presentó o que le propuso era que debería hablar con su jefe, Joe Paterno. ¿Correcto?

DRANOV: Correcto.

D: No le dijo que lo denunciase a los Servicios Sociales para la Infancia y Adolescencia. ¿Correcto?

DRANOV: Correcto.

D: No le dijo que debería denunciarlo a la policía. ¿Correcto?

DRANOV: Correcto.

D: No le dijo que debería denunciarlo a los servicios de seguridad del campus. ¿Correcto?

DRANOV: Correcto.

D: No creyó que fuese apropiado denunciarlo basándose en testimonios de oídas. ¿Correcto?

DRANOV: Correcto.

D: Y por tanto, la razón por la que no le dijo a Mike McQueary que informase a los Servicios Sociales para la Infancia y Adolescencia o a la policía es que no pensó que lo que le había contado Mike McQueary fuera suficientemente inapropiado como para merecer esa clase de denuncia. ¿Correcto?

DRANOV: Correcto.

Dranov escucha la historia de McQueary, en persona, la misma noche en que esta ha tenido lugar, y no queda convencido.

Las cosas se pusieron aún más complicadas. McQueary había dicho en origen que vio a Sandusky en las duchas el viernes 1 de marzo de 2002. Eran las vacaciones de primavera. Recordaba el campus desierto. Y afirmó haber ido a ver a Paterno al día siguiente, el sábado 2 de marzo. Pero cuando los investigadores repasaron los correos electrónicos de la universidad, descubrieron que McQueary estaba confundido. La fecha de la reunión con Paterno había sido, en realidad, un año antes —sábado 10 de febrero de 2001—, lo que sugiere que el incidente de la ducha había ocurrido la noche anterior, el viernes 9 de febrero.

Sin embargo, eso no tiene sentido. McQueary recuerda el campus desierto la noche que vio a Sandusky en las duchas. Pero, esa noche de viernes en febrero, el campus de la Penn State estaba cualquier cosa menos desierto. El equipo de hockey jugaba contra West Virginia, en el contiguo pabellón Greenberg, un partido que comenzó a las 21.15. Habría habido multitudes en la acera, esperando para entrar en el campo. Y, a un paseo de solo cinco minutos, en el Bryce Jordan Center, estaba tocando el famoso grupo canadiense de rock Barenaked Ladies. Aquella noche en particular, ese rincón del campus de Penn State rebosaba de gente.

John Ziegler, un periodista que ha escrito largo y tendido sobre la polémica de Penn State, sostiene que la única noche de viernes plausible en ese marco temporal inmediato en que el campus hubiera estado vacío sería el viernes 29 de diciembre de 2000, durante las vacaciones de Navidad. Si Ziegler tiene razón —y sus argumentos son persuasivos—, esto nos conduce a una tercera pregunta; si McQueary presenció una violación, ¿por qué iba a esperar hasta cinco semanas —de finales de diciembre a comienzos de febrero— para contárselo a alguien de la administración de la universidad?[*]

La acusación del caso Sandusky pretendía que tales incertidumbres y ambigüedades no existían. Dijeron a la opinión pública que todo estaba clarísimo. La devastadora imputación de veintitrés páginas dictada en noviembre de 2011 manifiesta que el «auxiliar graduado —en referencia a McQueary— vio cómo un niño desnudo [...], con las manos apoyadas en la pared, era sometido a sexo anal por Sandusky, que también estaba desnu-

---

[*] Las pruebas reunidas por Ziegler en este aspecto son convincentes. Por ejemplo, cuando Dranov declaró en el juicio de Spanier, dijo que se había reunido con Gary Schultz por un asunto totalmente diferente más tarde, ese mismo mes de febrero, y que había sacado el tema de Sandusky «dado que habían pasado ya quizá tres meses desde el incidente y no habíamos vuelto a oír nada». ¿Sabremos alguna vez la fecha exacta? Probablemente no.

Ziegler es el más ruidoso de aquellos que creen que la acusación de Sandusky fue un error. Véase también Mark Pendergrast, *The Most Hated Man in America*. Algunos de los argumentos de Ziegler son más convincentes que otros. Para un análisis más largo de los escépticos del caso Sandusky, véanse las notas finales.

do»; y que al día siguiente, McQueary «fue a casa de Paterno, donde informó de lo que había visto».[13] Pero ninguna de esas afirmaciones se ajusta a los hechos, ¿no es así?

Cuando McQueary leyó aquellas palabras en el auto de procesamiento, mandó un correo electrónico a Jonelle Eshbach, el fiscal jefe del caso. Estaba disgustado. «Siento que mis palabras se han retorcido ligeramente y se han presentado en la acusación de una manera que no es del todo precisa —escribió—. Quiero asegurarme de nuevo de que les constan los hechos en caso de que no haya sido claro […]. No puedo decir al mil por cien que fuera sodomía. No vi inserción. Fue un acto sexual o algo que en mi opinión cruzaba varias líneas rojas, fuera lo que fuese.» Quería corregir el testimonio. «¿Cómo puedo controlar lo lejos que pueden llegar mis declaraciones?», le preguntaba a Eshbach.

Pensemos en cómo debió de sentirse McQueary cuando leyó la forma en que Eshbach había distorsionado sus palabras. Había visto algo que consideraba preocupante. Durante cinco semanas, mientras peleaba con su conciencia, tuvo que estar angustiado. «¿Qué vi?», «¿Debería decir algo?», «¿Qué pasa si estoy equivocado?». Luego leyó el procesamiento y ¿qué se encontró? Que los fiscales, en aras de servir a sus propios fines, habían convertido el gris en blanco y negro. ¿Y en qué lo convertía eso? En un cobarde que había presenciado una violación, había salido corriendo para llamar a sus padres y nunca había llegado a avisar a la policía.

«Mi vida ha cambiado drásticamente, drásticamente», escribió a Eshbach. El Sandusky que se duchaba con niños por la noche era un desconocido para McQueary, y Eshbach se había negado a reconocer lo difícil que es comprender a un desconocido. «La vida de mi familia ha cambiado drásticamente —continuaba McQueary—. Los medios nacionales y la opinión pública me han arruinado de todas las maneras posibles. ¿Para qué?»[14]

IV

Resulta útil comparar el escándalo Sandusky con un segundo caso de abusos a menores, aún más dramático, que salió a la luz unos años después. Involucraba a un médico de la Universidad Estatal de Michigan llamado Larry Nassar. Era el médico del equipo nacional femenino de gimnasia de Estados Unidos. Llevaba gafas y era charlatán y un poco torpe. Parecía inofensivo y adoraba a sus pacientes. Era la clase de persona a la que se puede llamar a las dos de la mañana y acude corriendo. Los padres lo amaban. Trataba caderas, espinillas, tobillos y toda clase de lesiones resultantes del enorme estrés que la gimnasia de competición les produce a unos cuerpos jóvenes.

La especialidad de Nassar era el tratamiento de lo que se conoce como «disfunción del suelo pélvico», que requiere la inserción de los dedos en la vagina de la paciente para masajear músculos y tendones, retraídos por las exigencias físicas del entrenamiento gimnástico. Realizaba este tratamiento repetidamente y con entusiasmo. Lo hacía sin consentimiento, sin utilizar guantes y cuando no era necesario. Masajeaba los pechos de sus pacientes. Las penetraba analmente con los dedos sin razón aparente. Utilizaba el tratamiento médico como coartada para su propia gratificación sexual. Fue condenado por cargos federales en el verano de 2017 y pasará el resto de su vida en la cárcel.

En lo referente a escándalos por abusos sexuales, el caso Nassar es extraordinariamente nítido. No se trata de una cuestión de «él dijo» o «ella dijo». La policía se incautó del disco duro del ordenador de Nassar, donde encontró una biblioteca de pornografía infantil con treinta y siete mil imágenes en total, algunas de ellas insoportablemente gráficas.

Tenía fotografías de sus jóvenes pacientes sentadas en la bañera, tomando baños de hielo antes del tratamiento. No había solo una denunciante que contase una historia dudosa, sino que había cientos de acusadoras, que contaban historias notablemente similares. Por ejemplo, Rachael Denhollander, cuyas acusaciones contra Nassar resultaron cruciales para condenarlo.

A los quince años, cuando sufría de dolor de espalda crónico, Larry me agredió sexualmente, repetidas veces, bajo la excusa de estar llevando a cabo un tratamiento médico, durante casi un año. Lo hizo con mi propia madre en la sala, obstruyéndole el campo de visión para que ella no lo viera.[15]

Denhollander tenía pruebas, documentación.

Cuando comparecí en 2016, traje conmigo todo un archivo con pruebas. Traje registros médicos de una enfermera, en los que se documentaba información gráfica del abuso […]. Tenía mis diarios, en los que mostraba la angustia mental que se había apoderado de mí desde el abuso […]. También aporté un testigo a quien se lo había relatado […]. Aporté las pruebas de otras dos mujeres no vinculadas conmigo, que también habían denunciado agresiones sexuales.

El caso Nassar era cristalino. Pero ¿cuánto tiempo costó llevarlo ante la Justicia? Años. Larissa Boyce, otra de las víctimas de Nassar, dijo que había abusado de ella en 1997, cuando tenía dieciséis años. ¿Y qué sucedió? Nada. Boyce se lo contó a la entrenadora de gimnasia de la Universidad Estatal de Michigan, Kathie Klages, quien se encaró con Nassar, el cual lo negó todo. Klages creyó a Nassar, no a Boyce. Las denuncias despertaron dudas, pero no dudas suficientes. El abuso continuó. En el juicio de Nassar, en un momento desgarrador, Boyce se dirigió a Nassar directamente:

—Temía mi próxima cita contigo porque tenía miedo de que Kathie hubiera ido a contarte mis inquietudes —le dijo—. Y por desgracia, tenía razón. Me sentía incómoda, avergonzada y abrumada por haber hablado de esto con Kathie. Recuerdo con total nitidez el momento en el que entraste en la sala, cerraste la puerta detrás de ti, acercaste el taburete y te sentaste enfrente de mí y dijiste: «Bueno, he hablado con Kathie». Al oír esas palabras perdí toda ilusión. Habían traicionado mi confianza. Quería arrastrarme hasta el agujero más profundo y oscuro que existiera para esconderme.[16]

Durante la carrera de Nassar como depredador sexual, hubo no menos de catorce ocasiones en las que se puso en alerta a personas en puestos de autoridad de que pasaba algo extraño con él; padres, entrenadores, funcionarios… No pasó nada. En septiembre de 2016, el *Indianapolis Star* publicó un informe demoledor sobre la actividad de Nassar, apoyado en las acusaciones de Denhollander. Mucha gente cercana al médico lo siguió respaldando incluso después de esto. El jefe de Nassar, decano de Medicina Osteopática en la Universidad Estatal de Michigan, supuestamente dijo a sus alumnos:

—Esto no hace sino demostrar que ninguno de vosotros ha aprendido la lección más básica en medicina, medicina para principiantes. No te fíes de tus pacientes. Los pacientes mienten para meter en líos a los médicos.[17]

Kathie Klages hizo que las gimnastas del equipo firmaran una tarjeta para Nassar que rezaba: «Pensando en ti».

Hizo falta que se descubriera el ordenador del médico, con el mencionado depósito de imágenes espantosas, para que al fin la gente cambiara de opinión.

Cuando estallan escándalos así, una de las primeras inclinaciones es acusar a los que están al mando de encubrir al criminal —o de protegerlo, de mirar deliberadamente para otro lado o de anteponer sus intereses institucionales o financieros a la verdad—. Buscamos una conspiración detrás del silencio. Pero el caso Nassar nos recuerda cuán inadecuada es esa interpretación. Muchos de los principales defensores de Nassar eran los padres de sus pacientes. No participaban de ningún tipo de conspiración del silencio que tuviera como fin proteger intereses institucionales o financieros. Se trataba de sus hijas.

Examinemos las palabras de la madre de una gimnasta —que por cierto, es médica— en una entrevista con *Believed*, un brillante podcast sobre el escándalo Nassar.[18] La mujer estaba en la sala mientras Nassar trataba a su hija, sentada a un par de metros.

Y recuerdo haber visto con el rabillo del ojo lo que parecía ser potencialmente una erección. Y recuerdo haber pensado: «Qué raro.

Rarísimo… Pobre tipo»; haber pensado, en plan, que sería muy extraño que un médico tuviera una erección durante una consulta, mientras examina a un paciente…

Pero en el momento, cuando estás en la sala y le están practicando el tratamiento a tu hija, solo piensas que es un buen médico que hace lo mejor para ella. Él era así de taimado y escurridizo.

También está el ejemplo de una joven que fue a ver a Nassar con su padre. Nassar le introdujo los dedos, con el padre sentado allí en la sala. Más tarde, ese mismo día, la gimnasta se lo contaría a su madre. La madre recapacitaba sobre ese momento:

Lo recuerdo como si hubiese sido hace cinco segundos. Yo conduzco, ella está en el asiento del copiloto y me dice:

—Larry ha hecho algo hoy que me ha hecho sentir incómoda.

—¿Qué quieres decir? —le pregunto.

—Pues que… me ha tocado.

—Que te ha tocado, ¿dónde?

—Ahí abajo —me dice. Y aunque la entiendo perfectamente, intento racionalizar el hecho de que no puede estar diciendo eso.

La madre llamó a su marido y le preguntó si se había ausentado de la sala en algún momento durante la consulta. Respondió que no. «Y que Dios me perdone, pero lo dejé correr. Lo guardé en el archivador de la maternidad hasta 2016».

Las historias empiezan a sonar todas iguales. A continuación, el testimonio de otro padre:

Íbamos en el coche y la notaba muy callada y como deprimida; y me decía: «Papá, no me está ayudando con el dolor de espalda. No quiero ir más». Pero hablamos de Larry. Es el médico de gimnasia. Si él no la puede curar, nadie la curará. Solo Dios sabe más que Larry. «Sé paciente, cariño. Va a llevar tiempo. Las cosas buenas llevan tiempo». Es lo que siempre les hemos enseñado a nuestros niños. Y, al final, dije: «Bueno. Volveremos la semana que viene. Y, luego, volveremos a la siguiente. Y entonces empezarás a ver el progreso».

«De acuerdo, papá. Yo confío en ti», dijo ella.

El hecho de que Nassar estuviese haciendo algo monstruoso es justo lo que complica de tal forma la postura de los padres. Si Nassar hubiese sido descortés con sus hijas, habrían reaccionado de inmediato. Si ellas les hubieran dicho, de camino a casa, que el aliento de Nassar olía a alcohol, la mayoría de los padres habrían hecho algo al respecto. No es imposible imaginar que los médicos sean descorteses o se emborrachen en ocasiones. El sesgo de veracidad se convierte en un problema cuando nos vemos forzados a elegir entre dos alternativas, una de las cuales es plausible y la otra imposible de imaginar. ¿Es Ana Montes la espía cubana que más alto ha llegado en la historia o es más bien que Reg Brown está paranoico? El sesgo de veracidad nos inclina hacia la interpretación más plausible. Scott Carmichael creyó a Ana Montes hasta el momento en el que creerla se volvió del todo imposible. Los padres del caso Nassar hicieron lo mismo, no porque fueran negligentes, sino porque así es como está programada la mayoría de los seres humanos.

Muchas de las mujeres de las que había abusado, de hecho, defendieron al médico. Tampoco ellas pudieron ver más allá del sesgo de veracidad. Trinea Gonczar fue tratada 856 veces por Nassar durante su carrera gimnástica. Cuando una de sus compañeras habló con ella y le contó que aquel le había metido los dedos, Gonczar intentó tranquilizarla: «¡A mí también me lo hecho muchas veces!»[19]

Cuando el *Indianapolis Star* publicó la historia, ella lo apoyó. Estaba convencida de que sería exonerado. Todo se debía a una enorme confusión. ¿Cuándo cambió finalmente de opinión? Solo cuando las pruebas fueron incontestables. En el juicio contra Nassar, cuando Gonczar se sumó al coro de las víctimas que declaraban en su contra, cedió por fin a las dudas:

Esta semana he tenido que tomar una decisión extremadamente dura, Larry. Debía decidir [si] continuar apoyándote o apoyarlas a ellas, a las chicas. Las elijo a ellas, Larry. Elijo quererlas y protegerlas. Elijo dejar de preocuparme por ti y de apoyarte. Elijo mirarte a la cara y decirte que nos hiciste daño, me hiciste daño… Espero que hoy veas en mis ojos que siempre creí en ti, hasta que no pude más. Espero que llores como lloramos nosotras. Espero que te sientas mal por lo que has hecho. Espero, más que nada, que estas niñas sientan menos dolor cada día. Espero que nos desees eso, pero esta es mi despedida de ti, Larry, y esta vez ha llegado el momento de cerrar la puerta. Ha llegado el momento de que yo apoye a estas niñas pequeñas y deje de apoyarte a ti, Larry.

Adiós, Larry. Que Dios bendiga tu alma oscura y destruida.[20]

«Siempre creí en ti, hasta que no pude más.» ¿No es esta una exposición casi perfecta del sesgo de veracidad?

El sesgo de veracidad opera incluso en un caso cuyo culpable tenía treinta y siete mil imágenes de pornografía infantil en el disco duro, habiendo recibido un sinnúmero de acusaciones, por parte de varias personas, en el curso de su carrera. El caso Nassar estaba muy claro… y aun así hubo dudas. Ahora, imaginemos el mismo escenario, solo que en un caso que no es cristalino. Me refiero al caso Sandusky.

V

Una vez que las acusaciones contra Sandusky se hicieran públicas, un antiguo participante del programa Second Mile llamado Allan Myers se convirtió en uno de sus defensores más incondicionales. Cuando la policía de Pensilvania, en un intento de coordinar los cargos contra Sandusky, interrogaba a los chicos que habían estado en Second Mile, contactaron con Myers, y este fue categórico. «Myers declaró no creerse las acusaciones formuladas; y que el acusador […] solo quiere algo de dinero —rezaba el informe de la Policía—. Myers sigue hablando por teléfono con Sandusky una o dos veces por semana.» Contó a la policía que se había duchado muchas veces en el vestuario con Sandusky después de entrenar, y que jamás había ocurrido nada indecoroso.

Dos meses después, Myers fue más lejos. Entró en las oficinas del abogado de Sandusky e hizo una declaración asombrosa. Tras leer los detalles de la historia de McQueary, se dio cuenta de que él había sido el niño en la ducha aquella noche. Curtis Everhart, un investigador del equipo del abogado de Sandusky, escribió una sinopsis de la entrevista que había mantenido con Myers. Merece la pena citarla extensamente:

> Se lo pregunté sin rodeos:
> —¿Te tocó Jerry alguna vez de forma que te pareciese inapropiada o que te hiciera sentir preocupado porque invadiera tu espacio personal?
> Myers contestó con absoluta rotundidad:
> —Nunca jamás pasó nada de ese cariz […]. Nunca en mi vida me sentí incómodo con Jerry ni violado. Pienso en él como en el padre que nunca tuve.
> Myers declaró que en una *senior night*,* más en concreto, en un partido de fútbol americano en el instituto West Branch, «pedí a Jerry que entrase al campo con mi madre. Se anunció por el altavoz "padre Jerry Sandusky" junto con el nombre de mi madre […]. Invité a Jerry y a Dottie a mi boda. ¿Por qué iba a elegir a Jerry como figura paterna en la *senior night* o a invitarlos a mi boda a él y a Dottie?, o ¿por qué mi colegio iba a pedirme que le convenciera para que hablara en mi graduación, cosa que hizo, si hubiera algún problema? ¿Por qué iba a ir con él a los partidos, a verlo a su casa y participar en todas las excursiones si Jerry me hubiese acosado? De haber ocurrido, querría estar tan lejos de él como me fuese posible.[21]

Myers describió la noche en cuestión con nitidez:

---

* El último partido en casa de la temporada de un equipo universitario. *(N. del T.)*

Myers declaró que él y Jerry acababan de terminar un entrenamiento y fueron a las duchas a lavarse antes de salir. «Entrenábamos una o dos veces por semana, pero, aquella noche en particular, la tengo con claridad en mi cabeza; nos encontrábamos en la ducha, y Jerry y yo estábamos pegándonos con las toallas el uno al otro, tratando de darnos. Yo daba a las paredes y patinaba por el suelo de la ducha; y seguro que se nos oiría desde la zona de las taquillas de madera. Mientras nos estábamos divirtiendo, como he explicado, oí cerrarse la puerta de una taquilla, un sonido que había oído antes. No vi quién la cerró. El informe del gran jurado indica que el entrenador McQueary dice que nos vio a Jerry y a mí en plena actividad sexual. Esa no es la verdad, McQueary no dice la verdad. Aquella noche en las duchas no pasó nada.

Unas semanas después, sin embargo, Myers contrató a un abogado que representaba a un grupo de supuestas víctimas de Sandusky. Entonces, hizo una declaración ante la policía en la que cambiaba por completo de versión. Ahora, él era una de las víctimas de Sandusky, según decía.

El lector queda disculpado si encuentra esto confuso. El niño de la ducha era el testigo más importante de todo el caso. Los fiscales lo habían buscado por tierra, mar y aire, dado que sería el clavo final en el ataúd de Sandusky. Y resulta que, cuando por fin aparece, niega que pasara nada, y, casi de inmediato, da marcha atrás, diciendo que realmente *sí* pasó algo. ¿Se convirtió Myers en el testigo clave de la fiscalía en el juicio de Sandusky? Hubiera tenido sentido, ya que era la pieza más importante del puzle. ¡Pero no! La fiscalía lo dejó en casa porque no se fiaba de su relato.[*]

---

[*] El informe del fiscal sobre Allan Myers es alucinante. Un investigador llamado Michael Corricelli habló con el abogado de este, que le dijo que su cliente afirmaba ahora haber sido violado en ocasiones repetidas por Sandusky. Presentó una declaración de tres páginas, supuestamente escrita por Myers, en la que se detallaba el abuso a manos de Sandusky. El equipo de fiscales leyó la narración y sospechó que no la había escrito Myers en absoluto, sino, más bien, su abogado. Al final, la fiscalía desistió y dejó ir a una de las figuras más importantes de todo el caso.

La única vez que Myers compareció ante el tribunal fue para declarar en el recurso de Sandusky, quien lo había llamado a testificar con la vana esperanza de que retornara a su declaración original de que en las duchas no había sucedido nada. Pero no lo hizo. Mientras los abogados de Sandusky le leían cada una de las declaraciones que había hecho menos de un año antes sobre su inocencia, Myers permaneció sentado, con rostro pétreo, y se encogió de hombros ante todo lo expuesto, incluida una imagen de él posando feliz al lado de Sandusky. ¿Quiénes son las personas que salen en la foto?, le preguntaron.

> MYERS: Somos yo y su cliente.
> DEFENSA: ¿Y cuándo fue tomada esa imagen? si lo sabe.
> MYERS: Eso no lo recuerdo.

Era una imagen de Myers y Sandusky en la boda del primero, y negó recordar cuándo se había hecho la foto hasta un total de treinta y cuatro veces.[22]

Luego estaba Brett Swisher Houtz, un chico de Second Mile muy allegado a Sandusky, que es probable que fuera el testigo más demoledor en todo el juicio contra él. Declaró haber sufrido acoso y abusos reiterados, narrando docenas de espeluznantes encuentros sexuales con Sandusky durante la adolescencia, en duchas, en saunas y en habitaciones de hotel.

> FISCALÍA: Señor Houtz, ¿puede decir a las damas y caballeros del jurado, aproximadamente, cuántas veces el acusado, ya fuera en el vestuario de la zona este o en las duchas del Complejo Lasch […] le metió el pene en la boca?
> HOUTZ: Habrán sido cuarenta veces por lo menos.
> F: ¿Quería usted que lo hiciera?
> HOUTZ: No.
> F: ¿En ninguna de esas ocasiones?
> HOUTZ: No.

Entonces, la mujer de Sandusky, Dottie, fue llamada al estrado. Se le preguntó cuándo habían visto, ella y su marido, a Brett Houtz por última vez.

> D. SANDUSKY: Creo que fue hace tres años o hace dos. No estoy segura.

Las historias que contó Houtz sobre el supuesto abuso habían ocurrido en los noventa, así que Dottie Sandusky estaba diciendo que, dos décadas después de haber sido brutal y repetidamente victimizado, Houtz decidió dejarse caer de visita por su casa.

> DEFENSA: ¿Puede hablarnos de eso?
> D. SANDUSKY: Sí. Jerry recibió una llamada. Era Brett. Dijo que quería pasarse, que quería traer a su novia y a su bebé para que los conociéramos. El niño tenía unos dos años. Y vinieron; mi amiga Elaine Steinbacher estaba allí. Nos fuimos todos a cenar a un Kentucky Fried Chicken, y fue una visita muy agradable.

Este es un ejemplo mucho más desconcertante que el de Trinea Gonczar en el caso Nassar. Gonczar nunca negó que algo pasaba en sus sesiones con Nassar. Decidió interpretar sus acciones como benignas —por razones del todo comprensibles— hasta que oyó el testimonio de sus compañeras gimnastas en el juicio. Lo que practicaba Sandusky, por el contrario, no era un ambiguo tratamiento médico. Se supone que había incurrido en reiterados actos de violencia sexual. Y las presuntas víctimas no malinterpretaron lo que les estaba haciendo, sino que actuaron como si nada hubiese pasado nunca. No se sinceraron con sus amigos. No escribieron entradas angustiosas en sus diarios. Visitaron, años después, para presumir de sus bebés, al hombre que los violaba. Lo invitaron a sus bodas. Una víctima que se duchaba con Sandusky se calificaba como «el niño más afortunado del mundo». Otro niño compareció con una historia, alentada durante meses por un terapeuta, que no pudo convencer a un gran jurado.

Los casos de abuso sexual son complicados, están envueltos en capas de vergüenza, negación y recuerdos nebulosos; y pocos casos de gran repercusión mediática han sido tan complicados como el de Jerry Sandusky. Piénsese ahora sobre lo que significa esa complicación para aquellos que deben dotar de sentido a toda esa espiral de contradicciones. Siempre hubo dudas sobre Sandusky. Pero ¿cómo se alcanza un nivel suficiente de duda cuando las víctimas están cenando alegremente pollo frito al estilo de Kentucky con su abusador?

VI

Veamos: McQueary va a ver a su jefe, Joe Paterno, un sábado. Un alarmado Paterno se reúne con Tim Curley y Gary Schultz al día siguiente, domingo. El lunes llaman de inmediato al abogado de la universidad y acto seguido informan al rector, Graham Spanier. Curley y Schultz convocan a Mike McQueary.

Cabe imaginar lo que pensarían Curley y Schultz al escucharlo. «Si viste una violación, ¿por qué no la interrumpiste? Si tanto te perturbó, ¿por qué nadie —incluido un amigo de tu familia que es médico— llamó a la policía? Y si tú, Mike McQueary, estabas tan afectado por lo que viste, ¿por qué esperaste tanto para contárnoslo?».

Curley y Schultz llamaron después a los asesores externos de la universidad. Pero McQueary no les dio demasiado a lo que aferrarse. Llegaron por instinto —como haríamos todos— a la más inocente de las explicaciones, la de que quizá Jerry estuviese haciendo el tonto sin más. El abogado de la Penn State, Wendell Courtney, relataba así su conversación con Gary Schultz:

COURTNEY: Pregunté si en algún momento, en aquellos jugueteos entre Jerry y un joven había habido algo de naturaleza sexual. Y me indicó que no, según la información que tenía. Mi visión, al menos cuando me lo estaban describiendo y hablaba con Mr. Schultz, era que se trataba, ya sabe, de un chico joven con las duchas abiertas, con mucha agua corriendo en la zona de duchas grupales, ya me entiende, patinando y deslizándose por el suelo...

FISCAL: ¿Está seguro de que no mencionó ruidos de cachetadas ni nada de naturaleza sexual?

COURTNEY: Estoy seguro de que nunca me mencionó ruidos de cachetadas ni que estuviese sucediendo en la ducha nada de naturaleza sexual.

Courtney afirma que reflexionó sobre ello y consideró la peor de las hipótesis. Se trataba, después de todo, de un hombre y un niño en las duchas fuera de horario. Pero después pensó en lo que sabía de Jerry Sandusky, «alguien muy proclive a hacer el ganso en público con los chicos de Second Mile», y se inclinó por aplicar el sesgo.[*]

Schultz y su colega Tim Curley fueron después a ver al rector Spanier.

FISCAL: ¿Usted le dijo a Graham Spanier que se trataba de «una payasada»?

SCHULTZ: Sí.

F: ¿Cuándo le dijo eso?

SCHULTZ: Bueno, el primer... el primer informe que recibimos, que se nos dio, es que «estaba alborotando». Se había visto a Jerry Sandusky en la ducha, alborotando con un chico [...]. Creo que esa fue la expresión usada ante el rector Spanier, ya sabe, que estaba alborotando.

---

[*] Courtney dudaba de la inocencia de Sandusky. Pero, al final, la coartada que tenía era demasiado convincente. «Alguien muy proclive a hacer el ganso en público con los chicos de Second Mile.» Curley llamó al director ejecutivo de Second Mile, John Raykovitz. Este le prometió hablar con Sandusky para decirle que no llevara a más chicos al campus. «Solo puedo hablar por mí, pero pensé que Jerry tenía un problema de límites, de entendimiento, que había que tratarlo de algún modo», explicó Curley. Creía que Sandusky debía tener cuidado, o la gente pensaría que era un pederasta. «Le dije —afirmó Raykovitz—, que sería más apropiado, si iba a ducharse con alguien después de un entrenamiento, que llevase bañador. Y se lo dije porque [...] por entonces estaban saliendo muchas cosas de los Boy Scouts y de la Iglesia y demás.»

Spanier escuchó a Curley y Schultz e hizo dos preguntas. «¿Estáis seguros de que así es como os lo describieron, como "alborotando"?». Respondieron que sí. Entonces Spanier volvió a preguntar: «¿Estáis seguros de que eso es todo lo que se os dijo?». Volvieron a responder afirmativamente. El rector apenas conocía a Sandusky. La Penn State tiene miles de empleados. ¿Que a uno de ellos —ya jubilado— lo han visto en una ducha?

—Recuerdo que nos rascábamos la cabeza, en sentido figurado, quiero decir, pensando en la medida más apropiada que debíamos adoptar con alguien que «alborota» —recordaría Spanier más tarde—. Nunca antes me había llegado un caso como este.

Si Harry Markopolos hubiese sido rector de la Penn State durante el caso Sandusky, es obvio que nunca habría aplicado el sesgo de veracidad ni ante las explicaciones más inocentes. ¿Un hombre en la ducha? ¿Con un niño? La clase de persona que se apercibió del engaño de Madoff una década antes que todos los demás habría llegado de inmediato a la conclusión más condenatoria: ¿Cuántos años tenía el chico? ¿Qué hacían ahí a esa hora de la noche? ¿No hubo un caso extraño con Sandusky hace un par de años?

Pero Graham Spanier no es Harry Markopolos. Optó por la explicación más plausible, la de que Sandusky era quien afirmaba ser. ¿Se arrepiente de no haber hecho alguna pregunta más, de no haber preguntado discretamente por ahí? Por supuesto que sí. Pero aplicar el sesgo de veracidad no es un delito. Es una tendencia fundamentalmente humana. El rector Spanier no se comportó de forma distinta que el Alpinista o que Scott Carmichael o que Nat Simons o Trinea Gonczar o prácticamente todos los padres de las gimnastas tratadas por Larry Nassar. ¿No estaban ellos en la consulta mientras el médico abusaba de sus propias hijas? ¿No habían dicho estas que algo raro pasaba? ¿Por qué siguieron llevándolas a ver a Nassar una y otra vez? Pero, en ese caso, nadie ha sugerido jamás que los padres de las gimnastas deberían ir a la cárcel por no proteger a su descendencia de un depredador sexual. Aceptamos el hecho de que ser padre exige un nivel esencial de confianza en la comunidad que rodea a tu hijo. Si se supusiera que todo entrenador es un pederasta, ningún progenitor dejaría a su hijo salir de casa ni ninguna persona cuerda se ofrecería para ser entrenador. Aplicamos el sesgo de veracidad —aun cuando esa decisión acarrea riesgos terribles— porque no tenemos elección. La sociedad no puede funcionar de otra manera. Y en esos casos raros en los que la confianza termina en traición, aquellos que son victimizados por el sesgo de veracidad merecen nuestra simpatía, no nuestra censura.

VII

Los primeros acusados fueron Tim Curley y Gary Schultz. Dos de los representantes más importantes de una de las universidades estatales más prestigiosas de Estados Unidos fueron detenidos. Spanier convocó al equipo directivo para una emotiva reunión. Consideraba a Penn State una gran familia. Estas dos personas eran sus amigos. Cuando le dijeron que era probable que el incidente de la ducha fuera una simple payasada, creyó en su sinceridad.

> Ya veréis cómo ahora todo el mundo se distanciará de Gary y Tim —dijo; pero él no iba a hacerlo—. Todos los que estáis aquí habéis trabajado con ellos durante años. Algunos de vosotros, durante treinta y cinco o cuarenta años, porque ese es el tiempo que Tim y Gary, respectivamente, llevan en la universidad. Habéis trabajado con ellos cada día de vuestra vida; y yo durante los últimos dieciséis años… Si alguno de vosotros obrase conforme a como siempre hemos convenido conducirnos en esta Universidad —sincera y abiertamente, con integridad, haciendo siempre lo que más convenga a la institución— y fuera falsamente acusado de algo, yo haría lo mismo por esa persona. Quiero que lo tengáis claro; ninguno de vosotros ha de tener miedo jamás de hacer lo correcto ni de ser acusado de mala conducta

si sabe que no estaba obrando mal, porque esta Universidad lo apoyará.[23]*

Esta es la razón por la que a la gente le gustaba Graham Spanier, la misma por la que tuvo una carrera tan brillante en la Penn State. Es la razón por la que cualquiera de nosotros querría trabajar para él. Queremos de rector a un Graham Spanier, no a un Harry Markopolos a la espera, armado hasta los dientes, de que un escuadrón de burócratas reviente la puerta de su casa.

Esta es la primera de las ideas a tener en cuenta cuando analizamos la muerte de Sandra Bland. Creemos preferir que nuestros guardianes estén alerta a cualquier sospecha. Les culpamos cuando incurren en el sesgo de veracidad. Cuando intentamos enviar a la cárcel a personas como Graham Spanier, mandamos un mensaje a todos los que ocupan posiciones de autoridad sobre el modo en que queremos que juzguen a los desconocidos ... sin pararnos a considerar las consecuencias de enviar ese mensaje.

Pero nos estamos adelantando un poco.

---

* Esta no es una transcripción literal de lo que dijo el rector Spanier, sino, más bien, una paráfrasis basada en sus recuerdos.

TERCERA PARTE
———————

Transparencia

6

LA FALACIA DE *FRIENDS*

I

Al estreno de su quinta temporada, *Friends* iba ya camino de convertirse en una de las series de televisión más exitosas de todos los tiempos. Fue una de las primeras grandes comedias de colegas. Seis amigos —Mónica, Rachel, Phoebe, Joey, Chandler y Ross— viven en un caótico barullo en el centro de Manhattan; se lían y se separan, flirtean y se pelean, pero sobre todo hablan, sin límite y con mucha gracia.

La temporada comienza con Ross casándose con una persona ajena a *Friends*. A mitad de temporada, la relación se habrá terminado, y, al final de la misma, Ross habrá vuelto a los brazos de Rachel. Phoebe da a luz a trillizos y se va a vivir con un policía. Y lo que tiene más trascendencia, Mónica y Chandler se enamoran; un giro que crea un problema inmediato, porque Mónica es la hermana de Ross, y Chandler, su mejor amigo, y ninguno de los dos tiene el valor de decirle lo que ocurre.

Al comienzo del decimoquinto episodio —titulado «El de la chica que golpea a Joey»—, Ross acaba de descubrir el idilio entre Chandler y Mónica, al final del episodio anterior. Al mirar por la ventana de su piso al apartamento de enfrente, ha pillado a su hermana en pleno abrazo romántico con su mejor amigo. Se queda atónito. Corre al apartamento de Mónica e intenta entrar a empujones, pero la cadena de la puerta está puesta. Así que mete la cara en el hueco de quince centímetros.

—¡Chandler! ¡Chandler! Te he visto por la ventana, he visto lo que le hacías a mi hermanita. ¡Sal ahora mismo!

Alarmado, Chandler intenta escapar por la ventana. Mónica lo detiene. «Yo me ocupo de Ross», le dice; y le abre la puerta a su hermano.

—¿Qué hay de nuevo, viejo?

Ross irrumpe en el apartamento, yéndose directo a por Chandler, a quien persigue alrededor de la mesa de la cocina al grito de: «¿¡Qué coño estás haciendo!?».

Chandler se esconde detrás de Mónica. Entonces, Joey y Rachel entran en escena.

RACHEL: Eh, ¿qué está pasando?
CHANDLER: Bueno, creo, creo que Ross sabe lo mío con Mónica.
JOEY: Tío, que está ahí.
ROSS: ¡Creí que eras mi mejor amigo! ¡Es mi hermana! ¡Mi mejor amigo y mi hermana! No puedo creerlo.[1]

¿Lo siguen? Una temporada estándar de *Friends* tenía tantos giros de trama —y variaciones de narrativa y emoción— que parece como si los espectadores necesitaran un organigrama para no perderse por el camino. Pero nada más alejado de la verdad. Si el lector ha visto alguna vez un episodio de *Friends*, sabrá que es casi imposible confundirse. La serie es cristalina. ¿Hasta qué punto? Creo que es probable que pudiera seguirse incluso sin sonido.

El segundo de los enigmas con los que comenzaba este libro era el problema de las fianzas. ¿Cómo es que los jueces son peores que un programa informático para evaluar a acusados, sabiendo aquellos mucho más sobre los acusados que el ordenador? Esta sección de *Hablar con desconocidos* es una tentativa de responder a ese enigma, comenzando con el hecho peculiar de lo transparentes que son las comedias de situación como *Friends*.

II

Para examinar esta idea sobre la transparencia de *Friends,* me
puse en contacto con una psicóloga llamada Jennifer Fugate,
profesora de la Universidad de Massachusetts en Dartmouth.
Fugate es experta en el sistema FACS de codificación de gestos faciales (Facial Action Coding System, en inglés).* El sistema FACS asigna un número a cada uno de los cuarenta y
tres movimientos musculares distintivos de la cara, que deno-
mina «unidades de acción». Quienes, como Fugate, estén versados en el FACS pueden mirar las expresiones faciales de
alguien y transcribirlas, igual que un músico puede escuchar
una pieza musical y traducirla a una serie de notas en un pen-
tagrama.

Por ejemplo, echemos un vistazo a esta foto:

---

*   Fue desarrollado por el legendario psicólogo Paul Ekman, sobre quien escribí en
mi segundo libro, *Inteligencia intuitiva.* Véanse las notas del final si se desea una
explicación de cómo han evolucionado desde entonces las ideas que tengo sobre
la obra de Ekman.[2]

Eso se llama una sonrisa Pan-Am, y es la clase de sonrisa que nos dedica el equipo de abordo de un avión para mostrar cortesía. Cuando se sonríe de esa forma, se levantan los extremos de los labios, usando lo que se llama el músculo cigomático mayor, pero se deja el resto de la cara impasible. Por eso parece falsa; es una sonrisa sin ningún tipo de elaboración facial. En el FACS, la sonrisa Pan-Am realizada mediante el cigomático mayor se transcribe como AU 12.

Ahora, vamos a ver esto:

Esto es lo que se llama una sonrisa Duchenne. Es, como se ve, una sonrisa genuina. En términos técnicos, es AU 12 más AU 6, lo cual implica un movimiento facial que a su vez implica a la parte exterior del músculo orbicular de los párpados, elevando las mejillas y creando esas delatoras patas de gallo alrededor de los ojos.[3]

El FACS es una herramienta extraordinariamente sofisticada. Supone catalogar —al detalle exacto— miles de movimientos musculares, algunos de los cuales permanecen no más que una fracción de segundo en el rostro. El manual del FACS tiene más de quinientas páginas. Si Fugate hubiese hecho un análisis FACS de todo el episodio «El de la chica que golpea a Joey», le habría ocupado días, así que le pedí que se centrase en esa secuencia inicial, en la que Ross ve cómo Chandler y Mónica se abrazan e irrumpe, indignado, en el apartamento.

Esto es lo que descubrió.

Cuando Ross mira a través de la puerta y ve a su hermana fundida en un abrazo romántico con su mejor amigo, su cara muestra las unidades de acción 10 + 16 + 25 + 26, esto es, el elevador del labio superior (*levator labii superioris, caput infraorbitalis*), el depresor del labio inferior (*depressor labii*), labios separados (*depressor labii, mentalis* u *orbicularis oris* relajados) y caída de mandíbula (pterigoideo temporal e interno relajados).

En el sistema FACS, a los movimientos musculares se les asigna asimismo una medida de intensidad de A a E, siendo A la más suave, y E la más fuerte. Los cuatro movimientos musculares de Ross, en ese momento, son E. Si ahora uno vuelve a ver ese episodio de *Friends* y congela la imagen en el momento en el que aquel mira a través del marco de la puerta, verá exactamente lo que los codificadores FACS describen. Tiene una mirada inequívoca de enfado y repugnancia.

Ross entra disparado en el apartamento de Mónica. La tensión en la escena se acelera, y también las emociones de Ross. Ahora su cara se lee así: 4C + 5D + 7C + 10E + 16E + 25E + 26E. ¡De nuevo, cuatro E!

—[AU] 4 es un depresor de cejas —explica Fugate—. Es lo que haces cuando arrugas la frente. El 7 es un entrecierre de ojos. Se llama «tensor de párpados». Ross frunce el ceño y cierra los ojos al mismo tiempo, así que es una ira estereotipada. Luego el 10; en este caso es muy clásico para la repugnancia. Levantas el labio superior, sin mover la nariz realmente, pero dando la impresión de elevarla. El 16 se da a veces en estos casos. Es un depresor del labio inferior. Es cuando empujas el labio inferior hacia abajo, de forma que se te ven los dientes inferiores.

Mónica, en la puerta, trata de fingir que no pasa nada extraño. Sonríe a su hermano. Pero es una sonrisa Pan-Am, no una sonrisa Duchenne; algo de 12 y el más leve e improbable indicio de 6.

Ross persigue a Chandler alrededor de la mesa de la cocina. Este se esconde detrás de Mónica y, cuando Ross se acerca, le dice:

—Mira, no estamos tonteando. La quiero, ¿vale? Estoy enamorado de ella.

Entonces Mónica extiende el brazo y toma la mano de Ross.

—Siento de verdad que te hayas tenido que enterar de esta forma. Lo siento mucho. Pero es cierto, yo también lo amo.

Hay un largo silencio mientras Ross mira fijamente a ambos, procesando una tormenta de emociones contrapuestas. Después, dibuja una enorme sonrisa, los abraza a ambos y se repite a sí mismo (solo que esta vez con alegría):

—¡Mi mejor amigo y mi hermana! ¡Soy tan feliz!

Mientras Mónica le da la noticia a su hermano, Fugate la describe como 1C + 2D + 12D. El 1 y el 2, combinados, son tristeza; ella ha elevado las partes internas y externas de sus cejas. 12D, por supuesto, es la emocionalmente incompleta sonrisa Pan-Am.

—Por raro que suene —dice Fugate—, Mónica emite un indicador de tristeza, seguido de otro de alegría. Creo que tiene cierto sentido, porque empieza disculpándose, pero luego le quiere mostrar a Ross que todo va bien.

Ross mira a su hermana durante un largo instante. Su cara refleja tristeza clásica. Luego, cambia sutilmente a 1E + 12D. Le está devolviendo a su hermana la misma mezcla exacta de emociones que ella le ha mostrado a él; tristeza combinada con los comienzos de la alegría. Va a perder a su hermana; pero al mismo tiempo, quiere que ella sepa que aprecia su dicha.

El análisis FACS de Fugate nos dice que los actores de *Friends* se aseguran de que cualquier emoción que se supone que deba sentir de corazón su personaje se exprese a la perfección en su cara. Por eso, el espectador puede seguir la escena con el sonido apagado y aun así no perder comba. Las palabras son lo que nos hace reír, o lo que explica matices particulares de la narrativa. Pero el despliegue facial de los actores es lo que hace avanzar la trama. Las actuaciones de *Friends* son transparentes.[4]

La transparencia es la idea de que el comportamiento y la conducta de las personas —la forma en la que se representan a sí mismas en el exterior— ofrece una ventana auténtica y fiable a lo que sienten en el interior. Es la segunda de las herramientas cruciales que usamos para juzgar a los desconocidos. Cuando no conocemos a alguien o no podemos comunicarnos con esa persona o no tenemos tiempo para entenderla correctamente, creemos que podemos discernir quién es a través de su comportamiento y de su conducta.

III

La idea de transparencia tiene una larga historia. En 1872, trece años después de presentar por primera vez su famoso tratado sobre la evolución, Charles Darwin publicó *La expresión de las emociones en los animales y en el hombre.* Sonreír, fruncir el ceño y arrugar las narices en señal de disgusto, argumentaba, eran cosas que todo ser humano hacía como parte de la adaptación evolutiva. Comunicar las emociones de manera precisa y rápida entre nosotros era de una importancia tan crucial para la supervivencia de la especie humana, que la cara se había convertido en una especie de espejo del corazón.[5]

La idea de Darwin es profundamente intuitiva. Los niños de todo el mundo sonríen cuando están contentos, fruncen el ceño cuando están tristes y se ríen cuando algo les hace gracia, ¿verdad? No solo la gente que ve *Friends* en su salón en Cleveland, Toronto o Sídney puede entender lo que sienten Ross y Rachel; todos podemos.

Las vistas para dictaminar la posibilidad de fianza descritas en el capítulo 2 son asimismo un ejercicio de transparencia. El juez no mantiene correspondencia por correo electrónico con las partes de un caso judicial ni las llama por teléfono. Los jueces creen que es crucial ver a las personas a las que están juzgando. Hace unos años, una mujer musulmana que era la querellante en una demanda apareció en el tribunal con el tradicional nicab, un velo que la cubría por completo, a excepción de los ojos. El juez le pidió que se lo quitase. Ella se negó. Así que el juez desestimó su caso. Pensó que no podía decidir equitativamente sobre un desacuerdo entre dos partes cuando no podía ver a una de ellas. Le dijo:

—Una de las cosas que necesito hacer mientras escucho un testimonio es ver la cara de quien habla, para saber qué pasa. Y a menos que usted se quite eso, no puedo verle el rostro, luego no puedo determinar si usted me dice la verdad o no, ni puedo examinar ciertos aspectos de su conducta y temperamento que hay que observar en un Tribunal de Justicia.[*]

¿Quién piensa que el juez tenía razón? Adivino que muchos lo harán. No pasaríamos tanto tiempo como pasamos mirando a la cara de la gente si no pensásemos que nos puede proporcionar una valiosa información. En las novelas leemos que «el asombro le agrandó los ojos» o que «su rostro delataba decepción», y aceptamos sin rechistar que los rostros en verdad delatan y los ojos realmente se agrandan en respuesta a las sensaciones de sorpresa y desilusión. Podemos observar el 4C + 5D + 7C + 10E + 16E + 25E + 26E de Ross y saber qué significa —con el sonido apagado—, porque miles de años de evolución han convertido 4C + 5D + 7C+ 10E + 16E + 25E + 26E en la expresión que asumen los seres humanos cuando los invaden la alarma o la ira. Creemos que la conducta de alguien es una ventana a su alma. Pero esto nos devuelve al enigma número dos. Los jueces de las vistas para fianzas tienen una ventana al alma del acusado. Pero son mucho peores a la hora de predecir quién reincidirá en el delito que el ordenador de Sendhil Mullainathan, el cual no tiene ventanas a alma alguna.

---

[*] La querellante era Ginnah Muhammad, y su respuesta fue: «Bueno, antes que nada, soy musulmana practicante, y esta es mi forma de vida; creo en el sagrado Corán, y Dios va primero en mi vida. No tengo problema en quitarme el velo si el juez es una mujer, así que quiero saber: ¿no hay aquí una jueza ante la que pueda comparecer? Si es así, no tengo problema. Si no, no puedo obedecer esa orden».[6]

Si la vida real fuera como en *Friends,* los jueces ganarían a los ordenadores. Pero no es así. De manera que quizá la vida real no sea como *Friends.*

IV

Las Trobriand están a unos ciento sesenta kilómetros al este de Papúa Nueva Guinea, en medio del mar de Salomón. El grupo de islas conocido como archipiélago de las Trobriand es minúsculo, y su población, de cuarenta mil personas. Es remoto y tropical. Sus habitantes pescan y cultivan la tierra de forma similar a como lo hacían sus ancestros hace miles de años; y las costumbres que tenían entonces han demostrado ser notablemente duraderas, incluso frente al inevitable avasallamiento que ha acarreado el siglo XXI. Así como los fabricantes de automóviles llevan modelos nuevos al Ártico para probarlos en las condiciones más extremas posibles, a los científicos sociales les gusta a veces poner a prueba hipótesis en lugares como las Trobriand. Si algo funciona en Londres o en Nueva York y funciona en las Trobriand, uno puede estar seguro de que se encuentra ante algo universal; y por eso dos científicos sociales españoles se fueron a las Islas Trobriand en 2013.[7]

Sergio Jarillo es antropólogo. Había trabajado en las Trobriand con anterioridad y conocía el idioma y la cultura. Carlos Crivelli es psicólogo. Dedicó el primer ciclo de su carrera a probar los límites de la transparencia. En cierta ocasión visionó docenas de cintas de vídeo de luchadores de judo que acababan de ganar un combate para determinar cuándo, exactamente, sonreían.[8] ¿Era en el momento de la victoria? ¿O primero ganaban y después sonreían? En otra ocasión, vio cintas de gente masturbándose para averiguar qué caras ponían en el momento del clímax.[9] En teoría, un orgasmo es un momento de felicidad verdadera. ¿Es esa felicidad evidente y observable en el momento? En ambos casos, la respuesta fue negativa, lo que no tenía sentido si nuestras emociones son de verdad un espejo de nuestro corazón.

Estas investigaciones convirtieron a Crivelli en un escéptico, así que él y Jarillo decidieron poner a Darwin a prueba.

Jarillo y Crivelli comenzaron con seis primeros planos de gente con aspecto feliz, triste, enojado, asustado y asqueado, para acabar con una imagen de alguien con una expresión neutral. Antes de partir hacia las Trobriand, ambos hombres llevaron sus fotos a una escuela primaria de Madrid y se las enseñaron a un grupo de niños. Colocaban las seis fotos delante de un niño y le preguntaban: «¿Cuál de estas caras está triste?». Después se las presentaban a un segundo niño: «¿Cuál de estas es la cara enfadada?»; y así sucesivamente, cambiando las fotos una y otra vez. Aquí están los resultados. Los niños no tuvieron ninguna dificultad con el ejercicio:

Identificador de emociones	Alegre: Sonriente	Triste: De morros	Airada: Ceñuda	Miedosa: Jadeante	Asqueada: Nariz arrugada	Neutral
Niños españoles (n= 113)						
Alegría	**1,00**	0,00	0,00	0,00	0,00	0,00
Tristeza	0,00	**0,98**	0,00	0,00	0,00	0,02
Ira	0,00	0,00	**0,91**	0,00	0,09	0,00
Miedo	0,00	0,07	0,00	**0,93**	0,00	0,00
Asco	0,00	0,02	0,00	0,15	**0,83**	0,00

Después, Jarillo y Crivelli volaron a las islas Trobriand y, allí, repitieron el proceso.

Los amigables trobriandeses cooperaron de buena gana. Tenían una lengua rica, con matices, que los convertía en un grupo de prueba ideal para un estudio sobre las emociones. Como explica Jarillo:

> Para decir que algo los ha sorprendido de un modo positivo, dicen «me ha extasiado la mente» o «me ha atrapado la mente». Y cuando, repitiendo la fórmula, les preguntas: «Y esto, ¿te ha atrapado la mente?», te responden: «Bueno, no, esta más bien me ha robado el estómago».

En otras palabras, no eran gente que fuera a desconcertarse por pedirles que trataran de entender la verdad emocional de algo. Si Darwin estaba en lo cierto, los trobriandeses deberían de ser tan competentes como los niños de Madrid a la hora de leer las caras de las personas. Las emociones están programadas por la evolución. Eso significa que las personas que viven en medio del mar de Salomón deben de tener el mismo sistema operativo que las personas de Madrid, ¿verdad?

Incorrecto.

Echemos un vistazo al siguiente cuadro, que compara la tasa de éxito de los trobriandeses con la de los niños de diez años de Madrid. Los trobriandeses tuvieron problemas.

Identificador de emociones	Alegre: Sonriente	Triste: De morros	Airada: Ceñuda	Miedosa: Jadeante	Asqueada: Nariz arrugada	Neutral
Isleños de Trobriand (n= 68)						
Alegría	**0,58**	0,08	0,04	0,08	0,00	0,23
Tristeza	0,04	**0,46**	0,04	0,04	0,23	0,19
Ira	0,20	0,17	**0,07**	0,30	0,20	0,07
Miedo	0,08	0,27	0,04	**0,31**	0,27	0,04
Asco	0,18	0,11	0,08	0,29	**0,25**	0,11
Niños españoles (n= 113)						
Alegría	**1,00**	0,00	0,00	0,00	0,00	0,00
Tristeza	0,00	**0,98**	0,00	0,00	0,00	0,02
Ira	0,00	0,00	**0,91**	0,00	0,09	0,00
Miedo	0,00	0,07	0,00	**0,93**	0,00	0,00
Asco	0,00	0,02	0,00	0,15	**0,83**	0,00

Los «identificadores de emociones» de la izquierda del recuadro son imágenes de personas poniendo diferentes caras de entre las que Jarillo y Crivelli mostraron a sus voluntarios. Los de la franja horizontal superior indican cómo interpretaron los voluntarios dichas imágenes. Mientras el 100 por ciento de los ciento trece escolares españoles preguntados identificaron la cara sonriente como una expresión de alegría, solo el 58 por ciento de los trobriandeses hizo lo propio; y el 23 por ciento, al observar el rostro sonriente, lo calificaron de «neutral». Y eso que la felicidad es la emoción en la que se dan más coincidencias entre los isleños de Trobriand y los escolares madrileños. En todo lo demás, la idea de los trobriandeses sobre el aspecto externo de la emoción parece ser totalmente diferente de la nuestra.

—Creo que lo que más nos sorprendió fue el hecho de que lo que en las sociedades occidentales identificamos como una cara de miedo o susto en las Trobriand se interprete más bien como amenaza —cuenta Crivelli, gesticulando a guisa de ejemplo una cara de ahogo con los ojos bien abiertos, como el rostro del célebre cuadro de Edvard Munch *El grito*—. En nuestra cultura, mi cara estaría diciendo «Tengo miedo; me das miedo tú», pero, en la suya, esa… es la cara de alguien que está intentando asustar a alguien; o sea, todo lo contrario [de lo que significa para nosotros]».

La sensación de miedo de un isleño trobriandés no difiere en nada del temor que sintamos nosotros. Ambas producen el mismo malestar en la boca del estómago. Pero, por alguna razón, ellos no lo expresan de la misma forma que nosotros.

Con el enfado ocurrió igual. Cabría imaginar —¿o no?— que toda la humanidad sabría cómo es una cara enojada. Se trata de una emoción fundamental.

Esto es ira, ¿correcto?

La mirada, dura; la boca, apretada. Pues bien, la ira desconcertó a los trobriandeses. No hay más que ver las puntuaciones para la cara enfadada. Un 20 por ciento la calificó de cara feliz; un 17 por ciento, como triste; un 30 por ciento creyó ver una expresión de temor, y un 20 por ciento leyó en ella repugnancia. Solo un 7 por ciento la identificó en consonancia con lo que había sido la práctica totalidad de los niños encuestados en España.[10]

—Ofrecían un montón de descriptores diferentes —explica Crivelli—. Decían, por ejemplo, «Está frunciendo el ceño», o recurrían a un refrán de los suyos, como «Tiene la frente oscura», que obviamente puede traducirse como «Está frunciendo el ceño». Pero de ahí no deducían que la persona estuviera enfadada.

Para asegurarse de que los trobriandeses no fueran a ser un caso especial, Jarillo y Crivelli viajaron después a Mozambique, donde estudiaron a un grupo aislado de pescadores de subsistencia conocidos como los muani. Una vez más, los resultados fueron inesperados. Los muani tuvieron un resultado marginalmente por debajo del umbral del azar con las caras sonrientes, pero parecían desorientados con las tristes y las enojadas. Otro grupo, liderado por María Gendron, se desplazó a las montañas del noroeste de Namibia para ver si sus habitantes podían clasificar con precisión un mazo de imágenes según la expresión emocional del sujeto fotografiado.[11] No pudieron.

Incluso los historiadores se han involucrado ya en el asunto. Si pudieras meterte en una máquina del tiempo y mostrar a los antiguos griegos y romanos fotos de personas de hoy día, mostrando una amplia sonrisa, ¿interpretarían esa expresión de la misma forma que nosotros? Es probable que no. Como escribe la clasicista Mary Beard en su libro *Laughter in Ancient Rome*:

> Esto no significa que los romanos nunca curvaran el borde de la boca en una formación que a nosotros se nos antojaría muy parecida a una sonrisa; por supuesto que lo hacían. Pero, en Roma, esa curvatura no tenía mucho valor en el espectro de los gestos sociales y culturales significativos. Por el contrario, otros gestos que

para nosotros significarían muy poco estaban mucho más cargados de significado.[12]

Si organizáramos un visionado de ese episodio de *Friends* para los isleños de Trobriand, verían a Ross enfrentarse a Chandler y pensarían que Chandler estaba enfadado, y Ross, asustado. Entenderían la escena justo al revés. Y si montáramos un estreno de *Friends* en la antigua Roma para Cicerón, Julio César y un grupo de amigos suyos, verían las extravagantes muecas y contorsiones en los rostros de los actores y dirían: «Pero ¿qué pasa aquí?».

V

Bueno, ¿y qué pasa dentro de una cultura? Si nos limitamos al mundo desarrollado —y nos olvidamos de los casos atípicos y de la antigua Roma—, ¿funcionan las reglas de la transparencia? Pues no, tampoco así funcionan.

Imaginemos el siguiente escenario. Nos conducen por un pasillo largo y estrecho a un cuarto oscuro. Ahí, nos sentamos y escuchamos una grabación de un cuento corto de Franz Kafka, seguida de un test mnemotécnico sobre lo que acabamos de oír. Termina la prueba y volvemos al pasillo. Pero, mientras escuchábamos a Kafka, el pasillo ha desaparecido. En realidad, estaba hecho de tabiques provisionales. Una vez retirados estos para crear un espacio amplio y diáfano, nos encontramos en una habitación de paredes color verde intenso. Una sola bombilla cuelga del techo, iluminando una silla de color rojo brillante. Y sentado en la silla está nuestro mejor amigo, con aire solemne. Al salir, pensamos que vamos a recorrer el mismo pasillo estrecho por el que habíamos entrado, pero, ¡pum!, hay una habitación donde hace un rato no la había, y ahí está nuestro amigo, que nos mira fijamente, como el personaje de una película de terror.

¿No nos sorprenderíamos? Claro que sí. ¿Y qué cara pondríamos? Bueno, en esa situación no tendríamos el mismo aspecto que un isleño de Trobriand o que un ciudadano de la antigua Roma. Pero dentro de nuestra cultura, en este tiempo y espacio, la expresión de sorpresa está definida de una forma clara. En ese mismo episodio de *Friends* hay un ejemplo perfecto de ello. Otro de los personajes, Joey, entra corriendo en el apartamento de Mónica y descubre a dos de sus mejores amigos tratando de darse muerte uno al otro, y su cara nos dice todo lo que debemos saber. AU 1 + 2 (cejas hacia arriba) más AU 5 (ojos muy abiertos) más AU 25 + 26, que es la caída de la mandíbula. Es la cara que todos pondríamos, ¿verdad? Incorrecto.

Dos psicólogos alemanes, Achim Schützwohl y Rainer Reisenzein, crearon un escenario exacto y metieron en él a sesenta voluntarios.[13] En una escala de uno a diez, esas sesenta personas calificaron sus sensaciones de sorpresa cuando abrieron la puerta tras su sesión con Kafka con un promedio de 8,14. ¡Se habían quedado estupefactos! Cuando les preguntaron, casi todos ellos estaban convencidos de llevar la sorpresa escrita en la cara. Pero se equivocaban. Schützwohl y Reisenzein tenían una cámara de vídeo en una esquina, y la usaron para codificar las expresiones de todos los participantes de la misma manera que Fugate había codificado el episodio de *Friends*. En solo un 5 por ciento de los casos se encontraron con unos ojos ensanchados, con unas cejas elevadas y unas mandíbulas caídas. En un 17 por ciento de los casos, encontraron dos de estas expresiones. En el resto, constataron alguna clase de combinación entre nada, un poco y un algo —como cejas fruncidas—, que para nada se asociaría necesariamente con la sorpresa.*

«Los participantes de toda condición sobrestimaron de manera flagrante su expresividad en la sorpresa», escribió Schützwohl. ¿Por qué? «Dedujeron las expresiones faciales que probablemente habían mostrado con base en... creencias psicológicas

---

* El dato del 17 por ciento incluye a las tres personas (un 5 por ciento) que desplegaron las tres expresiones. Solo siete personas mostraron justo dos expresiones. Además, aunque la vasta mayoría creyó haber expresado sorpresa, una persona inusualmente consciente de sí misma dijo que no pensaba que su sorpresa se hubiera traslucido en absoluto.

populares sobre las asociaciones entre emociones y las expresiones.»[14] La psicología popular es la clase de psicología cruda que extraemos de fuentes culturales como las comedias televisivas. Pero no es así como suceden las cosas en la vida real. La transparencia es un mito, una idea que hemos captado por ver demasiada televisión y leer demasiadas novelas en las que la mandíbula del héroe «se desplomó de asombro» o «los ojos se ensancharon en señal de sorpresa». Continúa Schützwohl:

> Como es obvio, los participantes razonaron que, puesto que estaban sorprendidos y dado que la sorpresa se asociaba con una expresión facial característica, ellos debían de haber adoptado la expresión correspondiente. Pero en la mayoría de los casos, esta inferencia fue errónea.

No creo que este error —el de esperar que lo que sucede en el exterior se ajuste a la perfección a lo que sucede en el interior— importe con nuestros amigos. Parte de lo que implica conocer a alguien es acabar entendiendo cuán idiosincráticas pueden ser sus expresiones emocionales. Una vez, mi padre estaba en la ducha, en una casa de campo que mis padres habían alquilado para las vacaciones, y oyó gritar a mi madre. Al salir corriendo, se topó con un corpulento joven que le había puesto un cuchillo al cuello a mi madre. ¿Qué hizo? Hablamos de un hombre mayor, de setenta años, desnudo y goteando. Señalando al asaltante, le dijo en voz alta y clara: «Sal de aquí AHORA mismo». Y el intruso obedeció.

Mi padre estaba aterrorizado por dentro. Lo más preciado de su vida —su querida mujer, desde hacía ya medio siglo— estaba siendo retenida a punta de cuchillo. Pero dudo mucho que el miedo se trasluciera en su cara. Ni se le dilataron las pupilas de terror ni su voz subió una octava. Quien conociera a mi padre, le habría visto en otras situaciones estresantes, hasta comprender que, por el motivo que fuere, la cara «de susto» sencillamente no formaba parte de su repertorio facial. Ante una crisis, adoptaba una absoluta serenidad. Pero quien no lo conociera, ¿qué habría pensado? ¿Habría concluido que era frío?, ¿insensible? Cuando hacemos frente a un desconocido, tenemos que sustituir la experiencia directa por una idea, un estereotipo, que falla demasiadas veces.

Por cierto, ¿saben cómo muestran sorpresa los trobriandeses? Cuando apareció Crivelli, tenía un pequeño iPod de Apple, y los isleños se congregaron a su alrededor, admirados.

—Se acercaban a mí. Yo se lo enseñaba. Estaban flipando, pero no en plan «¡guau!» —dice Crivelli adoptando un AU 1 + 2 + 5 impecable—, sino así… —Crivelli chasquea la lengua contra el paladar—. Hacían «chac, chac, chac».

VI

Esta es la explicación del segundo enigma, desarrollado en el capítulo 2, de por qué a los ordenadores se les da mucho mejor que a los jueces adoptar decisiones sobre la salida o no bajo fianza. El ordenador no ve al acusado. Los jueces, sí; y parece lógico suponer que ese plus de información debería ayudarlos a mejorar su acierto en la toma de decisiones. Solomon, el juez del estado de Nueva York, podía escudriñar la cara de la persona que tenía delante para detectar algún indicio de enfermedad mental —una mirada vidriosa o ausente, una afectividad problemática—. Con el acusado a menos de tres metros, Solomon puede hacerse una impresión de la persona que está evaluando. Pero toda esa información extra no es en realidad útil. La gente sorprendida no necesariamente parece sorprendida. La gente que tiene problemas emocionales no siempre parece tenerlos.

Hace algunos años hubo un caso famoso en Texas, en el que un hombre joven llamado Patrick Dale Walker le puso una pistola en la sien a su exnovia… pero cuando apretó el gatillo, se le encasquilló.[15] El juez de su caso fijó la fianza en un millón de dólares, para reducirla a veinticinco mil una vez que Walker hubo pasado cuatro días en prisión, con el argumento de que para entonces ya «se le habían enfriado los ánimos». Como explicó después el juez, Walker no tenía antecedentes, «ni siquiera una multa de tráfico». Además, era educado, «un joven realmente discreto, de modales refinados y suaves. Por lo que yo sé, es un chico realmente inteligente. Sacó las mejores calificaciones de su clase. Se licenció en la universidad. Se supone que era su primera novia». Pero lo más importante para el juez era que Walker se había mostrado arrepentido.

Al juez, Walker le había parecido transparente. Pero ¿qué significa demostrar remordimiento? ¿Que adoptó una expresión triste, bajó la vista y agachó la cabeza, como había visto que hace la gente cuando muestra arrepentimiento en miles de programas televisivos? ¿Y por qué creemos que, si alguien adopta una expresión triste, baja los ojos y agacha la cabeza, es porque se ha producido algún tipo de cambio abismal en su corazón? La vida no es *Friends*. Ver a Walker no ayudó al juez. Lo perjudicó. Le hizo desechar el hecho simple de que Walker le había puesto una pistola en la sien a su exnovia y, si no la había matado, había sido tan solo porque se le encasquilló el arma. Cuatro meses después, estando en libertad bajo fianza, Walker asesinó a su exnovia de varios disparos.

El equipo de Mullainathan escribe:

> Sean cuales fueren estas variables no observadas que llevan a los jueces a desviarse de las predicciones —ya sean estados interiores, como el estado de ánimo, o rasgos específicos del caso que son destacables y se exageran, como el aspecto del acusado—, no son tanto una fuente de información privada como una fuente de predicciones erróneas. Lo no observable genera ruido, no indicadores.[16]

Traducción: la ventaja que el juez tiene sobre el ordenador en realidad no es tal.

¿Deberíamos llevar el estudio de Mullainathan a su conclusión lógica? ¿Deberíamos esconder al acusado de la vista del juez? Quizá cuando una mujer entra en un juzgado vistiendo el nicab, la respuesta correcta no sea desestimar su caso, sino exigir que todo el mundo lleve un velo puesto. De hecho, también es útil preguntarse si deberíamos conocer a una niñera en persona antes de contratarla o si nuestro jefe hizo bien en concertar una entrevista cara a cara con nosotros antes de hacernos una oferta laboral.

Pero, por supuesto, no podemos prescindir de los encuentros personales, ¿verdad? El mundo no funcionaría si toda transacción significativa se volviese anónima. Le hice esa misma pregunta al juez Solomon, y lo que dijo merece tomarse en consideración.

> MG: ¿Qué pasaría si usted no viese al acusado? ¿Habría alguna diferencia?
>
> SOLOMON: ¿Si lo preferiría?
>
> MG: ¿Lo preferiría?
>
> SOLOMON: Una parte de mi cerebro me dice que sí lo preferiría, porque así la dura decisión de encarcelar a alguien se haría menos dura. Pero eso no está bien… Ahí hay un ser humano bajo custodia policial, y el Estado tiene la obligación de justificar por qué priva de libertad a un ser humano, ¿de acuerdo? Si no pudiera verlos, se volverían seres anónimos, sin personalidad.

El problema de la transparencia termina en el mismo sitio que el problema del sesgo de veracidad; nuestras estrategias para tratar con desconocidos son de una imperfección patente, pero también son socialmente necesarias. Para ser humanos, necesitamos un sistema de justicia penal y un proceso de contratación laboral y elegir en persona a la niñera. Pero este imperativo de humanidad implica resignarse a tolerar un inmenso margen de error. Esta es la paradoja de hablar con desconocidos. Es necesario hacerlo, pero se nos da fatal; además, como veremos en los dos capítulos siguientes, no siempre somos sinceros entre nosotros sobre lo mal que se nos da.

> SOLOMON: Así que, aunque supongo que hay un resquicio en mi cerebro que die: «Bueno, sí, sería más fácil no mirar», tengo fren-

te a mí a una persona que me mira, y yo la miro a ella. Y tres parientes suyos entre el público me hacen señas durante el alegato de la defensa, me entiende… Uno debe ser consciente del impacto que tiene sobre una persona. No debería tomarse a la ligera.

7

UNA EXPLICACIÓN (BREVE) DEL CASO AMANDA KNOX

I

La noche del 1 de noviembre de 2007, Rudy Guede asesinó a Meredith Kercher. Después de una retahíla de argumentaciones, especulaciones y polémicas, hubo certidumbre sobre su culpabilidad. Guede era un personaje sombrío que había estado merodeando cerca de la casa donde vivía Kercher, en la ciudad italiana de Perusa. Kercher, estudiante universitaria, estaba viviendo durante un año en el extranjero. Guede tenía un historial delictivo. Admitió haber estado en casa de ella la noche del asesinato …y solo pudo dar razones inverosímiles para ello. La escena del crimen estaba llena de su ADN. Tras el descubrimiento del cadáver, huyó inmediatamente a Alemania.

Pero la investigación policial no se centró solo en Rudy Guede; fue, de hecho, una ocurrencia tardía en medio del tsunami mediático que se produjo tras el descubrimiento del cuerpo de Kercher. El foco estaba puesto en la compañera de piso de Kercher. Se llamaba Amanda Knox. Llegó a casa una mañana y encontró sangre en el cuarto de baño. Ella y su novio, Raffaele Sollecito, llamaron a la policía, que encontró a Kercher en el dormitorio. En cuestión de horas añadieron a Knox y a Sollecito a la lista de sospechosos. El crimen, pensaba la policía, se había cometido en el contexto de un juego sexual, estimulado por las drogas y el alcohol, que se había torcido, y en el que estarían involucrados Guede, Sollecito y Knox. Se detuvo a los tres;

fueron acusados, condenados y enviados a prisión... y la prensa amarilla recogió de forma obsesiva cada paso del proceso.

—Un asesinato siempre fascina a la gente; un poco de intriga, un poco de misterio. El típico rollo de «¿Quién habrá sido?» —dice el periodista británico Nick Pisa en el documental *Amanda Knox*, un registro más entre el extenso catálogo de libros, ensayos académicos, artículos de revista, películas y programas informativos generados por el caso. Tenemos esta preciosa y pintoresca ciudad de montaña en el medio de Italia. Tenemos un asesinato particularmente espantoso; víctima con la garganta rajada y semidesnuda, sangre por todas partes. Es decir, ¿qué más se le puede pedir a un reportaje?[1]

Otros reportajes de crímenes característicos, como los casos de O.J. Simpson y JonBenét Ramsey, son igual de apasionantes cuando se redescubren cinco o diez años más tarde. El caso Amanda Knox, no. Es del todo inexplicable analizado *a posteriori*. Nunca hubo ninguna prueba física que vinculase a Knox ni a su novio con el crimen. Ni hubo jamás una explicación plausible de por qué Knox —una chica de Seattle de clase media, protegida e inmadura— estaría interesada en participar en juegos sexuales homicidas con un vagabundo perturbado al que apenas conocía. La investigación policial sobre ella demostró una escandalosa ineptitud. El análisis de las pruebas de ADN, que en teoría los vinculaban a ella y a Sollecito con el crimen, fue una completa chapuza. La irresponsabilidad de un fiscal obsesionado por fantasías sobre complejos crímenes sexuales fue atroz. No obstante, hizo falta una sentencia del Tribunal Supremo italiano, ocho años después del crimen, para que Knox fuese finalmente declarada inocente. Aun entonces, muchas personas por lo demás inteligentes y reflexivas no estuvieron de acuerdo. Cuando Knox fue liberada y salió de la cárcel, una multitud indignada se reunió en la plaza de Perusa para protestar por su excarcelación. El caso Amanda Knox no tiene sentido.

Podría hacerles un análisis punto por punto de lo que estuvo mal en la investigación del asesinato de Kercher. Ocuparía con facilidad la extensión de este libro. También podría referirles a algunos de los trabajos académicos más completos sobre las deficiencias legales de la investigación, como el meticuloso análisis de Peter Gill «Análisis e implicaciones de los errores de la Justicia con Amanda Knox y Raffaele Sollecito» en el volumen de julio de 2016 de la publicación criminológica *Forensic Science International,* que incluye párrafos como este:

> El ADN amplificado en la muestra B fue asimismo sometido a electroforesis capilar. El gráfico electroforético mostró picos por debajo del umbral significativo, y un desequilibrio de los alelos en la mayoría de los locus. Solo conté 6 alelos por encima del umbral significativo. El gráfico electroforético mostró un perfil parcial de ADN que supuestamente coincidía con el de Meredith Kercher. En consecuencia, la interpretación de la muestra B ofrecía dudas.[2]

Pero en lugar de eso, permítanme que les dé la teoría más simple y breve de todas las posibles sobre el caso Amanda Knox, un caso que versa sobre la transparencia. Si creemos que la apariencia de un desconocido y el modo en que actúa son una pista fiable sobre cómo siente —si compra la falacia de *Friends*—, entonces vamos a cometer errores. Amanda Knox fue uno de esos errores.

II

Volvamos, por un momento, a las teorías de Tim Levine tratadas en el capítulo 3. Levine, como recordarán, montó una «operación trampa» para estudiantes universitarios. Les daba un test con preguntas que tenían que completar. A la mitad del ejercicio, la instructora abandonaba la habitación, dejando las respuestas sobre la mesa. Después, Levine entrevistaba a los estudiantes y les preguntaba a las claras si habían hecho trampas. Algunos mentían. Algunos decían la verdad. Luego enseñó vídeos de esas entrevistas a otras personas, a las que preguntó si podían detectar a los estudiantes que estaban mintiendo.

Los sociólogos vienen llevando a cabo distintas versiones de este tipo de experimento desde hace años. Hay un «emisor» —un sujeto de estudio— y un «juez». Se mide el acierto del juez a la hora de detectar las mentiras del emisor. Lo que descubrió Levine es lo que los psicólogos siempre descubren en estos casos, es decir, que a la mayoría de nosotros no se nos da muy bien la detección de mentiras. Como promedio, los jueces identifican de forma correcta a los mentirosos un 54 por ciento de las veces; apenas algo mejor que por casualidad.[3] Esto es cierto con independencia de quién sea el juez. Los estudiantes lo hacen muy mal. Los agentes del FBI lo hacen muy mal. Los agentes de la CIA lo hacen muy mal. Los abogados lo hacen muy mal. Es posible que haya un puñado de «superdetectores» que desafíen las estadísticas. Pero si los hay, son muy escasos. ¿Por qué?

La primera respuesta es aquella de la que hablamos en el capítulo 3; incurrimos en el sesgo de veracidad. Por razones que resultan ser válidas, otorgamos a las personas el beneficio de la duda y presumimos que la gente con la que hablamos es sincera. Pero a Levine no lo satisfacía esa explicación. El problema es a todas luces más complejo que el sesgo de veracidad. En particular, estaba impactado por el descubrimiento de que las mentiras se detectan con mayor frecuencia después del hecho, semanas, meses, a veces años después.

Por ejemplo, cuando Scott Carmichael le dijo a Ana Montes durante su primera reunión: «Mira, Ana, tengo motivos para sospechar que puedas estar implicada en una operación psicológica de contrainteligencia», ella se quedó ahí sentada, mirándolo como un ciervo ante los faros del coche. Reflexionando sobre ello ahora, Carmichael cree que eso fue una señal de alarma. Si hubiese sido inocente, Montes habría dicho algo —alguna exclamación, alguna protesta—, pero ¿qué hizo? «No hizo otra puñetera cosa que seguir sentada».

En el momento, sin embargo, a Carmichael se le escapó esa pista. Montes fue desenmascarada por casualidad, cuatro años después. Lo que descubrió Levine es que casi siempre se nos pasan por alto las pistas cruciales en el momento; y eso le intrigó. ¿Por qué? ¿Qué pasa en el momento en el que alguien nos cuenta una mentira en concreto que nos desestabiliza? Para encontrar la respuesta, Levine retomó sus cintas.

Aquí hay un fragmento de otro de los vídeos que me enseñó Levine. Es de una mujer joven; llamémosla Sally. Levine le hizo las preguntas sencillas sin incidentes. Luego vino el momento clave:

> LEVINE: Veamos, ¿alguien copió cuando Rachel abandonó la sala?
> SALLY: No.
> LEVINE: ¿Estás diciéndome la verdad?
> SALLY: Sí.
> LEVINE: Cuando entreviste a tu compañera, voy a hacerle la misma pregunta. ¿Qué va a decir ella?
> [Sally hace una pausa, parece indecisa.]
> SALLY: Probablemente… La misma respuesta.
> LEVINE: De acuerdo.

En el momento en el que Levine pregunta si alguien copió, los brazos y la cara de Sally empiezan a adquirir un tono rojizo. Llamarlo un rubor avergonzado no termina de hacerle justicia. Sally da un significado completamente nuevo a la expresión «pillada con las manos en la masa». Después viene la pregunta crítica: ¿qué dirá tu compañera? La sonrojada Sally no puede siquiera ofrecer un convincente: «Estará de acuerdo conmigo». Vacila varias veces y dice débilmente: «Probablemente… La misma respuesta». ¿Probablemente? La sonrojada Sally está mintiendo, y todos los convocados para analizar la cinta se dan cuenta.

Ahora viene la siguiente cinta que me enseñó Levine. Es de una mujer que se pasó la entrevista entera jugando de forma obsesiva con su cabello. Llamémosla la Nerviosa Nelly.

> LEVINE: Bueno, Rachel tuvo que abandonar la sala. ¿Copió alguien en su ausencia?
> NERVIOSA NELLY: Pues mi compañera sí quiso mirar los resultados, y yo dije que no —en plan «Quiero saber cuántas acertamos»—,

porque yo no hago trampas. Creo que está mal, así que no. Le dije que no. Le dije: «No quiero hacerlo». Pero ella dijo: «Venga, miraremos solo una». Y yo en plan: «No, no quiero hacer eso». No sé si formaba parte del experimento o no, pero no, no lo hicimos.

LEVINE: Bien, ¿así que me estás diciendo la verdad sobre las trampas?

NERVIOSA NELLY: Sí, no hicimos… Ella quería […]. Es verdad que mi compañera dijo: «Venga, solo una»; y yo: «No, eso no está bien, no quiero hacerlo». Lo único que dije fue: «Me sorprende que hayan dejado todo el dinero aquí». La verdad que yo no robo ni hago trampas, soy una buena persona en ese sentido. Solo estaba como sorprendida, porque, por lo normal, cuando la gente deja dinero en algún sitio, te lo vas a llevar —todo el mundo lo hace—; pero no, no hicimos trampas. No robamos nada.

No deja de retorcerse el pelo en ningún momento. Tampoco de dar explicaciones torpes, demasiado a la defensiva, repetitivas. Ni de hacer movimientos nerviosos o mostrar desasosiego.

LEVINE: De acuerdo, así que cuando llame a tu compañera para entrevistarla, ¿qué va a responder a la pregunta?

NERVIOSA NELLY: Creo que dirá que ella quería mirar.

LEVINE: Vale.

NERVIOSA NELLY: Si dice otra cosa, no está nada bien, porque yo le dije: «No, no quiero hacer ninguna trampa». Y ella dijo: «¿Por qué no miramos solo una?». Dijo: «Bueno, las respuestas están ahí mismo», y yo en plan: «No, no voy a hacer eso. Yo no soy así. No hago esas cosas».

Estaba convencido de que la Nerviosa Nelly estaba mintiendo. Cualquiera lo estaría si la hubiese visto en acción. Todo el mundo pensaba que la Nerviosa Nelly mentía. ¡Pero no estaba mintiendo! Cuando su compañera habló con Levine, confirmó todo lo que había dicho la Nerviosa Nelly.

Levine se encontró con este patrón una y otra vez. En un experimento, por ejemplo, había un grupo de entrevistados con quienes se habían equivocado un 80 por ciento de los jueces. Y otro grupo con el que más del 80 por ciento había acertado.[4]

¿Cuál es la explicación? Levine sostiene que esta es la hipótesis de la transparencia en acción. Tendemos a juzgar la sinceridad de las personas basándonos en su conducta. La gente que se expresa bien, las personas seguras de sí mismas, que nos dan un apretón de manos firme, que son amables y atractivas, transmiten credibilidad. Las personas nerviosas, cambiantes, balbuceantes e inseguras, que dan explicaciones complejas y enrevesadas, no. En un estudio sobre actitudes hacia el engaño realizado hace unos años con miles de personas en cincuenta y ocho países de todo el mundo, el 63 por ciento de los consultados afirmaron que el signo que más usaban para detectar a un mentiroso era «que apartasen la mirada».[5] Creemos que los mentirosos de la vida real se comportan como harían los mentirosos de *Friends*; telegrafiando sus estados interiores con miradas avergonzadas y fugaces.

Esto —por decirlo con suavidad— es un disparate. Los mentirosos no miran a otro lado. Pero el argumento de Levine es que nuestra tozuda creencia en algún conjunto de comportamientos no verbales asociados con el engaño explica el patrón que encuentra en sus cintas sobre la mentira. Las personas a las que todos captamos bien son las concordantes, aquellas cuyo nivel de veracidad se corresponde con su apariencia. La sonrojada Sally concuerda. Actúa según el estereotipo de un mentiroso. Y además, resulta que está mintiendo. Por eso lo captamos todos. En el episodio de *Friends*, cuando Mónica finalmente le da la noticia de su relación a su hermano Ross, tomándole la mano, le dice: «Siento de verdad que te hayas tenido que enterar de esta forma. Lo siento mucho. Pero es cierto, yo también le amo». La creemos en ese momento —que lo siente de veras y que está de verdad enamorada—, porque hay una correspondencia perfecta. Es sincera y parece sincera.

Cuando un mentiroso actúa como una persona sincera, sin embargo, o cuando una persona sincera actúa como un mentiroso, nos desorientamos. La Nerviosa Nelly es discordante. Da la impresión de estar mintiendo, pero no es así. ¡Solo está nerviosa! En otras palabras, los seres humanos no son malos detectores de mentiras. Somos malos detectores de mentiras en las situaciones en las que la persona a la que estamos juzgando es discordante.

En un momento de la persecución de Bernie Madoff, Harry Markopolos contactó con un experimentado periodista económico llamado Michael Ocrant. Lo convenció de que tomase en serio la posibilidad del fraude, hasta el punto de que Ocrant concertó una cita para entrevistar a Madoff en persona. Pero ¿qué ocurrió?

«No fueron tanto sus respuestas lo que me impresionaron, sino su conducta en general», diría Ocrant años después.

> Era casi imposible estar ahí con él y pensar que era un completo fraude. Recuerdo haber pensado para mis adentros: «Si [el equipo de Markopolos] tiene razón y ha montado un esquema Ponzi, o bien es el mejor actor que he visto en mi vida, o un absoluto sociópata». No había siquiera un rastro de culpa, vergüenza o remordimiento. Mantuvo un perfil muy bajo, casi como si le divirtiese la entrevista. Su actitud era más o menos: «¿Quién en su sano juicio dudaría de mí? No puedo creer que a la gente le preocupe siquiera».[6]

En Madoff algo no encajaba. Era un mentiroso con la conducta de un hombre honrado. Y a Ocrant —que sabía, a nivel intelectual, que algo no iba bien— lo influyó tanto la reunión con Madoff que dio carpetazo a la historia. ¿Puede culpársele? Primero está el sesgo de veracidad, que da ventaja de salida al estafador. Pero cuando le añades la discordancia, no es difícil entender por qué Madoff engañó a tanta gente tanto tiempo.

¿Y por qué malinterpretaron a Hitler tantos políticos británicos que se reunieron con él? Porque Hitler también era discordante. ¿Recordamos el comentario de Chamberlain sobre cómo Hitler lo había recibido con un doble apretón de manos que Chamberlain pensaba que Hitler reservaba para la gente a la que apreciaba y en la que confiaba? Para muchos de nosotros, un apretón de manos cálido y entusiasta significa, en efecto, que nos sentimos cálidos y entusiastas respecto a la persona que estamos saludando. Pero, para Hitler, no; sería el caso de una persona insincera que actúa como si fuese sincera.[*]

---

[*] Otro ejemplo es Dzhokhar Tsarnaev, uno de los dos hermanos chechenos que colocaron una serie de bombas letales en el maratón de Boston en 2013. El asunto clave en el juicio de Tsarnaev era si escaparía a la pena capital. La fiscal, Nadine Pellegrini, abogó con ahínco por la pena de muerte, con el argumento de que Tsarnaev no sentía remordimiento alguno por sus actos. En un momento Pellegrini mostró al jurado una fotografía de Tsarnaev en su celda, levantando el dedo corazón a la cámara de vídeo que había en una esquina. «Tenía un último mensaje que mandar», dijo, calificando a Tsarnaev de «indiferente, impenitente e inalterable». En la revista *Slate*, la víspera del veredicto, Seth Stevenson escribió:

Y aunque, desde luego, sea arriesgado sacar demasiadas conclusiones de ciertas posturas y tics, Tsarnaev no se ha esforzado mucho en aparecer reformado o arrepentido ante el Jurado. Las cámaras de circuito cerrado que emitían desde el Tribunal a la sala de prensa el martes no tenían suficiente resolución como para que pueda jurar esto al cien por cien, pero estoy seguro de que después de que Pellegrini mostrara esa foto de él levantando el dedo corazón, Tsarnaev sonríe burlonamente.[7]

Efectivamente, Tsarnaev fue declarado culpable y condenado a muerte. Más tarde, diez miembros de entre un Jurado de doce personas dijeron creer que no había sentido arrepentimiento.

Pero, como señala la psicóloga Lisa Feldman Barrett, todo este debate acerca de si Tsarnaev se arrepentía o no de sus actos es un ejemplo perfecto de las trampas de la transparencia. El jurado dio por sentado que lo que Tsarnaev sintiese en su corazón se reflejaría de manera automática en su rostro, de una forma que se ajustase a las ideas estadounidenses sobre cómo se supone que deben presentarse las emociones. Pero Tsarnaev no era estadounidense. En su libro *La vida secreta del cerebro: cómo se construyen las emociones*, Barrett escribe:

En el caso de los atentados con bomba contra el maratón de Boston, si Tsarnaev se hubiera arrepentido de sus actos, ¿qué aspecto hubiese tenido? ¿Habría llorado en público? ¿Suplicado el perdón a sus víctimas? ¿Explicado el error de sus decisiones? Quizá, si siguiese los estereotipos estadounidenses para expresar remordimiento, o si se tratase de un juicio de una película de Hollywood. Pero Tsarnaev es un joven musulmán de Chechenia. La cultura chechena espera que los hombres sean estoicos en la adversidad. Si pierden una batalla, deben aceptar con bravura la derrota: una mentalidad conocida como la del «lobo checheno». Así que, si Tsarnaev hubiese sentido remordimientos, habría permanecido impasible de todos modos.[8]

III

¿Cuál fue el problema de Amanda Knox? Su discordancia. Era esa persona inocente que actúa como si fuese culpable. Era la Nerviosa Nelly.

Knox era, para aquellos que no la conocían, desconcertante. En el momento del crimen tenía veinte años y era preciosa, con pómulos prominentes y unos impresionantes ojos azules. Su apodo era Foxy Knoxy. Los tabloides hallaron una lista de todos los hombres con los que había tenido relaciones. Era la mujer fatal, atrevida y sensual. El día después del brutal asesinato de su compañera de piso, se la vio con su novio, comprando ropa interior roja en una tienda de lencería.

En realidad, el apodo Foxy Knoxy no tenía nada que ver con el sexo. Le fue conferido cuando tenía trece años por unas compañeras de fútbol, debido a la destreza con la que desplazaba el balón por el campo. Estaba comprando lencería roja unos días después del asesinato de su compañera de piso porque su casa era la escena de un crimen y no podía acceder a su ropa. No era una mujer fatal;* era una joven inmadura que acababa de dejar atrás una adolescencia torpe y llena de espinillas. ¿Atrevida y sensual? Amanda Knox era más bien un poco inadaptada.

«Yo era la típica chica rara que iba con los típicos lectores de manga introvertidos, gays repudiados y frikis del teatro», escribe en sus memorias, publicadas en 2011, después de ser liberada, en última instancia, de una cárcel italiana.

En secundaria, era la chica de clase media con beca, rodeada de compañeros de familias adineradas. «Iba a clases de japonés y cantaba, en alto, por los pasillos entre clase y clase. Consciente de no encajar, me comportaba tal cual era, lo cual venía a garantizar que jamás encajaría».

---

*   La lista de amantes de Knox tampoco era lo que parecía. En un intento de intimidarla, la Policía italiana le mintió, diciéndole que era seropositiva. Knox, atemorizada y sola en su celda, escribió una lista de sus compañeros sexuales pasados para averiguar cómo podía esto ser cierto.

Las personas concordantes se ajustan a nuestras expectativas. Sus propósitos concuerdan con su comportamiento. Las discordantes son desconcertantes e impredecibles: «Hacía cosas que avergonzaban a la mayoría de los adolescentes y de los adultos —como andar por la calle como un egipcio o un elefante—, pero que a los niños les hacían caerse de la risa».[9]

El asesinato de Kercher cambió el comportamiento de su círculo de amistades; lloraban en silencio, hablaban en susurros, mostraban sus respetos de manera discreta. Pero Knox, no.

Leamos un puñado de citas que he sacado —al azar— del libro *Death in Perugia*, del periodista británico John Follain.[10] Créanme que abundan. Este es Follain describiendo lo que pasó cuando los amigos de Kercher se encontraron con Knox y Sollecito en la comisaría de policía el día siguiente al asesinato:

—¡Ay, Amanda, cuánto lo siento! —exclamó Sophie abrazándola instintivamente.

Amanda no le devolvió el abrazo, sino que se puso tensa, manteniendo los brazos caídos. Amanda no decía nada.

Sorprendida, Sophie se soltó tras un par de segundos y dio un paso atrás. No había rastro de emoción en el rostro de Amanda. Raffaele se acercó a ella y le cogió la mano; la pareja se quedó de pie, ignorando a Sophie y mirándose.

Después:

Amanda se sentó con los pies en el regazo de Raffaele [...]. Se acariciaban y besaban; a veces incluso se reían.

«¿Cómo puede Amanda actuar así? —se preguntaba Sophie—. ¿No le importa?»

Después:

La mayoría de los amigos de Meredith estaban llorando o parecían destrozados, pero Amanda y Raffaele chasqueaban los labios cuando se besaban o se mandaban besos.

Y después:

> —Esperemos que no sufriera —dijo Natalie.
> —¿Tú qué crees? —replicó Amanda—. Le rajaron la puta garganta, Natalie. ¡Se ha desangrado hasta la muerte!

Las palabras de Amanda congelaron a Natalie; estaba sorprendida tanto por el hecho de que Amanda hablara de varios asesinos como por la frialdad de su tono. Natalie pensó que era como si la muerte de Meredith ni siquiera le importara.

En una entrevista con Knox, Diane Sawyer, de CBS News, sacó a colación este último diálogo en la comisaría, en el que Knox cortó a la amiga de Kercher diciendo: «¡Se ha desangrado hasta la muerte!».[11]

> KNOX: Sí. Estaba enfadada. Estaba nerviosa, pensando en lo que debía de haber pasado Meredith.
> SAWYER: ¿Se arrepiente de eso a día de hoy?
> KNOX: Me gustaría haber sido más madura respecto a todo ello, sí.

En una situación que típicamente requiere una respuesta empática, Knox elevó la voz y mostró enfado. La entrevista continúa:

> SAWYER: Ya ve que esto no parece tristeza. No se interpreta como tristeza.

Esta entrevista tuvo lugar mucho después de que los errores judiciales en el caso Kercher fuesen ya obvios. Knox acababa de ser liberada después de pasar cuatro años en una prisión italiana por el delito de no comportarse de la forma que suponemos que la gente debe comportarse cuando su compañera de piso ha sido asesinada. Pero ¿qué tiene que decirle Diane Sawyer? La regaña por no comportarse del modo que suponemos que la gente debe comportarse cuando su compañera de piso ha sido asesinada.

En una introducción a la entrevista, el presentador dice que el caso de Knox sigue siendo polémico porque, en parte, «a muchas personas sus alegatos de inocencia les parecieron más fríos y calculadores que arrepentidos», una declaración aún más rara, ¿no es verdad? ¿Por qué deberíamos esperar que Knox se mostrase arrepentida? Esperamos remordimientos de los culpables. Knox no había hecho nada. Pero se le sigue criticando por ser «fría y calculadora». Vaya donde vaya, Knox no puede esquivar la censura por su «rareza».

> KNOX: Creo que, ante algo horrible, cada persona reacciona de una manera diferente.

¡Tiene razón! ¿Por qué no puede alguien reaccionar a un asesinato con ira en lugar de tristeza? Si fueran amigos de Amanda Knox, nada de esto los sorprendería. Habrían visto a Knox andar por la calle como un elefante. Pero con los desconocidos somos intolerantes frente a las respuestas emocionales que quedan fuera de nuestras expectativas.

Mientras esperaba a ser interrogada por la policía, cuatro días después de que se descubriese el cadáver de Kercher, Knox decidió hacer unos estiramientos. Había estado sentada, encorvada, durante horas. Se tocó los dedos de los pies, levantó los brazos por encima de la cabeza. El policía de servicio le dijo: «Menuda flexibilidad».

—Solía hacer mucho yoga —contesté.
—¿Ah, sí? A ver, ¿qué más sabes hacer? —dijo él.
Di unos pasos hacia el ascensor e hice un espagat. Me sentó bien saber que todavía podía hacerlo. Cuando estaba en el suelo, con las piernas extendidas, se abrieron las puertas del ascensor. Rita Ficarra, la policía que nos había reprendido a Raffaele y a mí por besarnos el día anterior, salió de él.
—¿Qué estás haciendo? —inquirió, con la voz llena de desprecio.[*]

---

[*] Hubo infinitos incidentes de este tipo. Para el fiscal del caso, el momento revelador fue cuando llevó a Knox a la cocina a mirar el cajón de los cuchillos, para ver si faltaba algo. «Empezó a golpearse las orejas con las palmas de las manos. Como si hubiese un recuerdo de un ruido, un sonido, un grito. El grito de Meredith. Empecé a sospechar de Amanda sin dudarlo.»

El investigador principal del caso, Edgardo Giobbi, dice que tuvo dudas sobre Knox desde el momento en que examinó con ella la escena del crimen. Cuando se puso los patucos protectores, giró las caderas y dijo «tachán» fue, afirma Giobbi, cuando «fuimos capaces de determinar su culpa, observando detenidamente la reacción psicológica y conductual de la sospechosa durante el interrogatorio. No era necesario remitirse a otras investigaciones».[12]

El fiscal del caso, Giuliano Mignini, se sacudió las crecientes críticas a la manera en que su oficina había manejado el asesinato. ¿Por qué la gente se centraba tanto en el chapucero análisis de ADN? «Todo elemento probatorio presenta aspectos de incertidumbre», alegó. El verdadero problema eran Amanda y su discordancia. «Debo recordarles que su comportamiento era inexplicable por completo, del todo irracional. De esto no hay duda.»*

De Bernard Madoff a Amanda Knox, no se nos dan bien las personas discordantes.

IV

El más perturbador de los descubrimientos de Tim Levine sucedió cuando enseñó sus cintas sobre la mentira a un grupo de experimentados agentes de orden público, gente con quince o más años de experiencia en interrogatorios. Antes había utilizado como jueces a estudiantes y a adultos de ámbitos profesio-

---

O el hecho de que durante una cena con amigos de Meredith en un restaurante, Amanda de repente empezó a cantar. «Pero lo que provocaba risas en Seattle traía miradas abochornadas en Perusa —escribe—. No me había dado cuenta de que las mismas excentricidades que mis amigos encontraban entrañables en casa podían ofender de verdad a personas que aceptan peor las diferencias.»

* «Lo que me llama la atención de Amanda Knox es que fue su ligera excentricidad lo que la condenó, esa excentricidad cotidiana que puede encontrarse en cada patio de colegio y cada lugar de trabajo —escribió el crítico Tom Dibblee en unos perspicaces ensayos sobre el caso—. Se trata del tipo de ligera excentricidad que levanta murmullos, sospechas y cotilleos, el tipo de ligera excentricidad que recorre nuestra vida diaria y gobierna con quién elegimos asociarnos y de quiénes elegimos distanciarnos.»[13]

nales corrientes. No lo hicieron bien, pero quizá era esperable. Si eres un agente inmobiliario o un licenciado en filosofía, identificar el engaño en un interrogatorio no es necesariamente algo que hagas todos los días. Pero pensaba que quizá la gente cuyo trabajo es hacer justo el tipo de cosas que estaba midiendo sería mejor.

En un sentido, lo fue. En los emisores «concordantes», los interrogadores experimentados estuvieron perfectos. Es probable que nosotros tuviéramos un nivel de acierto del 70 o del 75 por ciento en ese conjunto de cintas. Pero todos los integrantes del grupo de expertos con mucha experiencia identificaron con acierto a los emisores concordantes. Con los discordantes, sin embargo, su desempeño fue pésimo; acertaron el 20 por ciento. Y en la subcategoría de mentirosos con apariencia sincera, el 14 por ciento… una puntuación tan baja que debería dar escalofríos a cualquiera que entre alguna vez en una sala de interrogatorio con un agente del FBI. Cuando se sientan delante de la sonrojada Sally —el caso fácil—, son impecables. Pero cuando llegan las Amanda Knox y los Bernie Madoff del mundo, están perdidos.

Esto es alarmante, porque no necesitamos expertos en orden público para ayudarnos con los desconocidos concordantes. A todos se nos da bien saber cuándo este tipo de personas nos está engañando o diciendo la verdad. Necesitamos ayuda con los desconocidos discordantes, con los casos difíciles. Un interrogador avezado debería saber leer entre líneas las señales confusas de la conducta, comprender que, cuando la nerviosa Nelly se explica de más y se pone a la defensiva, es porque ella es así; es alguien que da demasiadas explicaciones y se pone a la defensiva. El agente de policía debería ser esa persona que oye a una chica extravagante y fuera de lugar, en una cultura muy diferente de la suya, decir «tachán» y se da cuenta de que no es sino una chica extravagante en una cultura muy diferente de la suya. Pero no es eso lo que pasa. En su lugar, a las personas a quienes compete determinar la inocencia y la culpa la tarea parece dárseles tan mal como al resto de nosotros, o incluso peor, cuando llegan los casos más difíciles.

¿Es esta una de las razones por las que hay condenas injustas? ¿Es el sistema legal constitutivamente incapaz de administrar justicia a los discordantes? Cuando un juez decide si alguien sale bajo fianza y demuestra hacerlo mucho peor que un ordenador, ¿es por esta razón? ¿Estamos enviando a prisión preventiva a gente del todo inofensiva en espera de su juicio nada más que porque no se comportan según lo esperado? Todos aceptamos los defectos y las imprecisiones del sistema judicial cuando creemos que esos fallos son aleatorios. Pero la investigación de Tim Levine sugiere que no son aleatorios, sino que hemos construido un mundo que discrimina por sistema a una clase de personas que, sin haber hecho nada punible, contradicen nuestras ridículas ideas sobre la transparencia. La historia de Amanda Knox merece ser contada de nuevo, no porque sea el sensacional relato de un crimen —una mujer preciosa, una pintoresca ciudad italiana de montaña, un asesinato espantoso—, sino porque ocurre de forma constante.

—Sus ojos no parecían mostrar ninguna tristeza, y recuerdo preguntarme si podía estar implicada —declaró una de las amigas de Meredith Kercher.[14]

Amanda Knox tuvo que oír cosas así durante años, dichas por perfectos desconocidos que creían saber quién era ella basándose en su expresión facial.

—No hay ni una sola huella mía en la habitación donde asesinaron a Meredith —dice Knox al final del documental mencionado—. Pero tú intentas encontrar la respuesta en mis ojos. Me observas a mí. ¿Por qué? Son mis ojos. No son ninguna prueba objetiva.

8

ESTUDIO DE CASO
LA FIESTA UNIVERSITARIA

I

FISCALÍA: Y en algún punto de su ruta hacia la casa de Kappa Alpha, ¿observaron algo extraño?

JONSSON: Sí.

F: ¿Qué vieron?

JONSSON: Observamos a un hombre encima de... a una persona encima de otra persona, debería decir.

F: ¿Y dónde fue eso?

JONSSON: Muy cerca del edificio de Kappa Alpha.[1]

Palo Alto, California, 18 de enero de 2015, Alrededor de medianoche, dos estudiantes suecos de posgrado van en bicicleta por el campus de la Universidad de Stanford de camino a una fiesta universitaria. Ven lo que parecen dos personas tumbadas en el suelo justo enfrente de la residencia de una fraternidad en la que hay una fiesta en pleno apogeo. Aminoran la marcha, como para no molestar a la pareja. «Pensamos que era un momento íntimo», diría uno de los estudiantes, Peter Jonsson, cuando declaró ante un tribunal. A medida que se acercaban, vieron que el hombre estaba encima. Y debajo de él había una mujer joven.

F: ¿Y la persona que estaba encima? ¿Vieron algún movimiento o gesto de esa persona?

JONSSON: Sí. Al principio se movía un poco. Después empezó a empujar más intensamente...

F: ¿Y qué pudieron ver que hacía la persona que estaba debajo?

JONSSON: Nada.

Jonsson y su amigo, Carl-Fredrik Arndt, se bajaron de las bicicletas y se acercaron a pie. Jonsson gritó: «¡Eh!, ¿va todo bien?». El hombre, que estaba encima, se incorporó y miró hacia arriba. Jonsson se acercó. El hombre se levantó y empezó a alejarse.

Jonsson dijo: «¡Eh! ¿Qué coño estás haciendo? Está inconsciente». Volvió a repetirlo una vez más: «¡Eh! ¿Qué coño estás haciendo?». El hombre echó a correr. Jonsson y su amigo salieron detrás de él y lo placaron.

Se trataba de Brock Turner. Tenía diecinueve años, cursaba su primer año en Stanford y era miembro del equipo de natación de la universidad. Menos de una hora antes, había conocido a una joven en la fiesta de Kappa Alpha. Turner diría más tarde a la policía que habían bailado juntos, habían salido de la casa y se habían acostado en el suelo. La mujer, una estudiante recién licenciada que, en virtud del protocolo de la legislación sobre agresiones sexuales, sería conocida en lo sucesivo con el nombre de Emily Doe, había ido a la fiesta con un grupo de amigas. Ahora, yacía inmóvil debajo de un pino, junto a un contenedor de basuras. Llevaba la falda subida a la altura de la cintura. Su ropa interior estaba en el suelo, junto a ella. Tenía la parte superior del vestido parcialmente bajada, dejando entrever uno de sus pechos. En el hospital, unas horas después, aquella misma madrugada, cuando volvió en sí, un policía le dijo que podría haber sido víctima de una agresión sexual. Estaba confundida. Se levantó, fue al baño y descubrió que le faltaba la ropa interior. Se la habían requisado como prueba.

F: ¿Qué sucedió después de que fuese al servicio?

DOE: Noté que algo me picaba en el cuello y me di cuenta de que eran agujas de pino. Y pensé que quizá me había caído de un árbol, porque no sabía qué hacía yo ahí.

F: ¿Había un espejo en el cuarto de baño?

DOE: Sí.

F: ¿Podía ver su pelo en el espejo?

DOE: Sí.

F: ¿Puede describir su pelo? ¿Qué aspecto tenía?

DOE: Alborotado y lleno de cositas que asomaban.

F: ¿Tiene alguna idea de cómo acabó su pelo de esa manera?

DOE: Ni idea.

F: ¿Qué hizo cuando acabó de usar el cuarto de baño?

DOE: Me volví a la cama. Me dieron una manta y me arropé. Y me volví a dormir.

II

Cada año, en todo el mundo, hay innumerables encuentros como el que terminó tan horriblemente en el césped frente a la fraternidad Kappa Alpha, en la Universidad de Stanford. Dos jóvenes que no se conocen bien se encuentran y mantienen una conversación. Puede ser breve, o continuar durante horas. Puede que se vayan juntos a casa, o puede que no lleguen a tanto. Pero en algún momento de la noche las cosas se tuercen, y mucho. Según una estimación, una de cada cinco estudiantes universitarias estadounidenses dicen haber sido víctima de abusos sexuales.[2] Un buen porcentaje de estos casos sigue este patrón.

El reto en este tipo de casos es reconstruir el encuentro. ¿Hubo consentimiento de ambas partes? ¿Se opuso una de ellas y la otra hizo caso omiso? ¿O lo entendió mal? Si la hipótesis de la transparencia es una cuestión espinosa para los agentes de policía que tratan de evaluar a sospechosos o para los jueces que intentan «leer» a los acusados, va a ser un claro problema para los adolescentes y jóvenes adultos que se desenvuelven en uno de los ámbitos humanos más complejos.

Echemos un vistazo a los resultados de una encuesta de 2015 de *The Washington Post* y la Kaiser Family Foundation para un millar de estudiantes universitarios.[3] A los estudiantes se les preguntó si pensaban que cualquiera de los siguientes comportamientos «significa consentimiento de ir más allá en la actividad sexual».

1. Se desnuda:

	Sí	No	Depende	NS/NC
Total:	47	49	3	1
Hombres:	50	45	3	2
Mujeres:	44	52	3	1

2. Coge un condón:

	Sí	No	Depende	NS/NC
Total:	40	54	4	1
Hombres:	43	51	4	2
Mujeres:	38	58	4	1

3. Asiente con la cabeza:

	Sí	No	Depende	NS/NC
Total:	54	40	3	3
Hombres:	58	36	3	3
Mujeres:	51	44	3	3

4. Inicia juegos preliminares como besos o tocamientos:

	Sí	No	Depende	NS/NC
Total:	22	74	3	*
Hombres:	30	66	3	*
Mujeres:	15	82	3	*

5. No dice «No»:

	Sí	No	Depende	NS/NC
Total:	18	77	3	1
Hombres:	20	75	4	1
Mujeres:	16	80	2	1

El consentimiento sería un asunto sencillo si todos los universitarios estuviesen de acuerdo en que coger un condón implica consentimiento para tener relaciones sexuales, o si todo el mundo estuviese de acuerdo en que los juegos preliminares, como besarse o tocarse, no constituyen una invitación a algo más serio. Cuando las reglas están claras, cada parte puede deducir fácil y exactamente lo que quiere la otra parte según el modo en que ambas se comporten. Pero lo que demuestra esta encuesta es que no hay reglas. En cada pregunta, hay mujeres que piensan de una forma y mujeres que piensan de otra; hombres que piensan como algunas mujeres pero no como otras y una cantidad incomprensible de personas, de ambos sexos, que no tienen opinión al respecto.

29. Para cada una de las siguientes situaciones, diga por favor si piensa que la situación ES agresión sexual, NO ES agresión sexual o si no está claro.

Actividad sexual cuando ninguna de las personas ha aceptado de forma clara

	Es	No es	No está claro	NS/NC
Total:	47	6	46	*
Hombres:	42	7	50	1
Mujeres:	52	6	42	–

¿Qué significa que la mitad de todos los hombres y mujeres jóvenes no tengan claro si la aceptación evidente es necesaria para tener actividad sexual? ¿Que no han pensado en ello antes? ¿Que preferirían proceder caso por caso? ¿Significa que algunas veces se reservan el derecho a proceder sin consentimiento explícito, y a insistir en otras ocasiones? Amanda Knox confundió al sistema legal porque había una desconexión entre la forma en que actuaba y cómo se sentía. Pero este es un fracaso de la transparencia con anabolizantes. Cuando un universitario conoce a otro —incluso en casos en los que ambos tienen la mejor de las intenciones—, la tarea de inferir intención sexual a partir del comportamiento es en esencia un tiro al aire. Como pregunta la experta legal Lori Shaw, «¿Cómo podemos esperar que los estudiantes respeten los límites cuando no existe consenso sobre cuáles son?».[4]

Hay, no obstante, un segundo elemento que complica las cosas en muchos de estos encuentros. Cuando lees los detalles de los casos universitarios de agresión sexual, que se han vuelto tan deprimentemente comunes, el hecho llamativo es cuántos de ellos presentan un esquema casi idéntico. Una mujer joven y un hombre joven se conocen en una fiesta, después pasan a malinterpretar trágicamente las intenciones del otro… y están borrachos.

III

D: ¿Qué bebió?

TURNER: Unas cinco cervezas Rolling Rock.

Brock Turner empezó a beber bastante antes de llegar a la fiesta de Kappa Alpha. Había estado en el apartamento de su amigo Peter al comienzo de la noche.

D: Además de las cinco cervezas Rolling Rock que ha mencionado, ¿tomó alguna otra bebida alcohólica en la habitación de Peter?

TURNER: Sí. Algo de burbon Fireball.

D: ¿Y cómo lo consumió?[…]

TURNER: Directamente de la botella.

Cuando Turner llegó a la fiesta, siguió bebiendo. En California, el límite legal de embriaguez para poder conducir es una concentración de alcohol en sangre del 0,08 por ciento. A partir de esta cantidad, se considera que el conductor está borracho. Al final de la noche el nivel de alcohol en sangre de Turner duplicaba esa cifra.

Emily Doe llegó a la fiesta en grupo, con su hermana y sus amigas Colleen y Trea. Poco antes, Trea se había bebido una botella entera de champán, entre otras cosas. Se les unió su amiga Julia, que también había estado bebiendo.

F: ¿Bebieron algo durante la cena?
JULIA: Sí.
F: ¿Qué bebieron?
JULIA: Una botella entera de vino.

Y entonces:

F: ¿Qué hicieron después de cenar?
JULIA: Después de cenar pedí un Uber a un lugar llamado Griffin Suite. [...]
F: ¿Y qué había en Griffin Suite?
JULIA: Una previa.
F: ¿Qué es eso?
JULIA: Ah, perdón. Es jerga. Es un prólogo a la fiesta donde se bebe.

Tras la «previa», Julia acudiría a la fiesta de Kappa Alpha, donde encontró una botella de vodka sin empezar en el sótano.

JULIA: La abrí, nos servimos unas copas y nos las bebimos de golpe.

Y nos queda Emily Doe:

F: Así que empezó tomando un chupito de whisky; y después ¿cuántos… cuántas copas se tomó antes de salir de la casa?
DOE: Cuatro.
F: ¿Del mismo tipo de bebida —un chupito de whisky— que empezó tomando?
DOE: Bebí cuatro chupitos de whisky y una copa de champán.
F: Bien. ¿Sabe aproximadamente en qué plazo de tiempo bebió usted los cuatro chupitos de whisky y la copa de champán?
DOE: Es probable que entre las 22.00 y las 22.45.

Luego ella y sus amigas se fueron a la fiesta.

F: Bien. Así que después de que ustedes estuvieran, digamos, divirtiéndose, ejerciendo de comité de bienvenida, ¿qué hicieron?

DOE: Julia encontró una botella grande de vodka.

F: Bien. ¿Cómo describiría «una botella grande de vodka»?

DOE: Como de este tamaño, grande, de supermercado.[*]

F: ¿Y qué ocurrió cuando ella trajo el vodka?

DOE: Me serví generosamente en un vaso de plástico rojo de los de Solo.

F: Bien. ¿Midió de alguna forma cuánto vodka había en su vaso?

DOE: Eso creía, pero hice mal la medición. Me serví justo por debajo de la segunda marca del vaso, lo que creí que serían dos o tres chupitos. Resultaron ser más bien tres o cuatro chupitos, porque esa marca eran ciento cincuenta mililitros.

F: Se refiere usted a un vaso de plástico de color rojo.

DOE: Sí.

F: ¿Es algo que se suele ver en estas fiestas?

DOE: Sí…

F: Bien. Ahora, cuando estaba usted… después de servirse el vodka, ¿qué hizo?

DOE: Me lo bebí.

F: ¿Cómo se lo bebió?

DOE: Pues… rápido.

F: ¿Como de un trago?

DOE: Sí, prácticamente de un trago. Ya debía de estar borracha, para hacer algo así.

Y entonces:

F: ¿Cómo de…? Descríbanos su nivel de embriaguez en aquel momento.

---

[*]   Una *handle* (como aparece en el texto original) es una botella de 1,75 litros. *(N. del T.)*

DOE: Pues… medio inconsciente. Me había quedado como des-
conectada, como ausente; no expresaba gran cosa. Estoy ahí
sin más.[*]

F: ¿Tiene alguna idea de qué hora de la noche era?

DOE: Sería alrededor de medianoche.

Fue en ese momento cuando Brock Turner se aproximó a Emily
Doe. Él dice que ella estaba bailando sola. Que se le acercó y le
dijo que le gustaba la forma en que bailaba. Ella se rio. Se pusieron a hablar. Que la sacó a bailar. Ella accedió. Bailaron durante diez minutos. Empezaron a besarse.

D: Bien. ¿Parecía ella receptiva al besarlo en respuesta?

TURNER: Sí.

D: ¿Tuvo alguna conversación posterior que usted recuerde?

TURNER: Sí. Le pregunté si quería ir a mi habitación en la residencia.

D: Bien. ¿Y respondió ella?

TURNER: Sí.

D: ¿Qué dijo?

TURNER: Dijo: «Claro».

D: Esto sería aproximadamente después de las 00.30, ¿verdad?

TURNER: Sí.

D: ¿Se enteró de cómo se llamaba ella en algún momento de la
noche?

TURNER: Sí. Le pregunté el nombre mientras bailábamos, pero luego no lo recordaba.

Él dice que la rodeó con el brazo y ambos salieron de la fiesta. Dice que ambos se resbalaron mientras caminaban por el
césped.

---

[*]   En el momento del incidente, su concentración de alcohol en sangre era del 0,249.
La concentración de alcohol en la sangre de él era del 0,171. Ella triplicaba el
límite legal. Él lo duplicaba. Estas cifras de concentración de alcohol en sangre
provienen del testimonio de un perito.

TURNER: Ella perdió el equilibrio y medio se cayó. Y me agarró para tratar de evitar la caída, lo que hizo que yo me cayese también...

D: ¿Qué pasó entonces?

TURNER: Nos reímos de ello y le pregunté si estaba bien.

D: ¿Contestó?

TURNER: Sí. Dijo que creía que sí.

D: ¿Qué pasó entonces?

TURNER: Empezamos a besarnos.

En un caso de agresión sexual, normalmente el fiscal presentaría testigos para hacerles preguntas sobre el relato del acusado. Pero eso no sucedió en el caso de la fiscalía contra Brock Turner. Llegado ese punto, Trea estaba tan borracha que la hermana de Emily y su amiga Colleen se la habían llevado a la habitación de Julia en la residencia. Peter, el amigo de Turner, ni siquiera llegó a asistir a la fiesta; estaba demasiado ebrio, y otros dos amigos suyos tuvieron que llevarlo a la residencia. Es presumible que hubiera habido otras personas en la fiesta que pudieran corroborar o refutar la historia de Turner. Pero era ya después de medianoche, las luces se habían bajado y la gente estaba bailando sobre las mesas. Así que solo tenemos el relato de Turner:

D: ¿Qué pasó entonces?

TURNER: Nos besamos un rato después de eso, y luego le pregunté si quería que le hiciese un dedo.

D: ¿Le respondió?

TURNER: Sí.

D: ¿Qué dijo?

TURNER: Dijo que sí. [...]

D: Después de que usted obtuviese su consentimiento o permiso para hacerle un dedo, y de que se lo hiciera, ¿qué sucedió?

TURNER: Le hice un dedo durante un minuto. Y creí que había tenido un orgasmo. Y después... Bueno, entretanto, le pregunté si le gustaba; y ella dijo: «Ajá».

Y entonces:

D: Después de eso, ¿qué hizo usted?
TURNER: Empezamos a besarnos de nuevo y después empezamos
a restregarnos el uno contra el otro.

Según la legislación de California, una persona es incapaz de prestar su consentimiento a un acto sexual si se encuentra inconsciente o bien tan intoxicada que está «impedida de resistirse». Lo explica la experta Lori Shaw:

No basta que la víctima esté intoxicada en cierto grado, ni que su embriaguez reduzca sus inhibiciones sexuales. El nivel de embriaguez y la incapacitación mental resultantes deben haber sido tan altos que la víctima no pueda ejercer un juicio razonable sobre ese asunto. Como explicó un fiscal de California, «la víctima intoxicada debe estar tan "ajena a todo" que no entienda lo que hace ni lo que pasa a su alrededor. No es una situación en la que la víctima "ha bebido demasiado" sin más».

¿Era Doe, pues, una partícipe voluntaria en el momento del acto sexual —y se desmayó después— o era ya incapaz de todo consentimiento cuando Turner la penetró con el dedo? El caso de la fiscalía contra Brock Turner es un caso sobre el alcohol. El caso entero pivotó sobre el grado de alcoholización de Emily Doe.

Al final, el jurado falló contra Turner. Su versión de los acontecimientos era sencillamente poco convincente. Si —como sugiere Turner— tuvieron un encuentro cálido y consentido, ¿por qué había salido corriendo en el momento en el que le interpelaron los dos estudiantes? ¿Por qué estaba restregándose contra ella después de que se hubiese desmayado? Justo después de medianoche, Doe dejó un mensaje de voz a su novio. La cinta de esa conversación se reprodujo para el jurado. Apenas tiene coherencia. Si el criterio legal es «tan ajena a todo que no entiende lo que hace», entonces sonaba bastante próxima a ese estado.

Durante su alegato final, el fiscal enseñó al jurado una foto de Doe, tomada mientras estaba tumbada en el suelo. En ella está medio desvestida. Tiene el pelo revuelto. Está tumbada sobre un lecho de agujas de pino. Se ve un contenedor de basura en segundo plano.

—Ninguna mujer que se precie y sepa qué está pasando quiere ser penetrada ahí mismo —dijo la Fiscalía—. Solo con esta foto ya queda claro que se aprovechó de alguien que no sabía qué estaba pasando.

Turner fue declarado culpable de tres delitos asociados con el uso ilegal de su dedo: agresión en grado de tentativa de violación a una persona intoxicada o inconsciente, penetración sexual de una persona intoxicada y penetración sexual de una persona inconsciente. Fue condenado a seis meses de prisión y deberá comparecer ante el registro de agresores sexuales durante el resto de su vida.

El *quién* del caso Brock Turner nunca estuvo en duda. El *qué* fue determinado por el jurado. Pero queda todavía el porqué. ¿Cómo terminó en delito un encuentro aparentemente inofensivo en una pista de baile? Sabemos que nuestra creencia equivocada en que las personas son transparentes conduce a toda suerte de problemas entre desconocidos. Nos lleva a confundir a los inocentes con los culpables y viceversa. En la mejor de las circunstancias, la falta de transparencia convierte el encuentro en una fiesta entre un hombre y una mujer en un acontecimiento problemático. ¿Y qué pasa cuando se añade alcohol a la mezcla?

IV

Dwight Heath era un doctorando en Antropología por la Universidad de Yale que, a mediados de la década de 1950, decidió hacer el trabajo de campo para su tesis en Bolivia.[5] Él y su mujer, Anna, volaron a Lima con su bebé, después esperaron cinco horas, mientras los mecánicos colocaban propulsores en los motores del avión.

ESTUDIO DE CASO: LA FIESTA UNIVERSITARIA   183

—Eran aviones que Estados Unidos había desechado después de la Segunda Guerra Mundial —recuerda Heath—. No debían superar los tres mil metros de altitud. Pero La Paz, nuestro destino, estaba a más de tres mil quinientos.

Mientras sobrevolaban los Andes, cuenta Anna, miraban hacia abajo y veían los restos de «todos los aviones cuyos propulsores no habían funcionado».

Desde La Paz viajaron ochocientos kilómetros hacia el interior de Bolivia oriental, a una pequeña ciudad fronteriza llamada Montero. Es la parte de Bolivia en la que la cuenca del Amazonas llega a la región del Chaco, con sus enormes extensiones de selva y prados exuberantes. El área estaba habitada por los camba, un pueblo mestizo descendiente de las poblaciones indígenas y los colonizadores españoles. Los camba hablaban un idioma que era una mezcla de las lenguas locales indígenas y el dialecto andaluz del siglo XVII.

—Era un punto vacío en el mapa —dice Heath—. Iba a llegar el ferrocarril; iban a hacer una autovía; iba a haber… un Gobierno.

Vivían en una casa muy pequeña justo a las afueras de la ciudad.

—No había asfalto ni aceras —recuerda Anna—. Si había carne en la ciudad, se tiraba el cuero en la calle para que se supiera dónde estaba, y se llevaban allí hojas de banana en la mano, a guisa de plato. Había casas de adobe con techumbre de yeso y teja, y tres palmeras en la plaza del pueblo. Se oían retumbar carretas de bueyes. Los curas tenían un todo terreno. Algunas mujeres servían un recipiente grande con arroz y alguna salsa. Ese era el restaurante. El tipo que hacía el café era alemán. El año que llegamos a Bolivia, ingresaron en el país un total de ochenta y cinco extranjeros. No era exactamente un destino muy concurrido.

En Montero, los Heath se empaparon de etnografía a la vieja usanza; «Aspirándolo todo —dice Dwight—; aprendiéndolo todo». Convencieron a los camba de que no eran misioneros porque fumaban cigarrillos sin disimulo. Tomaron miles de fotografías. Caminaban por la ciudad y hablaban con todo el que podían; después Dwight se iba a casa y se pasaba la noche pasando sus notas a limpio. Al cabo de un año y medio, los Heath recogieron las fotografías y las notas y regresaron a New Haven. Allí Dwight se sentó a escribir su tesis… y entonces se percató de que casi había omitido el que quizá fuera el dato más fascinante sobre la comunidad que había estado estudiando.

—¿Has reparado —le preguntó a su mujer mientras repasaba sus notas— en que todos los fines de semana que pasamos en Bolivia salimos a beber?

Durante el tiempo que estuvieron allí, los Heath fueron invitados a fiestas con alcohol todos los sábados por la noche. El anfitrión compraba la primera botella y emitía las invitaciones. Aparecían una docena o así de personas, y la fiesta arrancaba… con frecuencia hasta que todo el mundo volvía al trabajo el lunes por la mañana. La composición del grupo era informal; a veces se invitaba a la gente que pasaba por allí. Pero la estructura de la fiesta estaba altamente ritualizada. El grupo se sentaba en círculo. Alguien quizá tocaba el tambor o una guitarra. Se colocaban en una mesa una botella de ron de una de las refinerías de azúcar de la zona y un vaso. El anfitrión se levantaba, llenaba el vaso de ron y avanzaba después hacia alguien del círculo. Se plantaba delante de la persona objeto del brindis, asentía con la cabeza y elevaba el vaso. El brindado sonreía y asentía a su vez. El anfitrión entonces bebía medio vaso y se lo entregaba a aquel, que lo terminaba, se levantaba a su vez en algún momento, rellenaba el vaso y repetía el ritual con alguien más del círculo. Cuando la gente estaba ya demasiado cansada o demasiado ebria, se hacían un ovillo en el suelo y se quedaban inconscientes, uniéndose de nuevo a la fiesta cuando despertaban.

—El alcohol que bebían era malísimo —recuerda Anna—. Te saltaban las lágrimas, literalmente. La primera vez que lo probé, pensé: «Me pregunto qué pasará si vomito en medio del suelo». Ni siquiera los camba decían que les gustaba. Decían que sabía mal. Que quemaba. Al día siguiente estaban sudando esa cosa. Lo podías oler.

Pero los Heath perseveraron animosamente.

—Un doctorando en Antropología en la década de los cincuenta sentía que debía adaptarse —explica Dwight—. No quieres ofender a nadie, no vas a rechazar nada. Así que aprietas los dientes y aceptas todos los tragos que te ofrecen.

—Tampoco nos emborrachábamos tanto —continúa Anna— porque no éramos objeto de tantos brindis como el resto de la gente que andaba por allí. Éramos forasteros. Pero una noche hubo una fiesta grande de verdad, de entre sesenta y ochenta personas. Bebían hasta perder el sentido; luego se despertaban y seguían de fiesta otro rato. Viéndolos beber, aprendí que podía pasarle mis tragos a Dwight. El marido está obligado a beber por su mujer. Hasta que me fijé en que Dwight estaba sujetando una linterna Coleman con el brazo alrededor de ella. Le dije: «Dwight, que se te quema el brazo». Y con mucha parsimonia —imita a su marido despegando lentamente el antebrazo de la superficie caliente de la linterna— él contestó: «Pues es verdad».

Cuando los Heath volvieron a New Haven, llevaron a analizar una botella del ron de los camba y descubrieron que tenía noventa grados. Era alcohol de laboratorio, en la concentración que los científicos utilizan para preservar tejidos. Nadie bebe alcohol de laboratorio. Este fue el primero de los descubrimientos asombrosos de la investigación de los Heath, y, como era de esperar, nadie se lo creyó al principio.

—Uno de los máximos expertos mundiales en fisiología del alcohol, Leon Greenberg, estaba entonces en el centro Yale —recuerda Heath—. Me dijo: «Oye, como historia no está mal; pero es imposible que te hayas bebido eso». Como me había picado lo suficiente para provocarme una reacción, le dije: «¿Quieres verme beberlo? Tengo una botella». Así que un sábado bebí un poco en condiciones controladas. Él tomaba muestras de sangre cada veinte minutos, y ni que decir tiene que yo cumplí mi promesa.

Greenberg tenía una ambulancia lista para llevar a casa a Heath, pero este decidió caminar. Anna lo estaba esperando en el apartamento en el que vivían de alquiler, en una vieja residencia universitaria sin ascensor.

—Estaba mirando por la ventana, esperándolo, y veo a la ambulancia por la calle, yendo muy despacio, y a su lado está Dwight. Saluda con la mano, parece estar bien. Después sube los tres pisos de escaleras, dice «Upa, estoy borracho» y se cae de bruces. Estuvo inconsciente tres horas.

Aquí tenemos a una comunidad de personas, en una parte del mundo pobre y no desarrollado, que celebra fiestas con alcohol de 90 grados todos los fines de semana, desde el sábado por la noche hasta el lunes por la mañana. Los camba deben de haber pagado caro sus excesos, ¿no creen? Pues no.

—No había patologías sociales. Ninguna —afirma Dwight—. Ni discusiones ni disputas ni agresiones sexuales ni verbales. Había conversaciones agradables o, si no, silencio. La bebida no interfería en el trabajo —añade—. No desembocaba en una intervención de la policía. Y tampoco había alcoholismo.

Heath describió sus hallazgos en un artículo, hoy famoso, en el *Quarterly Journal of Studies on Alcohol*.[6] En los años que siguieron, innumerables antropólogos contribuyeron con estudios sobre el mismo tema. El alcohol a veces llevaba a la gente a elevar la voz, a pelearse y a decir cosas que en otra situación se arrepentirían de decir. Pero muchas otras veces no. Los aztecas llamaban al pulque —la tradicional bebida alcohólica de la zona del centro de México— «cuatrocientos conejos», por la variedad aparentemente infinita de comportamientos que podía alumbrar. El antropólogo Mac Marshall viajó a la isla de Truk, en el Pacífico Sur, y descubrió que entre los jóvenes de allí la ebriedad producía agresiones y disturbios. Pero cuando los isleños llegaban a la treintena, tenía el efecto opuesto.

En Oaxaca, en México, los indígenas mixes eran conocidos por meterse en salvajes peleas a puñetazo limpio cuando estaban ebrios. Pero cuando el antropólogo Ralph Beals empezó a observar las peleas, estas no parecían en absoluto estar fuera de control. Parecían seguir todas el mismo guion:

Aunque probablemente asistí a cientos de peleas, nunca vi usar un arma, pese a que casi todos los hombres llevaban machetes, y muchos, rifles. La mayoría de las peleas comienzan con una discusión en estado de ebriedad. Cuando el tono de voz llega a un cierto punto, todo el mundo espera que haya pelea. Los hombres entregan sus armas a los mirones y después comienzan a luchar con los puños, lanzándolos salvajemente hasta que uno cae, [momento en el que] el vencedor levanta al oponente del suelo y por lo normal se dan un abrazo.[7]

Nada de esto tiene sentido. El alcohol es una potente droga. Desinhibe. Descompone el conjunto de restricciones que mantienen nuestro comportamiento bajo control. Por eso, no parece sorprendente que la ebriedad esté tan vinculada de un modo tan abrumador con la violencia, los accidentes de tráfico y las agresiones sexuales.

Pero si los encuentros alcohólicos de los camba tenían tan pocos efectos secundarios a nivel social, y si los indios mixe de México parecen atenerse a un guion incluso durante sus trifulcas de borrachera, entonces nuestra percepción del alcohol como agente desinhibidor no puede ser correcta. Debe de ser otra cosa. La experiencia de Dwight y Anna Heath en Bolivia desencadenó un replanteamiento completo de nuestra concepción de la embriaguez. Muchos de los que estudian el alcohol ya no lo consideran un agente desinhibidor. Lo ven como un agente de miopía.

V

Esta teoría de la miopía la plantearon por primera vez los psicólogos Claude Steele y Robert Josephs;[8] y lo que querían decir con el término «miopía» es que el principal efecto del alcohol es estrechar nuestros campos de visión emocional y mental. Según sus palabras, el alcohol crea «un estado de cortedad de vista en virtud del cual los aspectos inmediatos de la experiencia, al valorarse de un modo superficial, ejercen una influencia desproporcionada sobre el comportamiento y las emociones». El alcohol vuelve más prominente todavía lo que esté en un primer plano, y menos significativo lo que se sitúe en un segundo plano. Hace que las consideraciones a corto plazo adquieran mayor importancia, difuminando consideraciones a largo plazo cognoscitivamente más exigentes.

Les pongo un ejemplo: muchas personas beben cuando están tristes porque piensan que alejará sus problemas. Ese pensamiento tiene base en la inhibición, en la idea de que el alcohol les desbloqueará el ánimo. Pero resulta que eso no es lo que ocurre. A veces, el alcohol nos anima. Pero en otras ocasiones, cuando una persona con ansiedad bebe, lo único que ocurre es que esta aumenta. La teoría de la miopía tiene una respuesta a ese enigma; el efecto que surta el alcohol en una persona ansiosa y ebria, dependerá de lo que esté haciendo esta. Si asiste a un partido de fútbol, rodeada de rabiosos aficionados, la excitación y el drama del entorno desplazarán temporalmente sus acuciantes preocupaciones mundanas. El partido está ahí delante y es el centro. Sus preocupaciones, no. Pero si esa misma persona está bebiendo a solas en una discreta esquina de un bar, se deprimirá aún más. Ya no tiene nada que lo distraiga. Beber lo ha dejado a merced de su entorno; desplaza todo salvo las experiencias más inmediatas.[*]

---

[*]   Un grupo de psicólogos canadienses liderados por Tara MacDonald entró recientemente en una serie de bares y pidió a los parroquianos que leyeran una historieta corta. Tenían que imaginar que habían conocido a una persona concreta en un bar, que la habían acompañado a casa y que habían terminado en la cama… para descubrir que no tenían condón. A los voluntarios se les pedía después que respondieran en una escala de 1 (muy improbable) a 9 (muy probable) a la proposición: «Si yo estuviese en esa situación, tendría relaciones sexuales». Podría pensarse que los sujetos que habían estado bebiendo mucho serían más proclives a decir que tendrían sexo… que es justo lo que sucedió. Los borrachos salieron a un promedio de 5,36 en la escala de 9 puntos. Los serenos promediaron 3,91. Los bebedores no podían calibrar las consecuencias a largo plazo del sexo sin protección. Pero luego MacDonald regresó a los bares y estampó en las manos de algunos parroquianos la frase «El sida mata». Los bebedores con la mano estampada demostraron ser algo menos proclives que los que estaban serenos a desear relaciones sexuales en esa situación; no podían efectuar los razonamientos necesarios para dejar de lado el riesgo del sida. Donde las normas y los estándares están claros y son obvios, el bebedor puede estar más sujeto a las reglas que su contraparte serena.[9]

Otro ejemplo: una de las observaciones centrales de la teoría de la miopía es que la ebriedad surte su mayor efecto en situaciones de «alto conflicto», donde hay dos conjuntos de consideraciones, uno cercano y otro lejano, opuestos. Supongamos, por ejemplo, que usted es un exitoso cómico profesional. El mundo piensa que usted es muy gracioso. Usted piensa que es muy gracioso. Si usted se emborracha, no va a pensar que es usted más gracioso todavía. No hay conflicto sobre su comicidad que el alcohol pueda resolver. Pero supongamos que usted cree que es muy gracioso, y el mundo, en general, no. De hecho, cada vez que intenta entretener a un grupo con una historia divertida, un amigo hace un aparte con usted a la mañana siguiente y le disuade con suavidad de que vuelva a hacer eso otra vez. En circunstancias normales, el recuerdo de esa conversación con su amigo lo mantiene bajo control. Pero ¿cuando está usted borracho? El alcohol hace que desaparezca el conflicto. Ya no piensa sobre el futuro correctivo acerca de sus chistes malos. Ahora es posible que usted crea que es de verdad gracioso. Cuando está borracho, su concepto de su verdadero yo cambia.

Esta es la repercusión fundamental de la ebriedad como miopía. La vieja idea de la desinhibición implica que lo que se revela cuando alguien se emborracha es una versión condensada y destilada de su yo sereno, sin ninguno de los efectos turbios sobre los modales y la corrección social. Se trata del yo verdadero. Como reza el dicho clásico, *In vino veritas*; los borrachos dicen la verdad.

Pero eso es retrógrado. Los tipos de conflictos que por lo normal mantienen nuestros impulsos bajo control son una parte crucial de cómo forjamos nuestro carácter. Todos construimos nuestra personalidad gestionando el conflicto entre consideraciones inmediatas y cercanas y consideraciones más complicadas, a largo plazo. Eso es lo que significa ser ético, productivo o responsable. Un buen padre está dispuesto a moderar sus propias necesidades egoístas inmediatas (estar solo, poder dormir) por objetivos a largo plazo (criar a un buen hijo). Cuando el alcohol suprime estas restricciones a largo plazo de nuestro comportamiento, borra nuestro verdadero yo.

¿Quiénes eran los camba, en realidad? Heath dice que su sociedad estaba marcada por una singular ausencia de «expresión comunal». Eran trabajadores agrícolas itinerantes. Sus vínculos sociales eran débiles. Las labores del día a día eran solitarias y duraban muchas horas. Había pocos grupos vecinales o cívicos. Las exigencias cotidianas de su vida hacían difícil la socialización. Así que los fines de semana usaban el poder transformador del alcohol para dar lugar a la «expresión comunal», tan dolorosamente ausente de lunes a viernes. Utilizaban la miopía del alcohol para crearse, siquiera de forma transitoria, un mundo diferente para sí mismos. Se daban a reglas estrictas; una botella cada vez, una serie organizada de brindis, todos sentados en círculo, solo los fines de semana, nunca a solas. Bebían solo de manera estructurada, y la estructura de esos círculos de bebedores del interior boliviano era un mundo de música suave y conversación tranquila: orden, amistad, previsibilidad y ritual. Esta era una nueva sociedad camba, manufacturada con la ayuda de una de las drogas más poderosas que hay sobre la Tierra.

El alcohol no es un agente de revelación. Es un agente de transformación.

VI

En 2006, Inglaterra vivió su propia versión del juicio de Brock Turner, un caso muy mediático que involucró a un diseñador de software de veinticinco años llamado Benjamin Bree y a una mujer identificada por el tribunal solo como M. Es un ejemplo de manual de las complicaciones que crea la miopía del alcohol.

Ambos se vieron por primera vez en el apartamento del hermano de Bree y salieron esa misma noche. En el transcurso de la velada, M bebió dos pintas de sidra y entre cuatro y seis copas de vodka con Red Bull. Bree, que había empezado a beber antes, le siguió el ritmo ronda a ronda. Imágenes de cámaras de circuito cerrado los muestran a ambos caminando hacia el apartamento de ella, entrelazados, sobre la una de la mañana. Tuvieron relaciones sexuales. Bree pensó que eran consentidas. M declaró que no. Bree fue sentenciado culpable de violación y condenado a cinco años de prisión, pero el veredicto fue revocado en instancia de apelación. Si ha leído algún otro relato de este tipo de casos, los detalles le serán tristemente familiares; dolor, remordimiento, malentendidos y rabia.

Esta es la versión de Bree de la historia:

> Esperaba evitar el tener que dormir en el suelo y pensé que quizá podría compartir su cama, lo que visto *a posteriori* parece sin duda una estupidez.
>
> No buscaba sexo, solo un colchón y algo de compañía humana. Se despertó y me tumbé a su lado y en algún momento empezamos a abrazarnos, y después a besarnos.
>
> Fue un poco inesperado, pero agradable. Estuvimos con los juegos preliminares una media hora, y parecía que ella los estaba disfrutando.[10]

A continuación, un extracto de la sentencia:

> Él insistió en que M parecía recibir con agrado sus avances, que progresaron desde las caricias de naturaleza amistosa a los tocamientos sexuales. Ella no dijo ni hizo nada por detenerlo. Él le dijo al jurado que uno debe estar seguro de que existe consentimiento, razón por la que la acarició tanto tiempo. La demandante no pudo refutar que estos preliminares durasen algún tiempo. Por último, él puso la yema de los dedos dentro de la goma de los pantalones del pijama de ella, lo que le habría dado una oportunidad de disuadirlo. No lo hizo. Pareció particularmente receptiva cuando metió su mano dentro de los pantalones del pijama de ella. Tras los tocamientos sexuales, hizo un movimiento para que ella se quitase los pantalones del pijama. Él se los bajó un poco, luego ella se los quitó del todo.[11]

Bree pensó que podía deducir el estado interior de M por su comportamiento. Supuso que ella era transparente. Pero no era así. En este extracto de los archivos judiciales se ve cómo se sentía M en realidad:

> Ella no tenía idea de cuánto había durado el acto sexual. Cuando terminó, todavía estaba mirando a la pared. No sabía si el apelante había usado un condón o no, ni si había eyaculado o no. Después él le preguntó si quería que se quedase. Dijo que no. En su cabeza pensaba «Sal de mi habitación», aunque no llegó a decirlo. Ella no sabía «qué decir o pensar, si se daría la vuelta y me pegaría. Lo recuerdo marchándose, cerrando la puerta». Se levantó a echar el cerrojo y después volvió a la cama y se hizo un ovillo, pero no puede recordar durante cuánto tiempo.

A las cinco de la mañana, M llamó a su mejor amiga, entre lágrimas. Bree, mientras tanto, seguía tan inconsciente del estado interior de ella, que llamó a su puerta unas horas después, para preguntarle si quería ir a comer un *fish and chips*.

Después de pasar varios meses en prisión, Bree fue liberado cuando un tribunal de apelación concluyó que era imposible determinar qué consintieron o no en el dormitorio de M aquella noche. «Ambos eran adultos», escribió el juez:

> Ninguno hizo nada ilegal al beber en exceso. Ambos eran libres de elegir cuánto beber y con quién. Ambos eran libres, si lo deseaban, de mantener relaciones sexuales. No hay nada anormal ni sorprendente ni aun inusual en el hecho de que hombres y mujeres mantengan relaciones sexuales consensuadas cuando uno u otra, o ambos, hayan consumido de forma voluntaria una gran cantidad de alcohol. En la práctica, la realidad es que ciertas áreas del comportamiento humano no se ajustan a estructuras legislativas detalladas.[*]

---

[*]   ¿Es el consentimiento ebrio consentimiento? Tiene que serlo, continúa la sentencia. De otro modo, la inmensa mayoría de las personas que mantienen relaciones sexuales felizmente cuando están ebrias habrían de estar en la cárcel junto al pequeño número de personas para quienes tener sexo en estado de ebriedad constituye un delito. Además, si M puede decir que no era responsable de sus

Se puede estar o no de acuerdo con este dictamen final. Pero es difícil discrepar del argumento fundamental del juez, a saber, que añadir alcohol al proceso de entender las intenciones de otra persona convierte un problema difícil en uno directamente imposible. El alcohol es una droga que remodela al bebedor de acuerdo a los contornos de su entorno inmediato. En el caso de los camba, esa redefinición de la personalidad y el comportamiento era benigna. El entorno inmediato estaba construido con cuidado y deliberación; querían recurrir al alcohol para crear una versión temporal —y, a sus ojos, mejor— de sí mismos. Pero, cuando la juventud de hoy bebe en exceso, no lo hace en un entorno ritualizado ni predecible, estructurado con meticulosidad, para crear una versión mejor de sí mismos. Lo hacen en el caos hipersexualizado de las fiestas universitarias y los bares.

DEFENSA: ¿Cuál fue la observación que hizo anteriormente sobre el ambiente que existía en las fiestas de Kappa Alpha?

TURNER: Mucho perreo y…

D: ¿Qué quiere decir con perreo?

TURNER: Chicas bailando […], poniéndoles grupas a los tíos; y los tíos pegados detrás bailando con ellas.

D: Bien. ¿Así que está describiendo una postura en la que… ambos miran en la misma dirección?

TURNER: Sí.

D: Pero ¿el chico detrás de la chica?

---

decisiones porque estaba borracha, ¿por qué no podría decir Benjamin Bree lo mismo? El principio de que «el consentimiento ebrio es consentimiento —destaca la sentencia— también sirve como recordatorio de que un hombre borracho que quiere cometer una violación, y lo hace, no está disculpado por el hecho de que su propósito sea un propósito ebrio». Después, la sentencia de Bree llega a la pregunta planteada por el consentimiento en California. ¿Qué pasa si una de las dos partes está realmente borracha? Bueno, ¿cómo diablos podemos decidir cuál es el verdadero significado de «borracha»? En realidad, no queremos que nuestros legisladores creen algún tipo de algoritmo elaborado y multivariante que determine cuándo podemos o no podemos tener relaciones sexuales en la privacidad de nuestros dormitorios. El juez concluye: «Los problemas no nacen de los principios legales. Surgen de las infinitas circunstancias del comportamiento humano, por lo normal, en el ámbito privado, sin evidencia independiente, y con las consiguientes dificultades para probar este gravísimo delito».

TURNER: Sí.

D: ¿Y cuán cerca están sus cuerpos durante este perreo?

TURNER: Se están tocando.

D: ¿Es eso común en estas fiestas?

TURNER: Sí.

D: ¿Bailaba la gente en las mesas? ¿Era eso algo común también?

TURNER: Sí.

El consentimiento es algo que ambas partes negocian, bajo la suposición de que, en esa negociación, son quienes dicen ser. Ahora bien, ¿cómo determinar el consentimiento si, en el momento de la negociación, ambas partes están tan lejos de su auténtico yo?

VII

Lo que nos pasa cuando nos emborrachamos es una función del camino particular que toma el alcohol al infiltrarse en el tejido cerebral. Los efectos comienzan en los lóbulos frontales, la parte de nuestro cerebro —detrás de nuestra frente— que gobierna la atención, la motivación, la planificación y el aprendizaje. La primera copa «humedece» la actividad en esa región. Nos vuelve un poco más tontos, menos capaces de gestionar consideraciones complejas contrapuestas. Alcanza los centros de recompensa del cerebro, las zonas que gobiernan la euforia, y les imprime una pequeña sacudida. Sigue su camino hasta la amígdala cerebral. La labor de la amígdala es decirnos cómo reaccionar al mundo que nos rodea. ¿Nos están amenazando? ¿Deberíamos tener miedo? El alcohol reduce el funcionamiento de la amígdala un nivel. La combinación de esos tres efectos engendra la miopía. No tenemos la capacidad mental de manejar consideraciones más complejas y a largo plazo. Estamos distraídos por el inesperado placer del alcohol. Nuestro sistema de alarmas neurológicas está apagado. Nos convertimos en versiones alteradas de nosotros mismos, capturados por el momento. El alcohol también llega a nuestro cerebelo, en el extremo posterior del cerebro, que está implicado en el equilibrio y la coordinación. Por eso empezamos a tropezarnos y a tambalearnos cuando nos embriagamos. Estos son los efectos predecibles de emborracharse.

Pero en circunstancias muy particulares —en especial si uno bebe mucho alcohol muy rápidamente— pasa algo más. El alcohol alcanza el hipocampo; regiones pequeñas con forma de salchicha que hay en ambos hemisferios del cerebro y que son responsables de formar los recuerdos de nuestras vidas. Con una concentración de alcohol en sangre de aproximadamente 0,08 —el nivel legal de embriaguez—, el hipocampo empieza a tener dificultades. Cuando nos despertamos a la mañana siguiente después de una fiesta y recordamos haber conocido a alguien, pero no somos capaces, de ninguna manera, de recordar su nombre o las historias que nos contaron, es porque los dos chupitos de whisky que bebimos casi seguidos llegaron al hipocampo. Si bebemos un poco más, las lagunas se agrandarán, hasta un punto en el que quizá recordemos fragmentos de la noche, pero solo podremos invocar otros detalles recurriendo al máximo esfuerzo.

Aaron White, de los Institutos Nacionales de Salud, a las afueras de Washington, es uno de los grandes expertos mundiales en esas lagunas o apagones de la memoria. A su entender, no hay ninguna lógica particular en cuanto a qué fragmentos se recuerdan y cuáles no.

—La relevancia emocional no parece tener impacto alguno en la probabilidad de que tu hipocampo recuerde algo —dice—. Esto significa que puedes, siendo una mujer, ir a una fiesta y recordar haber tomado una copa en el piso de abajo, pero no haber sido violada. Aunque sí recuerdas haber cogido un taxi.

En el siguiente nivel —con una concentración de alcohol en sangre en torno al 0,15—, el hipocampo sencillamente se apaga por completo:

—La madre de todas las lagunas, el apagón en estado puro —dice White—. Tan fácil como que no deja nada, nada que recordar.

En uno de los primeros estudios sobre estas lagunas, un investigador del alcohol llamado Donald Goodwin reclutó a diez varones de la cola del paro en San Luis, administró a cada uno media botella larga de burbon durante un periodo de cuatro horas y, a continuación, les hizo realizar una serie de ejercicios de memoria. Escribe Goodwin:

> Uno consistía en enseñar a la persona una sartén con la tapa puesta, sugerir que podría tener hambre, quitar la tapa, y ahí en la sartén hay tres ratas muertas. Puede decirse con confianza que un individuo sereno probablemente recuerde esta experiencia durante el resto de su vida.[12]

Pero ¿y los bebedores de burbon? Nada. Ni media hora después ni a la mañana siguiente. Las tres ratas muertas no quedaron registradas.

En estado de apagón —en esa ventana de ebriedad extrema antes de que el hipocampo vuelva a funcionar—, los borrachos son como códigos cifrados que deambulan por el mundo sin retener nada.

Un ensayo de Goodwin sobre estos apagones o lagunas empieza con la siguiente historia:

> Un viajante de 39 años despierta en una extraña habitación de hotel. Tiene una moderada resaca, pero, por lo demás, se encuentra normal. Tiene la ropa colgada en el armario. Está bien afeitado. Se viste y baja al vestíbulo. El recepcionista le informa de que está en Las Vegas, adonde ha llegado hace dos días. Era obvio que había estado bebiendo, le dice el recepcionista, pero no le había dado la impresión de estar muy borracho. Es 14 de septiembre. Su último recuerdo es haber estado en un bar de San Luis el lunes 9. Aquel día lo había pasado bebiendo hasta emborracharse, pero se acordaba a la perfección de todo hasta más o menos las tres de la tarde, cuando «como un telón que cae» la memoria se le quedó en blanco. Y siguió así durante cerca de cinco días. Tres días después, seguía igual. Le asustó tanto la experiencia que se abstuvo de beber alcohol durante dos años.

El viajante había salido de aquel bar de San Luis para dirigirse al aeropuerto, donde había comprado un billete de avión, había volado a Las Vegas, había encontrado hotel, tomado posesión de su habitación y colgado su traje en el armario; después se había afeitado y, al parecer, se había desenvuelto a la perfección por el mundo, solo que sumergido en una laguna. Así funcionan los apagones: en torno al umbral de 0,15, el hipocampo se apaga y los recuerdos dejan de formarse, pero es enteramente posible que, al mismo tiempo, los lóbulos frontales, el cerebelo y la amígdala de ese mismo bebedor sigan funcionando con mayor o menor normalidad.

—Durante una laguna puedes hacer cualquier cosa que puedas hacer estando borracho —explica White—. Lo que pasa es que no lo vas a recordar. Por ejemplo, comprar cosas en Amazon. Esto me lo cuenta mucha gente; que llegan a hacer tareas muy complejas, como comprar billetes, viajar… toda clase de cosas que después no recuerdan.

De ahí se deduce la dificultad de determinar, solo por el aspecto, si alguien ha sufrido un apagón. Es como intentar averiguar si alguien tiene una jaqueca a partir de su expresión facial en exclusiva.

—Puede que parezca un poco ebrio, o mucho, pero estoy hablando contigo —dice White—, podemos mantener una conversación. Puedo ir a pedir tragos a la barra. Puedo hacer cosas que requieren un almacenamiento de información a corto plazo. Puedo charlar contigo de cómo nos criamos juntos. Ni las mujeres de los alcohólicos pueden asegurar cuándo su cónyuge ha sufrido un apagón o no.[*]

---

[*] También es, por cierto, sorprendentemente difícil determinar si alguien está borracho. Un test obvio son los controles policiales de alcoholemia. Un agente para a un número de personas en una calle concurrida una noche de viernes, habla con cada conductor, inspecciona un poco el coche, y, después, somete al alcoholímetro a cualquier conductor que le parezca lo suficientemente ebrio como para sobrepasar el límite legal. Dilucidar quién parece lo suficiente bebido para merecer un alcoholímetro resulta ser de verdad difícil. La mejor prueba de ello es que bastante más de la mitad de los conductores ebrios pasan los controles sin el menor problema. En un estudio llevado a cabo en el californiano condado de Orange, más de mil conductores fueron desviados a un aparcamiento una noche.

En la década de los sesenta, cuando trabajaba en su obra pionera, Goodwin suponía que solo los alcohólicos se emborrachaban hasta el apagón. Las lagunas eran una rareza. Los científicos escribían sobre ellas en revistas médicas como refiriéndose a una enfermedad previamente desconocida. Miren los resultados de uno de los primeros estudios exhaustivos sobre hábitos de bebida en la universidad.[14] Fue realizado a finales de la década de los cuarenta y comienzos de la siguiente en veintisiete universidades de Estados Unidos. A los estudiantes se les preguntó cuánto bebían, de media, «en una sesión». A efectos del estudio, las cantidades de alcohol se clasificaron en tres; «pequeña», que significaba no más de dos copas de vino, dos botellines de cerveza o dos combinados; «mediana» comprendía entre tres y cinco cervezas o copas de vino, o bien tres o cuatro combinados, y «grande» era cualquier cantidad mayor.

	Cerveza	
	Varones	Mujeres
Pequeña	46 %	73 %
Mediana	45 %	26 %
Grande	9 %	1 %

	Vino	
	Varones	Mujeres
Pequeña	79 %	89 %
Mediana	17 %	11 %
Grande	4 %	0 %

Se les pidió que rellenasen un cuestionario sobre su velada, luego fueron interrogados por alumnos de doctorado duchos en detección de intoxicaciones. ¿Cómo hablaba el conductor? ¿Le olía el aliento a alcohol? ¿Había botellas o latas de cerveza en el coche? Después de que los entrevistadores emitieran sus diagnósticos, a los conductores se les hizo un análisis de sangre. ¿Saben cuántos conductores ebrios fueron identificados de manera correcta por los entrevistadores? Un 20 por ciento.[13]

Licores		
	Varones	**Mujeres**
Pequeña	40 %	60 %
Mediana	31 %	33 %
Grande	29 %	7 %

A estos niveles de consumo, muy poca gente bebe tanto como para sufrir apagones, con las lagunas correspondientes.

Tales tablas han cambiado hoy día en dos aspectos; en primer lugar, los grandes bebedores de hoy día beben mucho más que los grandes bebedores de hace cincuenta años. «A los estudiantes [de ahora] les hablas de echar tres o cuatro tragos y te dicen: "Buf, eso será para empezar"», afirma la investigadora Kim Fromme. Según ella, la categoría de consumo de alcohol compulsivo ahora incluye de forma habitual a bebedores que han tomado veinte bebidas alcohólicas en una sesión. Las lagunas, antaño raras, se han vuelto más comunes. Aaron White encuestó recientemente a más de setecientos estudiantes de la Universidad Duke.[15] Entre los bebedores de la muestra, más de la mitad habían sufrido un apagón en algún momento de sus vidas; el 40 por ciento lo había sufrido el año anterior; y casi uno de cada diez habían experimentado lagunas en las dos semanas anteriores.[*]

---

[*] En un notable ensayo publicado en *The New York Times,* Ashton Katherine Carrick, alumna de la Universidad de Carolina del Norte, describe un juego alcohólico llamado «esposados a soplar»: se esposa juntas a dos personas hasta que se acaben una botella de licor. Escribe Carrick: «Los más competitivos se apuntan a rotulador en un brazo lo que llevan bebido, estableciendo un coeficiente entre el número de bebidas ingeridas y el tiempo que les lleva alcanzar el apagón, siendo un coeficiente alto motivo de orgullo en el seno del grupo». Y continúa:

Como estudiantes, el modo que tenemos de celebrar los apagones sufridos por nuestros compañeros es también responsable en parte de su omnipresencia. Nos resultan graciosos. Al día siguiente bromeamos sobre lo ridículas que estaban nuestras amigas desmayadas en el cuarto de baño, o usando Snapchat mientras bailaban y se enrollaban con cualquier tío al azar; y, así, validamos estos comportamientos y los animamos a repetirlos. Los apagones se han vuelto tan habituales que aun quienes nunca se los infligirían entienden por qué otros lo hacen. Es un método mutuamente reconocido de aliviar el estrés. Verlo de cualquier otra manera sería considerado prejuicioso.[16]

En segundo lugar, la diferencia cuantitativa de consumo entre hombres y mujeres, tan pronunciada hace una generación, se ha reducido de forma considerable,[17] particularmente entre mujeres blancas, pues ni remotamente se observa la misma tendencia entre la población asiática, latina o afroamericana.

—Creo que tiene que ver con el empoderamiento —sostiene Fromme—. Yo hago mucho trabajo de consultoría para el ejército, y allí es más fácil verlo, porque a las mujeres realmente se les exige lo mismo que a los hombres en cuanto a campos de entrenamiento, instrucción, etcétera Han trabajado muy duro para poder decir: «Somos como los hombres, luego podemos beber como ellos».

Por razones fisiológicas, esta tendencia ha colocado a las mujeres en un riesgo considerablemente creciente de apagones. Si un varón estadounidense de peso medio se toma ocho tragos en cuatro horas —lo que le convertiría en un bebedor promedio en la típica fiesta universitaria—, acabaría con una concentración de alcohol en sangre de 0,107. Eso es estar muy borracho para conducir, pero sigue muy por debajo del valor 0,15 que suele asociarse con las lagunas en la memoria. En cambio, si una mujer de peso medio consume la misma cantidad en el mismo tiempo, su nivel de alcohol en sangre ascenderá a 0,173. Se le habrá apagado la memoria.* Y lo que es peor: las mujeres beben cada vez más vino y licores de alta graduación, que elevan los niveles de alcohol en sangre más rápidamente que la cerveza.

—Además, las mujeres son más proclives que los hombres a saltarse comidas cuando beben –señala White—. Tener el estómago lleno cuando se bebe reduce cerca de un tercio la concentración máxima de alcohol en sangre. En otras palabras, si bebes con el estómago vacío vas a alcanzar un pico mucho más alto y lo vas a alcanzar con mucha más rapidez; y si bebes lico-

---

*   No es solo cuestión de peso.[18] Hay también diferencias significativas en la forma en que cada sexo metaboliza el alcohol. Las mujeres tienen mucha menos agua en el cuerpo que los hombres, por lo que el alcohol les entra en el torrente sanguíneo mucho más rápido. Si una mujer de 88 kilos bebe lo mismo que un hombre de 88 kilos durante cuatro horas, él estará en 0,107 y ella, en 0,140.[19]

res y vino con el estómago vacío, lo mismo. Y si eres mujer, la menor cantidad de agua en tu organismo [provocará] un pico más alto y mucho más rápido.

¿Y cuál es la consecuencia de que se apague la memoria? Implica que las mujeres se ven abocadas a una posición de vulnerabilidad. Nuestra memoria, en cualquier interacción con un desconocido, es nuestra primera línea de defensa. Hablamos con alguien en una fiesta durante media hora y evaluamos lo que hemos aprendido. Usamos nuestra memoria para hacernos una idea de quién es la otra persona. Recopilamos las cosas que nos ha dicho y hecho, moldeando nuestra respuesta en consecuencia. No es un ejercicio exento de errores ni en las mejores circunstancias. Pero es necesario, sobre todo cuando lo que está en cuestión es si te vas a ir a casa con esa persona. Porque, si no puedes recordar nada de lo que te acaban de contar, sin duda no estarás tomando una decisión de la misma calidad que la que habrías adoptado si tu hipocampo siguiese funcionando. Has cedido el control de la situación.

«Seamos claros; los únicos responsables de sus delitos son quienes los perpetran, y como tales deben responder ante la Justicia», escribe la crítica Emily Yoffe en *Slate*:

> Ahora bien, no estamos informando a las mujeres de que, cuando se relegan a un estado de indefensión, les pueden hacer cosas horribles. Las mujeres jóvenes están recibiendo un mensaje distorsionado: que su derecho a igualarse copa a copa con los hombres es una cuestión de feminismo. Pero el mensaje realmente feminista debería ser que, cuando pierdes la capacidad de responsabilizarte de ti misma, aumentas drásticamente las probabilidades de atraer a la clase de personas que, por decirlo así, no tienen tu bienestar como primer objetivo. Eso no es culpar a la víctima, sino tratar de evitar que haya más víctimas.[20]

¿Y ese desconocido que está hablando con usted? Puede que no sepa que ha sufrido un apagón. Quizá se incline sobre usted e intente tocarla, y usted se ponga rígida. Entonces, diez minutos después, vuelve a la carga, con un poco más de astucia. Por lo normal, volvería a ponerse rígida, porque reconocería la conducta del desconocido. Pero esta segunda vez no lo hace, porque no recuerda la primera. Y el hecho de que no se tensione de la misma manera le hace pensar al desconocido, bajo la hipótesis de la transparencia, que aprecia sus avances. Por lo común, él tendría cautela en actuar bajo esta suposición, ya que ser amable no es lo mismo que una invitación a la intimidad. Pero él también está borracho. Está afectado por la miopía del alcohol, y el tipo de consideraciones a largo plazo que en otro contexto podrían moderar su comportamiento («¿Qué me va a pasar mañana si he malinterpretado esta situación?») se han desvanecido.

¿Convierte el alcohol a todo hombre en un monstruo? Por supuesto que no. La miopía resuelve los conflictos elevados: elimina aquellas restricciones a nuestro comportamiento en un orden más alto. Puede que el hombre reservado, en general demasiado tímido para profesar sus sentimientos, deje escapar algo de su intimidad. El hombre sin gracia, consciente de que el mundo no encuentra sus chistes divertidos, puede empezar a hacerse el cómico. Esos son inofensivos. Pero ¿qué sucede con un adolescente agresivo cuyos impulsos se mantienen por lo habitual controlados por un entendimiento acerca de lo inadecuadas que son esas conductas? Una versión de la misma admonición que Emily Yoffe hace a las mujeres puede hacerse también a los hombres:

No estamos comunicándoles a los hombres que, cuando se vuelven miopes pueden hacer cosas terribles. Los hombres jóvenes están recibiendo el mensaje distorsionado de que beber en exceso es un ejercicio social inofensivo. El mensaje debería ser que, cuando se pierde la capacidad de responsabilizarse, aumentan de forma drástica las posibilidades de que se cometa un delito sexual. Reconocer el rol del alcohol no es excusar el comportamiento de los culpables. Es intentar evitar que más jóvenes se conviertan en culpables.

Es impresionante lo subestimado que está el poder de la miopía. En el estudio de *The Washington Post* y la Kaiser Family Foundation se les pidió a los estudiantes que enumeraran las medidas que, en su opinión, serían más eficaces para reducir el abuso sexual. En el lugar más alto de la lista figuraban unas penas más duras para los agresores, el entrenamiento en defensa personal para las víctimas y la educación a los hombres en un mayor respeto hacia las mujeres. ¿Cuántos pensaban que sería «muy eficaz» beber menos? Un 33 por ciento. ¿Cuántos pensaban que unas mayores restricciones al alcohol en el campus serían muy eficaces? El 15 por ciento.*

Se trata de posturas contradictorias. Los estudiantes consideran buena idea entrenarse en defensa personal, y no tan buena idea echar el freno con la bebida. Pero ¿de qué sirve conocer técnicas de defensa personal si estás borracha como una cuba? A los estudiantes les parece una excelente idea que los hombres respeten más a las mujeres. Pero la cuestión no es cómo se comportan con ellas cuando están serenos, sino cómo las tratan cuando están ebrios y han sido transformados por el alcohol en personas que ven el mundo que los rodea de forma muy diferente. El respeto a los otros requiere un complejo cálculo por el que una parte accede a moderar sus propios deseos; a considerar las consecuencias de su propio comportamiento a largo plazo, a pensar en algo más que lo que tiene delante. Y eso es justo lo que la miopía asociada a la ebriedad complica sobremanera.

La lección de la miopía en realidad es muy simple. Si quiere usted que las personas sean ellas mismas en un encuentro social con un desconocido —que representen sus propios deseos de forma honesta y clara—, no pueden ir ciegas de alcohol. Y si están ciegas de alcohol y, por consiguiente, a merced de su entorno, el peor entorno posible será uno en el que hombres y mujeres estén «perreando» en la pista de baile y saltando sobre

---

*   Los adultos piensan de manera bien diferente. Un 58 por ciento de ellos opinan que «beber menos» sería muy eficaz para reducir el abuso sexual.[21]

las mesas. Una fiesta de la fraternidad Kappa Alpha no es un círculo de bebedores de los camba.

«Las personas aprenden sobre la ebriedad lo que las sociedades les imbuyen; y al comportarse en consonancia con estas concepciones se convierten en confirmaciones vivientes de las enseñanzas de su sociedad —concluyen Craig MacAndrew y Robert Edgerton en su clásico *Drunken Comportment* (1969)—. Dado que las sociedades, como los individuos, reciben el tipo de comportamiento ebrio que permiten, se merecen lo que les pase.»[22]

VIII

Volvamos a la fiesta de Kappa Alpha en Stanford. Poco después de medianoche, Emily Doe sufrió un apagón. Es lo que sucede cuando se empieza la velada con una cena ligera, cuatro chupitos rápidos de whisky y una copa de champán… seguidos de tres o cuatro chupitos de vodka en un vaso de plástico rojo.

> F: ¿Y recuerda usted que en algún momento su hermana abandonara la fiesta?
>
> DOE: No.
>
> F: ¿Cuál es su siguiente recuerdo después de salir, ir al baño, volver al patio, tomarse las cervezas y ver a alguno de los chicos haciendo turbolatas?
>
> DOE: Me desperté en el hospital.

Emily Doe no recuerda haber conocido a Brock Turner; no guarda ningún recuerdo de haber bailado con él o no, ni de haberlo besado o no, ni de si accedió o no a regresar a su habitación, ni memoria alguna sobre si fue partícipe voluntaria o involuntaria en su acto sexual. ¿Se resistió cuando se marcharon de la fiesta? ¿Forcejearon? ¿Flirteó ella con él? ¿Anduvo tropezándose, a ciegas, tras él? Nunca lo sabremos. Después del suceso, cuando volvía a estar serena, Doe fue categórica sobre el hecho de que jamás se hubiese ido de la fiesta por voluntad propia con otro hombre. Estaba en una relación con compromiso. Pero quien conoció a Brock Turner no fue la verdadera Emily Doe. Era una Emily Doe borracha que había sufrido un apagón; y el yo borracho que chapotea en una laguna mental no es igual que el yo sereno.

Brock Turner aseguró recordar lo sucedido aquella noche, y que Emily Doe fuera partícipe voluntaria en cada paso que dieron. Pero esa es la historia que contó en el juicio, después de preparar una estrategia durante meses con sus abogados. La noche de la detención, sentado en estado de choque en la sala de interrogatorios de la comisaría local, no tenía esa certidumbre sobre Emily Doe.

> Q: ¿Se enrollaron ustedes allí, en la casa, antes de marcharse de ella?
> TURNER: Creo que sí. Pero no estoy seguro de cuándo empezamos a besarnos, la verdad.

El policía le pregunta por qué salió corriendo cuando los dos estudiantes de posgrado los descubrieron a él y a Emily Doe en el suelo.

> TURNER: No creo que corriese.
> Q: ¿No recuerda correr?
> TURNER: No.

Téngase en cuenta que el suceso en cuestión había ocurrido aquella misma noche, y mientras hablaba, Turner se estaba cuidando una muñeca que se había lesionado al recibir el placaje, cuando intentaba escapar. Pero todo recuerdo se ha desvanecido.

> Q: Cuando los chicos se acercaron a interpelarlo, ¿observó usted el estado de la chica?
> TURNER: No.
> Q: ¿Es posible que ella estuviese inconsciente en ese momento?
> TURNER: Sinceramente, no lo sé, porque yo... es que no me acuerdo. Es que yo... tengo como una laguna desde el momento en que... desde que me empiezo a enrollar con ella hasta que es-

tamos en el suelo y aparecen los tíos aquellos. Como que no recuerdo cómo sucedieron las cosas.

«Tengo como una laguna.» Así que toda aquella historia sobre el flirteo y los besos y Emily Doe accediendo a ir a su habitación era una ficción: era lo que él esperaba que hubiera ocurrido. Lo que pasó, en realidad, será para siempre un misterio. Quizá Turner y Emily Doe sencillamente estuvieron de pie en la pista de baile, repitiéndose las mismas cosas, una y otra vez, sin darse cuenta de que estaban atrapados en un bucle infinito y sin memoria.

Al final del juicio, Emily Doe leyó una carta en voz alta al tribunal, dirigida a Brock Turner. Todo joven que vaya a un bar o a una fiesta universitaria debería leer esa carta. Es valiente y elocuente, un enérgico recordatorio de las consecuencias del abuso sexual, que lo que sucede entre dos desconocidos, en ausencia de consentimiento real, provoca dolor y sufrimiento auténticos.

Lo que sucedió aquella noche, dijo, la había hecho pedazos:

> Mi independencia, mi natural alegre, lo apacible y estable del estilo de vida que venía disfrutando se distorsionaron hasta quedar irreconocibles. Me volví hermética, airada, tremendamente autocrítica, cansada, irritable, vacía. El aislamiento en ocasiones era insoportable.

Llegaba a la oficina tarde, y se refugiaba para llorar en las escaleras. Por las noches, lloraba hasta quedarse dormida, y por las mañanas, se ponía cucharas refrigeradas en los ojos para reducir la inflamación.

> No puedo dormir sola por las noches sin una luz encendida, como una niña de cinco años, porque tengo pesadillas en las que me tocan y no puedo despertarme. Solía esperar a que saliese el sol para sentirme algo más segura y así poder conciliar el sueño. Pasé tres meses acostándome a las seis de la mañana.
>
> Solía enorgullecerme de mi independencia; ahora me da miedo pasear al atardecer, asistir a eventos sociales en los que haya

alcohol y en presencia de amigos en cuya compañía debería sentirme cómoda. Me he convertido en una pequeña lapa que necesita estar siempre pegada a alguien, necesito a mi novio junto a mí, durmiendo conmigo, protegiéndome. Es humillante lo frágil que me siento, con qué timidez me muevo por la vida, siempre en guardia, lista para defenderme, dispuesta a enfadarme.

Después aborda el tema del alcohol. ¿Fue un factor en lo que pasó aquella noche? Por supuesto. Pero a continuación añade:

> No fue el alcohol quien me desnudó, me hizo un dedo y me arrastró la cabeza por los suelos estando casi completamente desnuda. Beber de más fue un error de principiante que reconozco, pero no es un delito. Todos los presentes en esta sala se habrán arrepentido de haber bebido más de la cuenta alguna noche, o bien conocen a alguien cercano a quien le haya pasado. Lamentar haber bebido no es lo mismo que lamentar una agresión sexual. Ambos estábamos borrachos. La diferencia es que yo no te quité los pantalones y la ropa interior, no te toqué de forma inapropiada y no hui. Esa es la diferencia.

En su propia declaración ante el tribunal, Turner había dicho que esperaba lanzar un programa para que los estudiantes «alcen la voz contra la cultura alcohólica del campus y la promiscuidad sexual que conlleva». Doe se mostró mordaz:

> La cultura alcohólica del campus. ¿Contra eso alzamos la voz? ¿Para eso crees que me he pasado el último año luchando? No para concienciar sobre las agresiones sexuales en el campus, sobre la violación, ni para aprender a reconocer el consentimiento. La cultura alcohólica del campus. Fuera el Jack Daniels. Abajo el vodka Skyy. Si quieres hablar de la bebida con otras personas, vete a una reunión de Alcohólicos Anónimos. ¿No te das cuenta de que no es lo mismo tener problemas con la bebida que beber y después intentar tener relaciones sexuales a la fuerza con alguien? Enseña a los hombres a respetar a las mujeres, no a beber menos.[23]

Pero no es del todo correcto, ¿verdad? La última línea debería decir: «Enseña a los hombres a respetar a las mujeres así como a beber menos», porque ambas cosas están relacionadas. Aquella noche exigió de Brock Turner algo cuya importancia es crucial, a saber, entender los deseos y motivaciones de una desconocida. Ni aun en circunstancias idóneas es esta tarea fácil para nadie, puesto que la hipótesis de la transparencia a la que fiamos tales encuentros está plagada de errores. Esperarla de un chico borracho e inmaduro de 19 años en el caos hipersexualizado de una fiesta universitaria es una invitación al desastre.

La sentencia del caso Brock Turner hizo justicia en alguna medida a Emily Doe. Pero mientras nos neguemos a reconocer lo que provoca el alcohol en la interacción entre desconocidos, aquella noche en Kappa Alpha se repetirá una y otra vez.

F: Ha oído ese mensaje de voz [de Emily], ¿verdad?
TURNER: Sí.

Turner está siendo interrogado por la fiscal en relación con la balbuceante llamada telefónica que hizo Emily Doe a su novio durante la laguna en su memoria.

F: ¿No conviene usted conmigo en que suena superintoxicada en ese mensaje?
TURNER: Sí.
F: Así iba cuando estuvo con usted aquella noche, ¿no es cierto?
TURNER: Sí.
F: Estaba muy borracha, ¿no es así?
TURNER: No más que cualquiera de los allí presentes.

CUARTA PARTE

Lecciones

9

JSM

¿QUÉ OCURRE CUANDO EL DESCONOCIDO ES UN TERRORISTA?

I

«Lo primero que pensé fue que parecía un trol —recuerda James Mitchell—. Estaba irritado, beligerante, y no me quitaba ojo. En mi afán por sondearlo con neutralidad, me dirigí a él, básicamente igual que le hablaría a usted. Me quité la capucha y le pregunté:

»—¿Cómo quiere que lo llame?

»—Llámeme Mujtar —respondió él con acento inglés—. Mujtar significa "el Cerebro". Yo fui el emir de los atentados del 11-S.»[1]

Corría marzo de 2003, en un zulo de la CIA en algún lugar «al otro lado del mundo», cuenta Mitchell. Mujtar era Jalid Sheij Mohamed, más conocido como JSM, uno de los más destacados militantes de Al Qaeda jamás capturados. Aun desnudo y encadenado de pies y manos, se mostraba desafiante.

—Todos se habían afeitado la cabeza y la barba —explica Mitchell—. Pero Jáled era la persona más velluda que había visto en mi vida; y era muy bajito, lo cual, con aquella enorme barriga, le daba el aire de un cerdo vietnamita. Yo pensaba: ¿de verdad este tío ha matado a todos esos estadounidenses?

Mitchell tiene la constitución de un corredor; alto y delgado; el pelo, largo y cano, con raya al medio y barba bien recortada. Habla con un ligero acento sureño. «Parezco el tío de alguien», se describe a sí mismo, lo que tal vez sea un exceso de autocrítica. Transmite la sensación de una inquebrantable confianza en sí mismo, propia de quien duerme a pierna suelta todas las noches sin que la conciencia le remuerda por lo que le haya hecho a alguien ese día o lo que alguien le haya hecho a él.

Mitchell es psicólogo de formación. Después del 11-S, él y un colega, Bruce Jessen, fueron captados por la CIA debido a su pericia en «interrogatorios de alto riesgo». Jessen es más corpulento que Mitchell, más tranquilo, con el pelo cortado al estilo militar. Según Mitchell, parece «Jean-Claude van Damme de mayor». Jessen no habla en público. Si se le busca en Internet, se hallarán fragmentos de una declaración grabada en video que él y Mitchell hicieron en cierta ocasión, con motivo de una demanda originada en sus prácticas de interrogatorio.[2] Mitchell es ecuánime, prolijo, casi desdeñoso de los procedimientos. Jessen se muestra conciso y vigilante: «Éramos soldados que cumplían órdenes».

Su primera misión después de que cayeran las torres fue participar en el interrogatorio de Abu Zubayda, uno de los primeros militantes de elite de Al Qaeda en ser capturados. Durante ocho años, ambos siguieron interrogando en persona a muchos otros presuntos terroristas de «alto valor» en gran variedad de zulos por todo el mundo. De entre todos ellos, la pieza más codiciada era JSM.

—Me pareció sencillamente brillante —recuerda Mitchell.

Durante las sesiones, cuando Mitchell le hacía una pregunta, JSM respondía: «Esa no es la pregunta que yo haría. Así obtendrá de mí una respuesta, la encontrará usted útil y creerá que es todo cuanto necesita. Pero la pregunta que yo me haría a mí mismo es la siguiente…». A continuación, explica Mitchell, JSM formulaba la pregunta que según él correspondía hacerle «y la respuesta que él mismo se daba resultaba ser mucho más detallada, mucho más global».

JSM peroraba sin cesar sobre sus tácticas para la actividad terrorista, sobre su visión estratégica y los objetivos de la yihad. De no haber sido capturado, JSM habría perpetrado todo tipo de secuelas del 11-S que ya tenía planeadas.

—Sus descripciones de atentados perpetrados por un lobo solitario con escaso nivel tecnológico eran espeluznantes —asegura Mitchell—. Había que verlo disertar ahí sentado, como si nada, sobre la economía a escala aplicada a una masacre… —dice meneando la cabeza—. Y me espeluznó completamente escucharlo hablar de Daniel Pearl. Fue lo más… Lloré, y aún hoy lloro, porque me pareció horrendo.

Daniel Pearl era el reportero del *Wall Street Journal* que secuestraron y asesinaron en Pakistán en enero de 2002. JSM sacó el tema de Pearl sin que nadie le preguntara por él; a continuación se levantó de la silla y se deleitó en reproducir la técnica que había usado para decapitarlo con un cuchillo.

—Lo más horripilante era que se comportaba como si tuviera algún tipo de relación íntima con Daniel. Decía su nombre con un tono de voz que uno reservaría a un amigo íntimo, cuando no a un amante. Era de lo más enfermizo.

Pero todo eso fue más tarde, después de que JSM se abriera. En marzo de 2003, cuando Mitchell y Jessen se enfrentaron por primera vez a ese sujeto menudo, velludo y barrigón, las cosas fueron muy diferentes.

—Hay que recordar que en aquel preciso momento teníamos pruebas creíbles de que Al Qaeda preparaba otra gran oleada de atentados —señala Mitchell—. Se oía mucho parloteo. Sabíamos que Osama bin Laden se había reunido con los científicos paquistaníes que distribuían tecnología nuclear, y que estos le habían dicho a Bin Laden: «El mayor problema es obtener material nuclear». Y este les había contestado: «¿Y si ya lo tuviéramos?». Eso provocó escalofríos en la espina dorsal de la inteligencia [estadounidense].

La CIA tenía gente patrullando por Manhattan con contadores Geiger en busca de una bomba sucia. Washington estaba en alerta máxima. Y cuando se capturó a JSM, reinaba la sensación de que, si alguien sabía algo sobre los atentados planeados, ese alguien sería él, pero se cerraba en banda, y Mitchell no era optimista. Era un caso difícil.

El primer grupo enviado a interrogarlo había tratado de mostrarse amigable. Le habían hecho sentirse cómodo, le prepararon un té, le formularon preguntas respetuosas. No llegaron a ninguna parte, pues él se limitó a mirarlos mientras se mecía sobre la silla.

Entonces pusieron a JSM en manos de alguien calificado por Mitchell como «el nuevo sheriff del pueblo», un interrogador que, según Mitchell, rebasaba el límite del sadismo, por ejemplo, contorsionando a JSM en una variedad de posturas «estresantes», o levantándole por encima de la cabeza las manos atadas a la espalda, hasta casi dislocarle los hombros.

—Me contaba que había aprendido a interrogar en Sudamérica, con los rebeldes comunistas —revela Mitchell—. Con JSM libró una batalla entre dos voluntades. Al nuevo sheriff se le metió en la cabeza que quería que lo llamara señor. Era lo único que le importaba.

JSM no tenía intención de llamar señor a nadie. Después de una semana intentándolo, el nuevo sheriff se dio por vencido y el prisionero pasó a manos de Mitchell y Jessen.

Lo que sucedió a continuación es una cuestión de lo más polémica. Los métodos de interrogatorio utilizados con JSM han sido objeto de demandas judiciales, investigaciones del Congreso y un debate público interminable. Los que los aprueban se refieren a ellos como «técnicas de interrogatorio mejoradas» o ampliadas, EIT según el acrónimo inglés. Los que no, los llaman tortura. Pero dejemos de lado por un momento esas cuestiones éticas más amplias y centrémonos en lo que el interrogatorio de JSM puede decirnos sobre nuestros dos enigmas.

Los engaños de Ana Montes y Bernie Madoff, la confusión respecto de Amanda Knox, las tribulaciones de Graham Spanier y Emily Doe son evidencia del problema subyacente que se nos plantea a la hora de dotar de sentido a las personas que no conocemos. El recurso al sesgo de veracidad es una estrategia de importancia crucial que, de manera ocasional e inevitable, nos lleva por mal camino. La transparencia es una hipótesis de aparente sentido común que resulta ser una ilusión. Sin embargo, ambos fenómenos plantean la misma pregunta: una vez que aceptamos nuestros defectos, ¿qué debemos hacer al respecto? Antes de regresar a Sandra Bland y a lo que sucedió exactamente en aquella carretera texana, quiero hablar de la versión más extrema del problema de hablar con desconocidos; un terrorista deseoso de guardar sus secretos y un interrogador dispuesto a hacer casi cualquier cosa para darles rienda suelta.

II

Mitchell y Jessen se conocieron en Spokane, en Washington, donde ambos eran psicólogos del personal del programa SERE (Supervivencia, Evasión, Resistencia, Escape) de la Fuerza Aérea. Cada una de las ramas del ejército estadounidense practica su propia versión del SERE, que consiste en enseñar al personal clave qué hacer en caso de caer en manos del enemigo.

El ejercicio comenzaba cuando la policía local hacía sin previo aviso una redada de oficiales de la Fuerza Aérea, a los que llevaba a un centro de detención que simulaba ser un campo de prisioneros de guerra enemigo.

—Pues los detienen, los arrestan —explica Mitchell—. Luego se los entregan a los encargados de poner a prueba su nivel de preparación operativa.

En uno de los ejercicios se puso a prueba a las tripulaciones de los bombarderos que portan armas nucleares. Todo lo relativo a su misión era materia reservada. Si se estrellaran en territorio hostil, cabe imaginar cuán curiosos se mostrarían sus captores sobre la carga de sus aviones. Se suponía que el programa SERE preparaba a una tripulación de vuelo para lo que pudiera suceder.

Los sujetos pasaban frío y hambre mientras se les obligaba a permanecer de pie, despiertos dentro de una caja durante días. Después venía el interrogatorio. «Ahí veías si podías sacarles alguna información», cuenta Mitchell, que califica la prueba de «muy realista». Una técnica particularmente efectiva desarrollada por el SERE era la del «muro»: se envuelve el cuello del interrogado en una toalla para mantenerle la cabeza erguida y luego se le golpea contra una pared especialmente construida a tal fin.

—Es un falso muro —explica Mitchell—. Detrás lleva una claqueta que, cada vez que chocas contra el muro, hace un ruido capaz de centrifugarte los tímpanos. Todo se hace de manera que no cause daños. El muro es como una estera de gimnasio, solo que más ruidosa. No provoca dolor, solo confusión. Trastorna el discurrir del pensamiento y destruye tu equilibrio. Y no me refiero solo al equilibrio físico, sino a que te desequilibra por completo.

Siendo responsabilidad de Mitchell contribuir a diseñar el programa SERE, en ocasiones él mismo tenía que someterse al protocolo de entrenamiento. Una vez, relata, participó en un ejercicio SERE que recurrió a uno de los trucos más viejos del arte de interrogar: el interrogador no amenaza al sujeto, sino a un colega suyo. Según la experiencia de Mitchell, hombres y mujeres reaccionan de manera muy diferente a este escenario; los hombres tienden a plegarse, mientras que las mujeres, no.

—Cuando a una mujer piloto la amenazaban con hacerle algo a otro piloto, la actitud de muchas era: «No me gustaría estar en tu lugar; haz tu trabajo, que yo voy a hacer el mío, que es proteger los secretos que se me han confiado. Si por esto otros sufren daño, lo siento por ellos, pero eran conscientes del riesgo».

Mitchell descubrió esta tendencia interrogando a las mujeres que habían sido prisioneras de guerra durante la operación Tormenta del Desierto.

—Arrastraban afuera a las mujeres y amenazaban con golpearlas cada vez que los hombres se negaban a hablar. Y las mujeres se enfurecían con los hombres por ceder, diciéndoles: «Puede que me hubieran dado una paliza o abusado sexualmente de mí, pero lo habrían hecho una vez. Como les demostrasteis que sacarme a rastras era la forma de conseguir las llaves del reino, lo repitieron una y otra vez. Lo dicho, déjame hacer mi trabajo; tú haz el tuyo».

En el ejercicio SERE, Mitchell fue emparejado con una mujer, oficial de alto rango de la Fuerza Aérea. Sus interrogadores le dijeron que torturarían a Mitchell a menos que ella hablara. «Pues no voy a hablar», fue la previsible respuesta. Cuenta Mitchell:

—Me metieron en un bidón de doscientos litros enterrado en el suelo, le pusieron la tapa y lo cubrieron con tierra. En la parte superior del bidón, entrando a través de la tapa, había una manguera que arrojaba agua fría dentro. Sin poder saberlo yo, por la forma en que me habían colocado, los orificios de drenaje quedaban en la parte superior, a la altura de mi nariz.

Poco a poco, el bidón se fue llenando de agua.

MITCHELL: Estaba bastante seguro de que no iban a matar a su psicólogo de cabecera. Bastante seguro, pero no convencido. No sé si me explico.

MG: ¿Cómo te sentiste mientras tanto?

MITCHELL: Muy feliz no estaba, porque tienes las rodillas contra el pecho y no puedes salir. Los brazos, también inmovilizados. No te puedes mover. Te atan al fondo del bidón con una correa.

MG: ¿Cuándo te sacaron?

MITCHELL: Una hora más tarde.

MG: ¿Hasta dónde subió el agua?

MITCHELL: Te llega hasta la nariz. Pero como te pasa por encima, en realidad ni lo sabes. Te sube alrededor del cuello y de las orejas.

MG: ¿Te tenían a oscuras?

MITCHELL: Ya te digo. Quizá no sea una hora, puede que dure menos. Así debe de ser, o me habría dado una hipotermia. Pero se me hizo tan largo como una hora. Te meten en el bidón, te bajan y piensas: «Ah, me han metido aquí para ver si soy claustrofóbico; pero como no lo soy, no hay mayor problema». Pero entonces meten la manguera, te cubren con esa tapa metálica y luego la lastran con pedruscos.

MG: ¿Te dicen de antemano lo que van a hacer?

MITCHELL: Te lo dicen mientras lo hacen.

MG: Todo lo que les han hecho a los militares en instrucción SERE ¿te lo hicieron antes a ti?

MITCHELL: Y tanto.

Como decía Mitchell: «mucha gente las pasó canutas en el bidón aquel». Por entonces, formaba parte del curso básico.

MITCHELL: También hice el curso avanzado. Por si te crees que el curso básico es duro… chaval.

III

De aquí provienen las «técnicas de interrogatorio mejoradas» de la CIA, la cual pidió a Mitchell y Jessen que la asesorara al respecto. Ambos habían trabajado durante años en el diseño e implantación de las que creían las técnicas de interrogatorio más efectivas que se pudieran concebir, y la Agencia quería saber cuáles funcionaban. Así que Mitchell y Jessen elaboraron una lista, en cuya parte superior figuraban la privación del sueño, el muro y el *waterboarding*. Esto último consiste en que te tienden bocarriba sobre una camilla inclinada, con la cabeza más baja que los pies, te tapan la cara con un paño y te vierten agua en la boca y la nariz, provocándote sensación de ahogo. Resulta que dicha simulación de ahogamiento o *waterboarding* era una de las pocas técnicas que Mitchell y Jessen no utilizaban en el SERE. Desde la perspectiva de la Fuerza Aérea, el *waterboarding* era demasiado eficaz. Si uno pretende inculcar a los suyos la creencia de que es posible resistir a la tortura, carece de sentido someterlos a una que a la mayoría de la gente le es imposible resistir.*

Ahora bien, ¿utilizarla con presuntos terroristas? Para muchos en la CIA, aquello tenía sentido. Como medida de precaución, él y Jessen la probaron primero consigo mismos, o mejor dicho, el uno con el otro, en un total de cuatro sesiones y según el protocolo más agresivo, un vertido ininterrumpido de agua durante cuarenta segundos.

MITCHELL: Queríamos asegurarnos de que los médicos pudieran
    desarrollar medidas de seguridad y los guardias supieran lo que

---

* Donde sí se llevaron a cabo muchos ejercicios de *waterboarding* fue en la academia SERE de la Armada. Allí, la filosofía de la instrucción era diferente. «En opinión de la Armada, sus efectivos se someten a esa prueba con la expectativa de que la soportarán, de que podrán presumir de haber salido airosos. Así que, cuando lo descubres [que no la soportas], es un golpe para la moral del que no te recuperas —opina Mitchell—. En este caso, parte de lo que intentan en la academia de la Armada es enseñarte que en un momento dado capitularás. Aun así, tu deber de soldado es resistir lo mejor que puedas.»
    La Armada pretende enseñar a sus efectivos lo feas que se pueden llegar a poner las cosas; en cambio la Fuerza Aérea considera que a los suyos les vale más no saberlo.

iban a hacer, y también queríamos saber qué iban a experimentar [los detenidos].

MG: Bien, describa cómo era.

MITCHELL: ¿Alguna vez has estado en la azotea de un rascacielos y te has preguntado cómo sería saltar? Sabiendo que no vas a arrojarte al vacío pero que podrías hacerlo. Eso sentí; no que iba a morir, sino que tenía miedo de morir.

Cuando el departamento de Justicia envió a dos letrados de rango superior al lugar del interrogatorio para confirmar la legalidad de las técnicas objeto de consideración, Mitchell y Jessen también los pasaron por agua. Después de la experiencia, la letrada dictaminó, mientras se secaba el pelo: «Menuda mierda». Mitchell y Jessen desarrollaron un protocolo por el que si un detenido era reacio a responder a las preguntas, se procedería a aplicarle la más suave de las técnicas «mejoradas». Si el detenido persistiera en su actitud, irían incrementando la dureza. El muro era una de las favoritas, al igual que la privación del sueño. Las reglas del departamento de Justicia fijaban el máximo permisible en setenta y dos horas de vigilia forzosa, pero Mitchell y Jessen consideraban innecesario alcanzar ese límite; preferían dejar que el sujeto durmiera, pero no lo suficiente; interrumpir de manera sistemática los ciclos REM.

El *waterboarding* era el último recurso.[3] Usaban una camilla de hospital inclinada cuarenta y cinco grados. El departamento de Justicia les autorizaba a verter agua a intervalos de veinte a cuarenta segundos separados por tres respiraciones, durante un total de veinte minutos. Preferían un vertido de cuarenta segundos, dos de veinte segundos y el resto, de entre tres y diez segundos.

—Lo principal —explica Mitchell— es que el agua no entre en los pulmones, solo en las fosas nasales. No teníamos interés en ahogar a la persona. Al principio les echábamos agua de una botella de litro, pero los médicos nos dijeron que usáramos una solución salina para prevenir la hiperhidratación de los que no podían evitar tragarse el agua.

Antes del primer vertido, cogían una camiseta negra y la colocaban sobre el rostro del sujeto, cubriéndole la nariz.

—La capucha va ahí —explica Mitchell haciendo ademán de bajar la camiseta—. Entonces levantas la capucha y luego la bajas; después la subes y la vuelves a bajar, para arriba y para abajo. Literalmente, cuando levantas la camiseta, se corta el vertido de agua. Tenemos un médico encima contando los segundos, llevamos la cuenta exacta.

La sala estaba abarrotada. Habitualmente asistían el jefe de la base, el analista de inteligencia responsable del caso y un psicólogo, entre otros. Desde el exterior, observaba el proceso por televisión otro grupo formado por más expertos de la CIA, un abogado, guardias… un grupo grande.

No se hacían preguntas durante el proceso. Eso quedaba para después.

> MITCHELL: No le gritas al tío. Literalmente le viertes agua encima mientras le dices, en un tono no demasiado cordial pero tampoco agresivo: «Puedes parar esto ahora. Danos la información que necesitamos para abortar las operaciones que planeáis en Estados Unidos. Sabemos que no la tienes toda, pero algo sabes». Se lo digo tal como es: «Puedes parar esto ahora mismo. Tú eliges».
> MG: Cuando aplicas estas técnicas de interrogatorio, ¿cómo sabes cuándo has llegado adonde tenías que llegar?
> MITCHELL: Porque se arrancan a hablar.

Hablar significa especificar detalles, nombres, hechos.

> MITCHELL: Le enseñabas una foto y le preguntabas: «¿Quién es este tío?»; y él contestaba: «Bueno, este tío es el que es, ¿sabes?; pero el otro tío que aparece detrás, ése sí que es un tío; por eso está donde está»; y en ese plan. Te contaba más de lo que le habías preguntado.

Mitchell y Jessen centraban sus esfuerzos en obtener la conformidad de sus interrogados; conseguir que hablaran de buen grado, que ofrecieran información de forma voluntaria además de responder a las preguntas que se les formulaban. Con JSM supieron desde el principio que para someterlo necesitarían recurrir a todas las técnicas de su arsenal. No se las veían con un recluta marginal de Al Qaeda, alguien tal vez ambivalente respecto de su participación en atentados terroristas. Los soldados rasos son fáciles. Tienen poco que decir… y poco que perder si lo dicen. Cooperarán con los interrogadores porque se dan cuenta de que es su mejor oportunidad de ganarse la libertad.

Pero JSM sabía que no volvería a ver la luz del día nunca jamás. No tenía ningún incentivo para cooperar. Mitchell conocía todas las técnicas psicológicas de interrogatorio que utilizan quienes no creen en las técnicas «mejoradas», y pensó que funcionarían bien con los que él llamaba «terroristas normales y corrientes, de los que se apresan en el campo de batalla todos los días, con el yihadista de a pie; pero no con los tipos duros».

Y JSM era un tipo duro. Para hacerle hablar, Mitchell y Jessen solo podían usar el muro y la privación del sueño, porque, aunque parezca increíble, el *waterboarding* no funcionaba con él. JSM abría las fosas nasales de tal modo que el agua que le entraba por la nariz le salía sin más por la boca. Nadie entendía cómo se las arreglaba. Mitchell lo calificaba de truco de magia. Después de algunas sesiones, JSM se había aprendido tan bien la cadencia y duración de los vertidos, que se mofaba de sus captores contando con los dedos los segundos que faltaban para que acabasen. En cierta ocasión Mitchell y Jessen interrumpieron un interrogatorio para salir a consultar algo con un compañero. Cuando volvieron a la sala, se encontraron a JSM roncando dentro.

—Se nos había quedado dormido allí mismo —cuenta Mitchell entre risas—. A veces, las imágenes potencialmente horrendas revelan una comicidad inesperada, y entonces lo mejor que puede hacer uno es reírse. —Menea la cabeza con asombro—. Era lo nunca visto. Para tramitar la debida diligencia, los de la CIA consultaron con los de la JPRA. —La agencia del Pentágono encargada de supervisar los diversos programas SERE llevados a cabo por el ejército. Tenía un expediente entero sobre el *waterboarding*—. La persona con la que hablaron allí les certificó que su eficacia con los cadetes era del ciento por ciento. Jamás ninguno lo había soportado sin claudicar.

Mitchell y Jessen sometieron a JSM al tratamiento completo durante tres semanas. Al final, dejó de resistirse. Pero esa conformidad tan ardua de obtener no significaba que su caso se estuviera esclareciendo. Por el contrario, las dificultades acababan de comenzar.

IV

Años antes del 11-S, un psiquiatra llamado Charles Morgan asistió a una conferencia sobre neurociencia militar. Estaba investigando el síndrome de estrés postraumático y, más concretamente, por qué algunos veteranos de guerra lo padecen mientras otros, habiendo pasado por las mismas experiencias, no sufren trastorno alguno. Morgan se quejaba a sus colegas del mayor obstáculo que le presentaba su investigación; en condiciones ideales, su método habría consistido en identificar a un grupo de personas expuestas a una experiencia traumática, pero haciéndolo antes de que la vivieran, para así poder evaluar sus reacciones en tiempo real. Ahora bien, eso ¿cómo se hace? No teniendo a mano ninguna guerra —y comprendiendo que tampoco iba a atracar a punta de pistola a un pobre grupo de voluntarios ni a infligirles, a todos a la vez, alguna pérdida devastadora—, Morgan dijo en broma que la mejor idea que se le ocurría era analizar a distintas parejas casaderas en la víspera de su boda.

Entonces, un coronel del ejército se acercó a Morgan y le dijo: «Creo que puedo resolver su problema». El coronel trabajaba en una academia SERE de Fort Bragg, en Carolina del Norte. Invitó a Morgan a que fuera a visitarlos. Fort Bragg era la versión para el ejército de tierra de aquella academia de la Fuerza Aérea en Spokane donde se habían curtido Jessen y Mitchell.

—Resultaba un poco surrealista —recuerda Morgan. El ejército había construido una réplica de un campo de prisioneros de guerra del tipo que uno imaginaría encontrarse en Corea del Norte o en algún remoto rincón de la antigua Unión Soviética—. Me enseñaron las instalaciones del complejo aquel una mañana gris de mucha niebla, en la que no pasaba nada digno de verse. Me recordaba a una de esas películas de guerra en las que aparece un campo de concentración donde ya no queda nadie —prosigue Morgan—. Al final de cada ciclo de instrucción, de forma invariable, un exprisionero de guerra revelaba al grupo: «Eso me pasó a mí. Vosotros pasasteis tres horas en una jaula. Yo viví en una durante cuatro años. Así es como intentan comerte el tarro».

Pese a estar fascinado, Morgan era escéptico. Su interés se centraba en el estrés traumático. La academia SERE ofrecía una simulación realista de lo que significaba ser capturado e interrogado por el enemigo, pero no dejaba de ser eso, una simulación. Al final del día, todos los participantes seguían en Carolina del Norte, libres de tomarse una cerveza o ver una película con los amigos: «Si eres consciente de estar haciendo un curso, de que todo forma parte de la instrucción, ¿por qué ibas a estresarte?», preguntó. Al oír aquello, los instructores SERE se limitaron a sonreír.

—Me invitaron a presenciarlo cuantas veces quisiera para poder estudiarlo *in situ* durante un periodo de seis meses. Me tomé dos semanas de cada mes para recopilar datos, como un antropólogo.

Morgan comenzó su investigación por la fase del interrogatorio; tomó muestras de sangre y saliva a los soldados inmediatamente después de haber pasado por él. Así describe sus conclusiones en la revista científica *Biological Psychiatry*:

> El estrés real generado en el laboratorio de instrucción provocó en los sujetos bruscas y pronunciadas alteraciones de los niveles de cortisona, testosterona y hormonas tiroideas. Dichas alteraciones fueron de una magnitud [...] comparable a las documentadas en individuos sometidos a situaciones de estrés físico, como una operación de cirugía mayor o un combate real.[4]

Se trataba de un interrogatorio simulado. Las sesiones duraban media hora. Algunos de los participantes de las pruebas eran boinas verdes de las Fuerzas Especiales, la flor y nata. Pero reaccionaban como si hubieran entrado en combate real. Morgan vio, atónito, cómo un soldado tras otro se deshacía en lágrimas.

—Aquello me sorprendió —reconoce—. Me costó entenderlo. La verdad, los había tomado por gente dura de veras, para los que aquella instrucción debía de ser como un juego. No me había preparado para vérmelas con personas que lloraban de angustia. Y no por presión física, no porque alguien los estuviera maltratando.

Se trataba de soldados —organizados, disciplinados, motivados—, y Morgan se dio cuenta de que lo que les inquietaba era la incertidumbre de su situación.

—Muchos [de ellos] siempre habían funcionado con la idea de que saberse las reglas del manual equivalía a saber qué hacer en cada momento. Con el tiempo, comprendí que gran parte del estrés que experimentaban nacía de una sensación de alarma real: «Para esto no tengo respuesta».

Entonces pidió a los voluntarios que hicieran el test Rey-Osterrieth de dibujo de figuras complejas.[5] Consiste en esto:

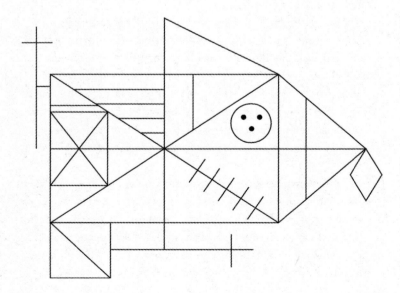

Primero hay que copiarlo. Después, sin contar con el original, hay que volver a dibujarlo de memoria. A la mayoría de los adultos se les da muy bien esta tarea, y todos usan la misma estrategia: comienzan por dibujar los contornos de la figura y a partir de ahí van completando los detalles. Los niños, en cambio, utilizan un enfoque poco sistemático; hacen de forma aleatoria una parte del dibujo y luego pasan a otra parte también al azar. Antes de ser interrogados, los participantes en el SERE superaron el test Rey-Osterrieth con brillantez. Después de todo, la capacidad de memorizar y reproducir rápidamente una representación visual compleja es el tipo de cosas que cabe esperar de unos soldados de elite como ellos. He aquí un ejemplo típico de una figura de Rey-Osterrieth dibujada de memoria por uno de los soldados antes del interrogatorio. Estos chicos son buenos:

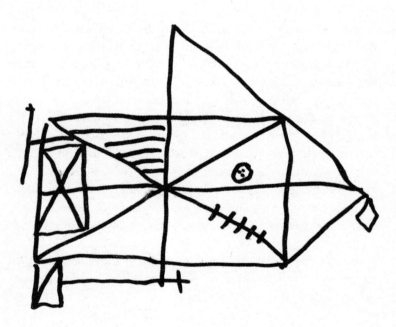

Pero, he aquí lo que dibujó el mismo soldado quince minutos después del interrogatorio:

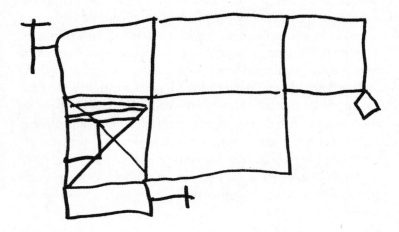

En una versión del experimento, Morgan concluye que, después de haberse sometido a un interrogatorio estresante, el 80 por ciento de los individuos sondeados dibujaba la figura poco a poco, «como un niño prepuberal, lo que indica que su córtex prefrontal ha sufrido un apagón durante un rato».

Para cualquiera que se dedicara a los interrogatorios, los trabajos de Morgan eran motivo de honda preocupación. El objetivo de una interrogación es lograr que el sujeto hable, abrirle la memoria para acceder a lo que contenga. Ahora bien, ¿qué pasaría si el proceso de someterlo resultara tan estresante para el sujeto que afectase a lo que es capaz de recordar con efectividad? Porque Morgan estaba asistiendo a la transformación de adultos en niños.

«Un día, yo acababa de tomar muestras de saliva de todos los participantes», cuenta Morgan, recordando una anécdota de sus primeros días en el complejo SERE:

Salí, como todos, cuando se abrieron las puertas. Al otro lado de la verja había familiares que esperaban a los militares. Al reconocerme, algunos me saludaron. Me acerqué a una pareja de estudiantes:

—Es más agradable veros aquí fuera que allí dentro —comenté.

—Pero ¿cuándo has venido? —me respondió más de uno.

—¿Cómo que cuándo he venido? Si no hace ni veinte minutos que te he tomado una muestra de saliva…

—Pues no lo recuerdo.

—También te vi la otra noche mientras te interrogaban.

—No me acuerdo para nada —fue la respuesta que recibí.

—Pero qué locura —dije, mirando a uno de los instructores.

—Ocurre constantemente —me respondió—. De mí tampoco se acuerdan, y eso que soy el mismo que les gritaba en la oreja hace media hora.

Morgan quedó tan asombrado que decidió realizar una rápida prueba de campo. Para ello, formó una hilera de identificación como las que hace la policía con los sospechosos, poblándola indistintamente de instructores y oficiales mezclados con algunos desconocidos externos al complejo.

—El médico de la unidad acababa de regresar de sus vacaciones. Le pedí que se metiera en la fila y allí se puso —recuerda Morgan, quien a continuación dio las siguientes instrucciones a los soldados encargados del reconocimiento—. «Vuestro objetivo es identificar a la persona que dirige este campo, al máximo responsable de todos los castigos que se os han infligido. Si lo reconocéis en la hilera, indicadme quién es. Si no, decid: "Ausente".»

Morgan pretendía que los soldados identificaran al comandante, al militar al mando.

—De los cincuenta y dos participantes sondeados, veinte eligieron al médico… Y él les decía: «Pero ¡si yo ni siquiera estaba aquí! ¡Si estaba en Hawái!».[*]

Que uno de los soldados se hubiera equivocado entra dentro de lo comprensible. Todos cometemos errores. También pueden

---

[*] En otro estudio más amplio, Morgan descubrió que setenta y siete de entre ciento catorce soldados identificaron a sus interrogadores entre una serie de fotos, ¡cuando solo habían transcurrido veinticuatro horas desde el interrogatorio! Preguntados los soldados por su confianza en la exactitud de las respuestas, no se daba relación alguna entre dicha confianza y el porcentaje de acierto.[6]

entenderse dos identificaciones erróneas, incluso tres. Pero que se equivocaran veinte… Cualquier tribunal de justicia habría condenado al infortunado galeno.

Después del 11-S, Morgan empezó a trabajar para la CIA. Allí trató de concienciar a sus colegas de las consecuencias que implicaban sus hallazgos. La agencia tenía espías y confidentes por todo el mundo. Manejaba información recabada de personas a las que habían capturado o coaccionado para que cooperasen. Estas fuentes a menudo hablaban con gran confianza. Algunos eran tenidos por altamente confiables y como tales aportaban información considerada muy creíble. Pues bien, Morgan argüía que, si dicha información se había obtenido bajo estrés —por ejemplo, si los informantes habían sobrevivido a alguna situación límite en Irak o Afganistán o Siria—, lo que dijeran bien pudiera ser inexacto o engañoso, sin que ni ellos mismos fueran conscientes de ello. «¡Es el médico! Lo sé», asegurarían; pero el médico estaba a mil kilómetros de distancia. «Como expliqué a los demás analistas, las consecuencias que todo esto implica son alarmantes.»

Entonces, ¿qué pensó Charles Morgan cuando oyó lo que Mitchell y Jessen le estaban haciendo a JSM en su recóndito zulo?

—Lo que les dije fue —esto fue antes de ir a la CIA y decirlo también allí— «Privar del sueño a alguien para sacarle información es como darle martillazos a una radio para que reciba mejor la señal. En mi opinión, carece por completo de sentido.»

V

JSM hizo su primera confesión pública la tarde del 10 de marzo de 2007, a los cuatro años largos de su captura por la CIA en Islamabad, en Pakistán. Fue durante la comparecencia ante el juez en la base naval que Estados Unidos posee en Guantánamo.[7] Además de JSM, asistieron ocho personas: un «representante personal» asignado al prisionero, un lingüista y sendos oficiales por cada uno de los cuatro brazos de la Fuerza Armada de Estados Unidos.

Se le preguntó a JSM si entendía la naturaleza del proceso. Respondió que sí. A continuación, se leyó en voz alta una descripción de las acusaciones que pesaban sobre él. A través de su representante, JSM hizo algunas pequeñas correcciones: «Mi nombre está mal escrito en el registro de pruebas; es *S-h-e-i-j* o *S-h-e-i-k-h*, no *S-h-a-y-k-h*, como dice en la casilla "Asunto"». Solicitó una traducción de un versículo del Corán. Se trataron algunos asuntos administrativos más. Entonces el representante personal de JSM leyó por él su confesión:

Por la presente admito y confieso sin coacción lo siguiente:

Presté juramento de *bay'aat* [lealtad] al jeque Osama bin Laden para llevar a cabo la yihad [...].

Fui director de operaciones del jeque Osama bin Laden para la organización, planificación, seguimiento y ejecución de la operación del 11-S [...].

Estuve directamente a cargo, tras la muerte del jeque Abu Hafs Al-Masri Subhi Abu Sittah, de administrar y supervisar la célula para la producción de armas biológicas, como el ántrax y otras, así como de supervisar las operaciones con bombas sucias en territorio estadounidense.

A continuación, enumeró todas y cada una de las operaciones de Al Qaeda de las que había sido, según sus palabras, «responsable, planificador principal, instructor, financiero (a través del Tesoro del Consejo Militar), ejecutor o participante en persona». Treinta y un atentados figuraban en la lista; la torre Sears de Chicago, el aeropuerto de Heathrow y el Big Ben en Londres, innumerables Embajadas de Estados Unidos e Israel, tentativas de asesinar a Bill Clinton y al papa Juan Pablo II, y así sucesivamente, con horripilantes detalles. He aquí, por ejemplo, los puntos 25 al 27:

25. Fui responsable de las operaciones de vigilancia necesarias para atacar centrales nucleares en varios estados de EE.UU.

26. Fui responsable de las tareas de planificación, reconocimiento y financiación para atentar contra el cuartel general de la OTAN en Europa.

27. Fui responsable de la planificación y de las inspecciones necesarias para ejecutar la operación Bojinka, diseñada para derribar doce aviones comerciales con pasajeros. Vigilé personalmente un vuelo de ida y vuelta de la Pan Am, entre Manila y Seúl.

Una vez leída la declaración, el juez se dirigió a JSM: «Antes de continuar, dígame, Jáled Sheij Mohamed, la declaración que acaba de leer su representante personal, ¿es fiel a sus palabras?». Él contestó afirmativamente, antes de lanzarse a una larga y apasionada explicación de sus actos. Dijo ser un simple guerrero, implicado en el combate como cualquier otro soldado:

> La guerra comienza desde Adán, cuando Caín mató a Abel, hasta hoy día. La gente nunca dejará de matarse. Esa es la dialéctica. Estados Unidos se fraguó en la guerra por su independencia; luego le declaró otra guerra a México, y otra a España. Y después vino la Primera Guerra Mundial, la Segunda... Lean la historia y aprenderán que la guerra es imparable. Así es la vida.

La extraordinaria confesión de JSM fue un triunfo para Mitchell y Jessen. El hombre airado y desafiante que se habían encontrado en 2003 estaba dispuesto ahora a exponer su pasado.

Pero la cooperación dejó sin respuesta una pregunta crucial: lo que decía, ¿era cierto? Una vez que alguien ha sido sometido a ese nivel de estrés, se encuentra en el territorio de Charles Morgan. ¿No estaría, JSM, confesando todos esos crímenes solo para que Mitchell y Jessen lo dejaran en paz? Según algunos informes, Mitchell y Jessen interrumpieron o impidieron el sueño de JSM durante una semana. Después de todo ese abuso, ¿sabía JSM cuáles eran sus verdaderos recuerdos? En su libro *Por qué la tortura no funciona*, el neurocientífico Shane O'Mara escribe que la privación prolongada del sueño «podría inducir a alguna forma de sometimiento superficial», pero solo a costa de «una remodelación estructural a largo plazo justo de los mismos sistemas cerebrales que realizan aquellas funciones a las que pretende acceder el interrogador».[8]

El antiguo oficial de alto rango de la CIA Robert Baer leyó la confesión y concluyó que JSM «se inventaba cosas».[9] Uno de los objetivos enumerados en la lista era el edificio del Plaza Bank en el centro de Seattle. Pero la empresa Plaza Bank no se había fundado hasta años después de la detención de JSM. Otro de los veteranos de la CIA, Bruce Reidel, señaló que el mayor impedimento para que JSM se aviniera a cooperar —a saber, su certeza de que jamás saldría de la cárcel— inducía asimismo a desconfiar de sus afirmaciones. «Lo único que le queda en la vida es ser recordado como un famoso terrorista —explicaba Reidel—. Lo que quiere es darse importancia. Ese ha sido el problema desde que lo capturamos.»[10] Si vas a pasar el resto de tus días en la cárcel, ¿por qué no intentar colarte en los libros de historia? La confesión de JSM seguía sin pausa:

9. Fui responsable de la planificación, entrenamiento, reconocimiento y financiación de la operación para bombardear y destruir el canal de Panamá.

10. Fui responsable de sondear y financiar el magnicidio de varios expresidentes estadounidenses, incluido James Carter.

¿Había algún crimen cuyo mérito no se atribuyera JSM?

Ninguno de estos críticos cuestionaba la necesidad de interrogarlo. Que entender a los desconocidos sea difícil no significa que no debamos intentarlo. No se debe permitir que los estafadores y los pederastas campen a sus anchas. La policía italiana tenía el deber de entender a Amanda Knox. Y ¿por qué hizo Neville Chamberlain el esfuerzo de entrevistarse con Hitler? Porque bajo la amenaza de una guerra mundial en ciernes, intentar hacer las paces con el enemigo es esencial.

Pero cuanto más trabajamos para que los desconocidos se nos revelen, tanto más esquivos se nos vuelven. Habría sido mejor para Chamberlain no haber conocido a Hitler en persona; para conocerlo de verdad, más le habría valido quedarse en casa leyendo *Mi lucha*. La policía pasó dos años buscando por doquier a las víctimas del caso Sandusky. Y ¿cuál fue el fruto de sus esfuerzos? No la claridad, sino la confusión; versiones cambiantes, denuncias de quita y pon, víctimas que tan pronto confiaban a sus propios hijos a Sandusky como lo acusaban de terribles crímenes un minuto después.

James Mitchell se encontraba en la misma situación. La CIA tenía motivos para creer que Al Qaeda planeaba una segunda oleada de atentados después del 11-S; posiblemente, con armas nucleares. Los agentes necesitaban que JSM rompiese a hablar. Pero cuanto más se afanaban en este objetivo, más comprometían la calidad de sus comunicaciones. Podían impedir al prisionero conciliar el sueño durante una semana, al final de la cual estaría dispuesto a confesar todos los crímenes habidos y por haber. Pero ¿de veras JSM había intentado volar el canal de Panamá?

Sea lo que fuere aquello que intentamos averiguar acerca de los desconocidos que nos rodean, carece de solidez. La «verdad» acerca de Amanda Knox o de Jerry Sandusky o de JSM no es un objeto duro y brillante que pueda extraerse con solo excavar a la profundidad suficiente y prestar la atención necesaria. Lo que queremos aprender de un desconocido es materia frágil, que crujirá bajo nuestros pies si la pisamos por descuido. Y de ahí se desprende una segunda advertencia: debemos aceptar que el afán por comprender a un desconocido tiene límites reales. Nunca conoceremos toda la verdad; debemos conformarnos con menos que eso. La forma correcta de dirigirse a los desconocidos es con cautela y humildad. ¿Cuántas de las crisis y polémicas que he venido describiendo se habrían evitado si nos hubiéramos tomado en serio esas lecciones?

Ya estamos cerca de regresar a los sucesos de aquel día en Prairie View, cuando Brian Encinia detuvo a Sandra Bland. Pero antes de abordarlos, nos queda un último asunto por considerar, el del extrañamente ignorado fenómeno del acoplamiento.

QUINTA PARTE

———————

Acoplamiento

10

SYLVIA PLATH

I

En otoño de 1962, la poetisa estadounidense Sylvia Plath dejó su casa rural en la campiña inglesa rumbo a Londres. Necesitaba empezar de nuevo. Su marido, Ted Hughes, la había abandonado por otra mujer, dejándola sola con sus dos hijos pequeños. En el barrio de la capital Primrose Hill encontró un apartamento que ocupaba los dos pisos superiores de una casa unifamiliar. «Te escribo desde Londres, tan feliz que casi no puedo hablar —le contó por carta a su madre—. Y ¿sabes qué? En esta casa vivió W. B. Yeats. ¡Lo dice una placa azul en la puerta!»[1]

En Primrose Hill, escribía a primera hora de la mañana, mientras sus hijos dormían. Su productividad fue extraordinaria. En diciembre terminó una antología poética que, en opinión de su editor, era digna del Premio Pulitzer. Iba encaminada a convertirse en una de los jóvenes poetas más célebres del mundo, una reputación que en los años venideros no haría sino crecer.

Pero, a finales de diciembre, un frío mortal se apoderó de Inglaterra. Fue uno de los inviernos más amargos en trescientos años. Se puso a nevar y no paraba. La gente patinaba sobre el Támesis. Las tuberías de agua se congelaron hasta reventar. Hubo cortes de energía y huelgas laborales. A Plath, que toda su vida había luchado contra la depresión, volvió a visitarla la oscuridad. Su amigo, el crítico literario Alfred Álvarez, fue a verla por

Nochebuena. «La vi muy cambiada», recuerda en su libro de memorias *The Savage God:*

> El pelo, que solía recogerse en un prieto moño de maestra de escuela, lo llevaba suelto. Le colgaba hasta la cintura como un toldo, imprimiendo a su pálido rostro y a su figura demacrada un aire entre arrebatador y desolado, como una sacerdotisa vaciada por los ritos de su culto. Cuando me la crucé en el pasillo […], su cabello desprendía un olor fuerte y penetrante como el de un animal.

Su apartamento era austero y frío, apenas amueblado y con las decoraciones navideñas mínimas para sus hijos. «Para los infelices —escribió Álvarez—, las Navidades siempre son fechas aciagas. Esa falsa y atroz alegría que te asedia por doquier; esos alardes de buena voluntad, de paz y de celebraciones familiares hacen que la soledad y la depresión se vuelvan aún más difíciles de soportar. Nunca la había visto tan quebrantada.»[2]

Tomaron una copa de vino cada uno y, como tenían por costumbre, ella le leyó sus últimas composiciones. Eran tenebrosas. Por Año Nuevo, el tiempo empeoró más aún. Plath riñó con su exmarido, despidió a la niñera y se mudó con sus hijos a casa de Jillian y Gerry Becker, que no vivían muy lejos. «Me siento fatal», declaró. Tras tomarse unos antidepresivos, cayó en un sueño del que despertó llorando. Era jueves. El viernes escribió a su exmarido la que más tarde llamaría su «nota de despedida». El domingo rogó con insistencia a Gerry Becker que los llevara a ella y a sus hijos de regreso a su apartamento. Allí la dejó Becker, a última hora de la tarde, una vez la escritora hubo acostado a sus hijos. En algún momento de las horas que siguieron, les dejó algo de comida y agua en la habitación donde dormían, y la ventana abierta. Escribió el nombre de su médico, con un número de teléfono, y lo pegó al cochecito de bebé en el pasillo. Luego hizo acopio de toallas, paños y cinta adhesiva y cerró la puerta de la cocina. Abrió el gas del horno y metió la cabeza dentro, quitándose así la vida.

II

Que los poetas mueren jóvenes es más que un cliché; tienen una esperanza de vida considerablemente inferior a la de los dramaturgos, novelistas y escritores de no ficción. Presentan una incidencia de «trastornos emocionales» más alta que la que aflige a actores, músicos, compositores y novelistas. De entre todas las categorías ocupacionales, los poetas registran, con diferencia, los índices de suicidio más elevados, llegando a quintuplicar los de la población en general.[3] Algo tendrá el escribir poesía que atrae a los heridos o les abre heridas nuevas, y pocos han encarnado tan a la perfección esa imagen de genialidad maldita como Sylvia Plath.[*]

Plath estaba obsesionada con el suicidio. Escribía sobre él, pensaba en él. «Hablaba del suicidio prácticamente en el mismo tono que habría adoptado para referirse a cualquier otra actividad que entrañara asumir un riesgo o ponerse a prueba; con urgencia, con fiereza incluso, pero jamás con autocompasión —escribe Álvarez—. Parecía ver la muerte como un desafío físico que, una vez más, había superado. Comparaba la experiencia de morir con el descenso por una peligrosa rampa cubierta de nieve sin saber esquiar.»

La escritora reunía todos los factores que predicen un riesgo elevado de cometer suicidio. Ya lo había intentado una vez sin éxito; había padecido trastornos mentales; vivía expatriada, desarraigada, alejada de amigos y familiares. Procedía de un hogar destrozado; un hombre al que idolatraba acababa de rechazarla.[**]

---

[*]   Como escribió en una ocasión el reconocido poeta Stephen Spender: «El poeta tiene que adaptarse, más o menos de forma consciente, a las demandas de la vocación. De ahí las peculiaridades de los poetas y del estado de inspiración, que, según muchas personas, raya en la locura».[4]

[**]   «Cuando se suicidó a los 30 años —escribe Shulman—, Sylvia encajaba en varios perfiles superpuestos para los cuales se acumulan las probabilidades de suicidio. Aunque los suicidas frustrados suman alrededor del 5 por ciento de la población, entre los consumados, la proporción de quienes han intentado consumarlo sin éxito al menos una vez asciende a uno de cada tres. Tal era el caso de Sylvia. Otro porcentaje significativo de suicidas corresponde a los aquejados de trastornos mentales, como también es su caso. En cuanto a las divorciadas, su tasa de suicidio es varias veces mayor que la de las casadas; ella estaba en mitad de un proceso de divorcio. En todas partes, los extranjeros contribuyen a elevar el ín-

La noche de su muerte, Plath dejó llaves y abrigo en casa de los Becker. En el libro que publicó sobre la escritora —todos los que la conocieron, aun de modo tangencial, han escrito al menos un libro sobre ella—, Jillian Becker lo interpreta como una señal de la irrevocabilidad de la decisión que había tomado:

> ¿Pensó, acaso, que Gerry o yo iríamos a llevarle el abrigo y las llaves durante la noche? No; ni esperaba ni deseaba ser salvada en el último momento de una muerte autoinfligida.

El informe del forense indicaba que Plath había colocado la cabeza tan adentro del horno como pudo, indicio de su determinación de consumar la tentativa. Continúa Becker:

> Tapó las rendijas bajo las puertas del descansillo y la sala de estar, abrió todas las espitas de gas, dobló con sumo cuidado un paño de cocina, lo colocó sobre la plancha inferior del horno y apoyó en él la mejilla.[6]

¿Cómo albergar duda alguna sobre sus intenciones? No hay más que leer lo que escribe días antes de quitarse la vida:

> La mujer se ha perfeccionado.
> Su cuerpo
> Sin vida se sonríe de su logro…
> Sus pies

---

dice de suicidios; Sylvia vivía en Inglaterra, lejos de su patria y de los suyos. Los suicidas tienden a ser personas aisladas y a estar sometidos a una gran tensión; y también esto se cumple para ella. Los hogares rotos dan lugar a un número desproporcionado de suicidas, y ella provenía de un hogar destrozado.» Y continúa: «Nunca más volvería a entrelazarse con un hombre de cuya supuesta grandeza podría alimentar sus propios sueños de gloria». Por no mencionar el precoz luto, truncado, de Plath por su padre, fallecido cuando ella tenía ocho años de edad. «Si el desarrollo de un niño se ve interrumpido debido al duelo inacabado por una pérdida, ese niño tendrá limitaciones para adquirir la reciprocidad necesaria para construir una personalidad equilibrada y mantener fuertes lazos emocionales —continúa Shulman—. El narcisismo de Sylvia fue, en última instancia, su perdición.»[5]

Descalzos parecen decir:
Hasta aquí hemos llegado; se acabó.

Leyendo la poesía de Sylvia Plath[7] y su historia, vislumbramos su vida interior, creemos entenderla. Pero olvidamos una cosa; a saber, el tercero de los errores que cometemos con los desconocidos.

III

En los años posteriores a la Primera Guerra Mundial, en muchos hogares británicos comenzó a consumirse el llamado «gas ciudad» para alimentar estufas y calentadores de agua. Se fabricaba a partir del carbón, siendo una mezcla de elementos como el hidrógeno y el nitrógeno y de compuestos como el metano, el dióxido de carbono y, atención, el monóxido de carbono, inodoro pero mortal. Esta última propiedad del gas ponía al alcance de la práctica totalidad de la población una manera indolora de suicidarse en la comodidad del hogar. «Suele hallarse a las víctimas con la cabeza cubierta por abrigos o mantas, que cubren asimismo la espita de salida del gas», escribe un médico en 1927, en una de las primeras informaciones divulgadas sobre las letales propiedades del gas ciudad:

> Se han hallado varios cadáveres sentados en una silla cuyas manos aún sostenían el tubo del gas en la boca o próximo a ella; también, yaciendo en el suelo con la cabeza dentro de un horno. En un caso, se halló a una mujer con una máscara que se había hecho con una funda de ganchillo para teteras atada a la cara y el tubo de gas introducido en la máscara a través de un agujero en la parte superior de la misma.[8]

En 1962, año de la muerte de Sylvia Plath, 5.588 personas se suicidaron en Inglaterra y Gales.[9] De ellas, 2.469 —el 44,2 por ciento— consumaron su intento de la misma manera que Sylvia

Plath. La intoxicación por monóxido de carbono era por entonces la principal causa de autolesiones con resultado de muerte en Reino Unido. Ninguna otra, ni las sobredosis de pastillas ni los saltos desde un puente, se le aproximaba.

Pero en aquella misma década de los sesenta, la industria británica del gas experimentó una transformación. El gas ciudad resultaba cada vez más caro, además de sucio. Al descubrirse grandes reservas de gas natural en el mar del Norte, se decidió convertir al país del gas ciudad al natural. La escala del proyecto fue inmensa. El gas natural poseía propiedades químicas notablemente diferentes de las del gas ciudad; su combustión limpia consumía el doble de oxígeno; la llama se movía mucho más lentamente, y el gas tenía que salir a mayor presión. Esos hechos, combinados, implicaban que, en casi todos los hogares ingleses, los hornos, las estufas y hasta las conducciones de gas quedarían obsoletos en tamaño y forma. Todos los aparatos a gas de Inglaterra debían actualizarse o reemplazarse; contadores, cocinas, calentadores de agua, frigoríficos, calderas, lavadoras, hornos, etcétera. Hubo que construir nuevas refinerías y redes de gaseoductos. Un funcionario de la época calificó esta transición como «la mayor operación de la historia de este país en época de paz»; no exageraba.[10]

El largo proceso había comenzado en 1965 con un proyecto piloto en una pequeña isla con 7.850 usuarios de gas a unos cincuenta kilómetros de Londres. Le siguieron Yorkshire y Staffordshire, y después Birmingham. Una a una, todas las viviendas, oficinas y fábricas del país adaptaron su infraestructura, en un proceso que se prolongó más de una década, hasta completarse la transición en otoño de 1977.[11] El gas ciudad —hidrógeno, metano, dióxido de carbono, nitrógeno y monóxido de carbono— se sustituyó por gas natural —metano, etano, propano, pequeñas cantidades de nitrógeno, dióxido de carbono y sulfuro de hidrógeno, así como cantidades nulas de monóxido de carbono—. Desde 1977, quienes metan la cabeza en un horno a gas y abran la espita con intención de suicidarse, no lograrán infligirse sino jaquecas y tortícolis.

La siguiente gráfica refleja la disminución de los suicidios por inhalación de gas en la misma medida en la que el gas ciudad se iba eliminando paulatinamente durante los años sesenta y setenta.

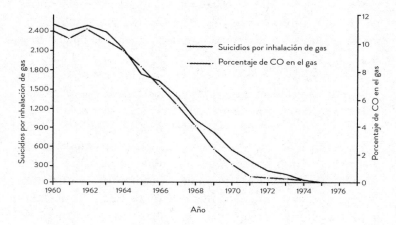

La pregunta, pues, es la siguiente: una vez que la forma de suicidio más frecuente en Inglaterra se hubo convertido en una imposibilidad fisiológica, las personas que querían suicidarse, ¿se limitaron a cambiar de sistema? ¿O es que las personas propensas a meter la cabeza en hornos de repente habían dejado de suicidarse?

La suposición de que la gente recurre a otro método sin más se llama desplazamiento. Según este planteamiento, se presume que, cuando una persona decide cometer un acto tan grave como el suicidio, para detenerla hace falta bastante más que impedirle cometerlo de una forma dada. Sylvia Plath, sin ir más lejos, tenía un largo historial de inestabilidad emocional. Le trataron la depresión con terapia de electrochoque cuando aún estaba en la universidad. En 1953, intentó suicidarse por primera vez. Pasó seis meses bajo atención psiquiátrica en el hospital McLean, a las afueras de Boston. Unos años más tarde, se tiraría en coche a un río y, como no podía ser de otra manera, lo escribió en un poema:

> Y como gata, tengo siete veces que morir.
> Voy por la número tres.

Tapó con meticulosidad todas las rendijas de la puerta, abrió las espitas de gas y metió la cabeza todo lo más adentro del horno que le fue posible. Estaba decidida. De no haber podido asfixiarse en el horno, ¿no habría intentado suicidarse de otra manera?

La posibilidad alternativa es que el suicidio sea un comportamiento acoplado a un contexto particular. Este concepto vincula ciertos comportamientos con circunstancias y condiciones muy específicas. Mi padre nos leyó *Historia de dos ciudades* de Charles Dickens a mis hermanos y a mí cuando éramos niños, y al final, cuando Sydney Carton muere en lugar de Charles Darney, mi padre lloró. No es que mi padre fuera muy llorón. No era de esos cuyas emociones brotan a cada momento considerado emotivo. Tampoco las películas tristes hacían que le brotaran las lágrimas, ni las derramó cuando sus hijos se fueron a la universidad. Puede que muy de vez en cuando le entrara humo en los ojos, pero, aparte de mi madre, nadie se daba cuenta. Para pegarse una buena llorera, necesitaba tener a sus hijos en el sofá, escuchándolo leer a uno de los novelistas más sentimentales de la historia. En cualesquiera otras circunstancias, nadie habría sido jamás testigo de su llanto. El acoplamiento es eso. Si un suicidio se acopla a otros factores, deja de ser una mera acción propia de personas deprimidas, para convertirse en el acto que cometen ciertas personas deprimidas en un momento dado de extrema vulnerabilidad, siempre y cuando dispongan de un medio concreto para llevarlo a cabo.

Entonces ¿de qué hablamos, de desplazamiento o de acoplamiento? La modernización del suministro de gas británico es un ejemplo que ni pintado para responder a esta pregunta. Si el suicidio obedece a las pautas del desplazamiento —esto es, si la determinación del suicida es tal que, cuando se le impida recurrir a un método, elegirá otro—, entonces, el índice de suicidios debe haber permanecido relativamente estable a lo largo de la

historia, fluctuando solo por influjo de los principales fenómenos sociales —los suicidios tienden a disminuir en época de
guerra, por ejemplo, y a aumentar en tiempos de penuria económica—. En contraste, si el suicidio está acoplado a la forma
de su ejecución, su incidencia debería verse afectada por la disponibilidad de ciertas formas de cometerlo en particular. Así, la
irrupción de un método sencillo y novedoso que usa el gas ciudad debería incrementar los suicidios, que a su vez disminuirían
en ausencia de dicha opción. En tal caso, la curva del suicidio
debería parecerse a una montaña rusa.

Echemos un vistazo.

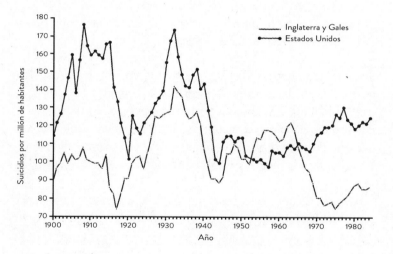

Es una montaña rusa.

La curva asciende cuando el gas ciudad entra por primera
vez en los hogares británicos. Y desciende a medida que se va
produciendo la transición al gas natural desde finales de los
sesenta. Durante esa década larga de transición, coincidiendo
con la paulatina desaparición del gas ciudad en los hogares, se
evitaron miles de muertes.

«El gas [ciudad] tenía ventajas únicas como método letal»,
escribe el criminólogo Ronald Clarke en su estudio de 1988, un

clásico que expone el primer argumento elaborado a favor de la tesis del acoplamiento:

> Era de fácil acceso —aproximadamente el 80 por ciento de los hogares británicos lo tenían— y requería poca preparación o conocimiento especializado, lo que lo convertía en una opción fácil para las personas con movilidad reducida o víctimas de un estrés extremo y repentino. Era indoloro, no desfiguraba el cadáver, no ensuciaba la cocina —algo que sobre todo las mujeres prefieren evitar—. Las muertes por ahorcamiento, asfixia o ahogamiento, por lo general, requieren más planificación, mientras que otros métodos más violentos, como las armas de fuego o blancas, estrellarse con el coche o tirarse por la ventana o debajo de un tren o un autobús exigen más valor al suicida.

Se trata de un párrafo de talante frío y aséptico, ¿no es así? En ninguna parte del artículo muestra Clarke la menor empatía para con los suicidas, ni ahonda tampoco en el origen de su dolor. Analiza los actos que cometen como un ingeniero estudiaría un problema mecánico. «Este enfoque no me hizo demasiado popular a ojos de psicólogos y trabajadores sociales», recuerda Clarke:

> Consideraban frívola y hasta insultante la mera idea de que poner trabas al método de suicidio elegido pudiera disuadir de cometerlo a personas que muy afligidas debían de sentirse para considerarlo siquiera. Esta tesis mía generó un amplio rechazo en mucha gente.*

---

* Ni siquiera he mencionado el ejemplo más palmario de cómo nuestra incapacidad de entender el suicidio cuesta vidas; unos cuarenta mil estadounidenses se suicidan cada año; la mitad de ellos se disparan con un arma de fuego, la forma de suicidio más elegida en el país. Por su eficiencia y disponibilidad, las armas de fuego son el gas ciudad de Estados Unidos. ¿Qué pasaría si hicieran lo mismo que los británicos, erradicando así su principal causa de suicidio? No es descabellado suponer que desacoplaría a los suicidas de su método predilecto. Los pocos de entre ellos que siguieran decididos a intentarlo de nuevo se verían obligados a elegir opciones mucho menos eficaces, como una sobredosis de pastillas, método cuya letalidad es cincuenta y cinco veces inferior a la de las armas de fuego. Según una estimación muy conservadora, prohibir estas nos ahorraría diez mil vidas al año solo en suicidios frustrados; y eso es mucha gente.[12]

Y es que esa no es la manera en que hablamos del suicidio. Del suicidio hablamos como si la forma de cometerlo fuera irrelevante. Cuando, en la década de 1920, se introdujo el gas ciudad en los hogares británicos, se crearon dos comisiones gubernamentales para analizar las consecuencias que ello conllevaría. Ninguna de las dos mencionó siquiera la posibilidad de que pudiera conducir a un aumento de los suicidios. Un informe oficial sobre la transición al gas natural hecho público en 1970 por el Gobierno británico aludía a la disminución de accidentes mortales como uno de los beneficios derivados del proceso. El suicidio ni se mencionaba, y eso que el número de personas asfixiadas por accidente debido al gas era muy bajo en comparación con el de los que se habían asfixiado a propósito. *A History of the British Gas Industry* (1981) es el trabajo académico más exhaustivo jamás publicado sobre el suministro de gas a los hogares ingleses. Detalla con minuciosidad extraordinaria todos y cada uno de los aspectos que acompañaron a este acontecimiento. Pero ¿el suicidio lo menciona, aunque sea de pasada? Ni hablar.

Considérese también la inexplicable saga del Golden Gate,[13] el puente colgante de San Francisco, que desde su inauguración en 1937 ha sido testigo de más de mil quinientos suicidios, algo sin parangón en ningún otro lugar del mundo.[*]

¿Qué nos dice la teoría del acoplamiento sobre el Golden Gate? Pues que la medida de interponer barreras físicas, como una red o una cerca, a la tentación de saltar al vacío sería enormemente disuasoria; que quienes vieran frustrada una tentativa de tirarse de aquel puente no se irían sin más a buscar otro sitio

---

[*] Es tan inexorable la regularidad con que se cometen suicidios desde el Golden Gate que, sin más esfuerzo del necesario para instalar sendas cámaras de video en las torres de sujeción situadas a ambos extremos del puente, el cineasta Eric Steel obtuvo veintidós grabaciones de suicidios en el transcurso de un año, 2004. En el documental subsiguiente, *The Bridge*, Steel dedica especial atención al caso de un varón de treinta y cuatro años llamado Gene Sprague, el cual fue filmado durante los noventa y tres minutos que estuvo deambulando por el puente antes de decidirse a saltar. Quienes lo transitan habitualmente saben que sus posibilidades de presenciar una escena así alcanzan el grado de expectativa.[14]

del que tirarse. La decisión de suicidarse se acopla a ese puente en particular.

En efecto, así parece corroborarlo una muy perspicaz investigación de tintes detectivescos a cargo de Richard Seiden. Este psicólogo estudió quinientos quince conatos de suicidio fallidos que, entre 1937 y 1971, habían protagonizado otros tantos sujetos cuya tentativa de arrojarse desde el puente se frustrara por la intervención de terceras personas que, de forma imprevista, les habían impedido consumar el acto.[15] Pues bien, de entre estos quinientos quince suicidas frustrados, solo veinticinco se empeñaron, con éxito esta vez, en repetir el intento. Un número abrumador de quienes quieren saltar del Golden Gate en un momento determinado, quieren saltar del Golden Gate solo en ese momento determinado.

Así que ¿cuándo decidieron las autoridades municipales encargadas de gestionar el puente instalar, por fin, una verja para prevenir los suicidios? En 2018, más de ochenta años después de su inauguración. Como señala John Bateson en su libro *The Final Leap*, en ese lapso, las autoridades municipales invirtieron millones de dólares en la construcción de una barrera para proteger de atropellos a los ciclistas que cruzan el puente, aunque jamás en la historia del Golden Gate se haya registrado un solo fallecimiento por esta causa. Millones costó también la construcción de una mediana para separar los sentidos norte y sur de la circulación por razones de «seguridad pública»; o la cerca de ciclón de dos metros y medio de altura levantada en el extremo sur del puente para evitar el vertido de basuras al fuerte Baker, antigua fortaleza militar que queda justo debajo; o la red de protección tendida ya en tiempos de la construcción del puente para prevenir accidentes laborales. Esta red, que salvó diecinueve vidas durante la construcción y fue retirada una vez concluida esta, tuvo un coste oneroso. Pero, en prevención de suicidios, ¿cuánto se invirtió? Pues ni un dólar en más de ochenta años.

¿Cómo puede ser? ¿Acaso los gestores del puente colgante son insensibles y crueles? En absoluto. Es porque a la gente le cuesta mucho aceptar la idea de que un comportamiento dado pueda acoplarse hasta tal punto a un lugar en concreto. Hace mucho que la autoridad a cargo del puente sondea con periodicidad a los usuarios, para que valoren la conveniencia de erigir una barrera antisuicidios. La minoría de partidarios de esta medida suelen ser personas allegadas a suicidas consumados, de ahí que posean cierta comprensión de la psicología subyacente. En conjunto, no obstante, la mayoría de encuestados rechaza de plano la noción misma del acoplamiento.

Sirva esta pequeña selección:

«Si ponemos una barrera física a lo largo del puente, no me extrañaría que, en cosa de tres meses, algún individuo propenso a suicidarse, frustrado porque no lo dejamos tirarse, se pegara un tiro en la torre norte, a la vista de todos. ¿Para qué habrán servido entonces los millones gastados en levantar la verja?»

«Las personas con propensión al suicidio siempre encontrarán alguna manera de cometerlo, sea envenenándose, ahorcándose, ahogándose, cortándose las venas, tirándose de cualquier otro puente o de un rascacielos. ¿No estaría mucho mejor gastado ese dinero en atender a la salud mental de cuantas más personas mejor, en vez de preocuparse por casos raros como los que se tiran de los puentes?»

«Me opongo a la construcción de una barrera antisuicidios porque sería un derroche de dinero que no daría resultado. Cualquier persona a la que se le impidiera saltar desde el Golden Gate encontraría otra forma más destructiva de suicidarse. El que se tira de un rascacielos tiene muchas más probabilidades de matar a algún transeúnte en su caída que el que salta al agua desde un puente.»

«Eso no hará más que sacarnos el dinero y afear el puente. A los suicidas les sobran formas de matarse. Si les quitas una, enseguida encuentran otra.»[16]

Según un sondeo realizado a escala nacional,[17] tres cuartas partes de los estadounidenses encuestados opinaban que, cuando por fin se erigiera la presente verja antisuicidios, lo único que ocurriría es que la mayoría de los entonces impedidos de arrojarse al vacío se matarían de otra manera.* Más equivocados no podían estar; el suicidio se acopla a su circunstancia.

El primer par de errores que cometemos con los desconocidos —a saber, el sesgo de veracidad y la ilusión de transparencia— tiene que ver con nuestra incapacidad de comprenderlos como individuos. Pero, además de estos errores, cometemos otro, crítico, que agrava el problema, a saber, que no entendemos la importancia del contexto en el que opera el desconocido.

IV

El distrito 72 de Brooklyn abarca la zona urbana que rodea el cementerio de Greenwood, desde Prospect Expressway por el norte hasta Bay Ridge al sur, formando una franja entre la linde occidental del cementerio y la orilla del mar, donde desemboca una pendiente de calles paralelas. Una desvencijada autopista de pasos elevados sobre nivel serpentea por en medio del barrio, en la actualidad en vías de gentrificación, algo inimaginable hace tres décadas, cuando David Weisburd pasó un año pateándose estas mismas calles.[18]

—Esto era otro mundo —recuerda Weisburd—. Daba miedo. En los bloques de apartamentos te encontrabas frigoríficos abandonados en mitad de la escalera, entre todo tipo de basura. Y en los patios traseros ya estaba el vertedero completo. Y en la calle, una gentuza de quedarte acojonado.

Nacido en Brooklyn, Weisburd es criminólogo de formación en la Universidad de Yale, ante la que leyó su tesis sobre comportamientos violentos entre los colonos israelíes en Cisjordania. Tras doctorarse, encontró empleo en un proyecto de investigación en su Brooklyn natal, junto a la comisaría de policía de la

---

*   De hecho, un 34 por ciento de los encuestados predecía que el ciento por ciento de aquellos a quienes se les había impedido tirarse del puente acabarían por consumar el suicidio recurriendo a otro procedimiento.

Cuarta Avenida, un achaparrado fortín de estilo modernista que parece diseñado para repeler a un ejército invasor. Participaban en el proyecto nueve agentes, a cada uno de los cuales se le había asignado un sector de entre diez y treinta bloques.

—Su trabajo consistía en hacer la ronda por la zona que se les hubiera asignado, trabar relación con los vecinos y desarrollar estrategias para resolver los problemas que hubiera —explica Weisburd, que a su vez se dedicaba a observar y a tomar nota de lo aprendido aquel año, en que dedicó cuatro días por semana a acompañar a los policías en sus rondas—. Como siempre vestía traje y corbata y llevaba bien visible mi tarjeta de identificación de la policía, en la calle la gente me tomaba por el detective al mando. «Ojalá», les decía yo.

Una cosa es estudiar criminología en una biblioteca y otra hacer la ronda a pie de calle, codo con codo junto a policías comunes. Desde el principio, hubo algo que le chocó; el sentido común siempre le había dictado que la delincuencia se relacionaba con ciertos vecindarios. Allí donde se padecieran lacras como la pobreza, las drogas y la disfunción familiar, habría delincuencia, pues el caos sin ley propio de esas comunidades no era sino producto de las condiciones de desventaja económica y social en que se encontraban.

En Los Ángeles, ese barrio era South Central; en París, los suburbios del extrarradio; en Londres, lugares como Brixton. Y ahora Weisburd se encontraba en la versión neoyorquina de uno de esos vecindarios, solo que aquel no le encajaba para nada en la idea que se había hecho:

—Enseguida me di cuenta de que, una vez familiarizados con nuestra zona, pasábamos casi todo el tiempo en una o dos calles —dice—. En la mayoría de las vías del peor barrio de Nueva York, la delincuencia no existía.

Al cabo de cierto tiempo, se convencieron de la inutilidad de incluir en su ronda todas las calles del área de patrulla, pues en la mayoría de ellas nunca sucedía nada. El criminólogo no acertaba a explicárselo. Se suponía que los criminales son gente que funciona de forma ajena a toda restricción social; que obedecen a unos oscuros impulsos con origen en la enfermedad mental, la codicia, la desesperación o la ira. A Weisburd le habían enseñado que la mejor manera de entender por qué los delincuentes hacían lo que hacían era entender quiénes eran.

—Yo lo llamo el modelo Drácula —explica Weisburd—. Hay gente que es como Drácula; necesita delinquir. Según este modelo, algunas personas tienen una motivación tan alta para cometer delitos, que lo demás no importa.

Sin embargo, si los delincuentes estaban, como Drácula, impulsados por un insaciable afán de sembrar el caos, ¿cómo es que no se prodigaban más por allí? En el distrito 72, las condiciones sociales que son caldo de cultivo de los dráculas reinaban por doquier; pero los dráculas no estaban en todas partes, sino tan solo en ciertas calles muy determinadas. Y ni siquiera tanto, sino más bien solo en ciertos tramos en los que se concentraba la actividad delictiva, y que eran muy concretos; se cruzaba una intersección sin cambiar de calle y esta parecía otra. Había que hilar muy fino. ¿No tienen piernas los delincuentes? ¿Ni coches? ¿Ni fichas para el metro?

—La experiencia me llevó a replantearme mi propia idea de la criminología —reconoce Weisburd—. Como casi todo el mundo, había enfocado mis estudios en las personas. Y me dije que tal vez deberíamos preocuparnos más por los lugares.

V

Una vez concluido el estudio en Brooklyn, Weisburd decidió empezar a trabajar con Larry Sherman, otro joven criminólogo que compartía sus puntos de vista:[19]

—En aquella época, me llamaba mucho la atención el mapa del sida en Estados Unidos —recuerda Sherman—, según el cual más de la mitad de los infectados del VIH se concentraban en cincuenta zonas de censo de entre un total de cincuenta mil.

No le pareció que el VIH fuese una enfermedad contagiosa que se propagara al azar y sin freno por el país. Le pareció identificar una interacción entre ciertos tipos de personas y ciertos lugares muy específicos, una epidemia con su propia lógica interna.

Recopilar el tipo de datos necesarios para estudiar el componente geográfico del crimen no fue tarea fácil. Desde siempre, los delitos se denunciaban en la comisaría del distrito donde se hubieran perpetrado. Pero la reciente experiencia de Weisburd en las calles del número 72 le indicaba que los datos de un área tan poco específica no serían de gran ayuda. Necesitaban direcciones postales. Por fortuna, Sherman conocía al inspector jefe de la Policía de Mineápolis, quien se mostró dispuesto a cooperar:

—Elegimos Mineápolis porque, ¿dónde si no íbamos a encontrar a alguien lo suficientemente loco como para permitirnos hacer lo que pretendíamos?[20] —ríe Weisburd.

Echando cuentas, Sherman descubrió algo que le costó creer: más del 50 por ciento de las llamadas a la policía se concentraban en el 3,3 por ciento de segmentos urbanos. Weisburd y sus alumnos de posgrado por la Universidad de Rutgers fijaron a la pared un plano de Mineápolis y fueron adhiriendo tiritas de papel en cada punto donde se hubiera perpetrado un delito. El descubrimiento inverosímil era ahora imposible de desechar. Las rondas por el distrito 72 habían convencido a Weisburd de que la concentración de la actividad delictiva era un hecho, pero no se imaginaba hasta qué punto. «Lo hablé con Larry y fue un momento en plan "¡Ay, Dios!".»

Casi en las mismas fechas, otro criminólogo realizó un estudio similar en Boston, averiguando que el 3,6 por ciento de las manzanas edificadas en la ciudad concentraban la mitad de la delincuencia.[21] Ya iban dos ejemplos. Weisburd decidió buscar allí donde pudiese; Nueva York, Seattle, Cincinnati... Sherman analizó las cifras de Kansas City, de Dallas... Donde fuera que miraran, veían lo mismo; en una ciudad sí y en otra también, la delincuencia se concentraba en un número reducido de segmentos urbanos. Weisburd decidió estudiar una ciudad extranjera con diferentes parámetros geográficos, culturales y económicos. Como su familia es israelí, eligió Tel Aviv, para encontrarse más de lo mismo.

—Me dije: «¡Ay, Dios! ¡Mira eso! ¿Dime por qué el cincuenta por ciento de los delitos se perpetran en el cinco por ciento de las calles en Tel Aviv? ¿Por qué ocurre lo mismo en lugares tan diferentes?».

Weisburd enuncia este fenómeno como una ley de concentración de la delincuencia.* Al igual que el suicidio, el crimen está vinculado a lugares y contextos muy específicos. Las experiencias de Weisburd en el distrito 72 y en Mineápolis no son idiosincrásicas; lo que captan se acerca a una verdad fundamental sobre el comportamiento humano. Y eso significa que, a la hora de enfrentarse a un desconocido, hay que preguntarse dónde y cuándo tiene lugar la situación, porque son dos cosas que influyen poderosamente en la interpretación de quién es.

VI

Volvamos con Sylvia Plath. En su ligeramente velada autobiografía *La campana de cristal*, la protagonista del relato, Esther Greenwood, describe su descenso a la locura. Y resulta que la forma que tiene de concebir el suicidio coincide justo con la que Ronald Clarke —recordemos, aquel investigador que establecía un vínculo entre el gas ciudad y el suicidio— supone que ella adoptaría; Esther/Sylvia muestra una gran sensibilidad a la pregunta de cómo quitarse la vida. «Si fueras a suicidarte, ¿cómo lo harías?», le pregunta a Cal, un joven junto al que está tendida en una playa.

---

* Si echan un vistazo al plano de Seattle por Weisburd (página 334), verán los «puntos calientes» de la delincuencia en Seattle. Si hablan con alguien de Seattle, les dirán que su ciudad tiene algunos barrios nada recomendables. Pero el plano dice que esa afirmación es falsa. Seattle no tiene *barrios* malos; tiene un puñado de *manzanas* problemáticas dispersas por toda la ciudad. ¿Qué distingue a esas manzanas problemáticas del resto de la ciudad? Una maraña de factores combinados: es más probable que un punto caliente se encuentre junto a una arteria principal, que abunden en él las parcelas desocupadas, que haya paradas de autobuses, que sus vecinos no voten, que esté cerca de una instalación pública como una escuela. La lista de variables, algunas de las cuales se entienden bien y otras no tanto, es larga. Pero como la mayoría de dichas variables son bastante estables, estas manzanas no cambian mucho con el tiempo.[22]

Cal pareció complacido por la pregunta.

—Lo he pensado muchas veces; me volaría los sesos con una pistola.

Me sentí desalentada. Era algo típico masculino eso de elegir un arma de fuego. Maldita la oportunidad que iba a tener yo de hacerme con una. Y aunque la tuviera, no sabría ni dónde pegarme el tiro.

Aquella misma mañana, Esther había intentado sin éxito ahorcarse con el cinturón de la bata de su madre.

Pero cada vez que apretaba tan fuerte que oía la sangre zumbarme en los oídos y el rubor aflorarme a la cara, las manos dejaban de responderme y el nudo se aflojaba lo bastante para que pudiera volver a respirar.

Nadando en la playa con Cal, Esther decide intentar ahogarse buceando al fondo del mar.

Intentaba bucear pero mi buceo era el de un corcho.
Y aquella roca gris se me ofrecía burlona cual salvavidas.
Sabiéndome derrotada.
Regresé.[23]

La protagonista de Plath no quiere suicidarse; lo que busca es la manera de hacerlo. No le sirve un método cualquiera. Ese es el punto de acoplamiento; los comportamientos son específicos. Necesita encontrar un método que encaje con ella. Y esa fría noche de diciembre, el método que se adaptaba a Sylvia Plath estaba en la cocina.

Si supieras cómo los velos mataban mis días.
Para ti no son sino transparencias, aire puro.

Estos versos son de «Regalo de cumpleaños», escrito en septiembre de 1962, al comienzo de los angustiosos meses finales de Plath en Londres:

> Pero, Dios mío, las nubes son como algodón.
> Ejércitos de ellas. Son monóxido de carbono.
> Dulce, dulcemente inspiro,
> Llenando mis venas de invisibles [...].

Observemos la siguiente gráfica de las tasas de suicidio entre 1958 y 1982 para mujeres británicas con edades comprendidas entre los veinticinco y los cuarenta y cuatro años (Plath murió a los treinta).

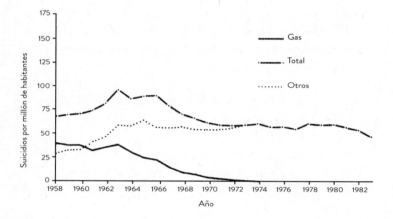

Cuando Plath se suicidó, a principios de la década de los sesenta, la tasa de suicidios entre las mujeres de su edad en Inglaterra alcanzaba una llamativa cifra de una de cada diez mil. Impulsada por un número trágicamente alto de muertes por gaseamiento, es la más alta tasa de suicidio femenino jamás registrada en Inglaterra.[24] Para 1977, cuando ya se había hecho la transición al gas natural, la tasa de suicidio de las mujeres en esa franja de edad se había reducido a la mitad aproximadamente. Plath tuvo muy mala suerte. Si hubiera aguantado un par de lustros, ya no habría tenido nubes de «monóxido de carbono» que inspirar «dulce, dulcemente».

VII

En el otoño de 1958, dos años después de su boda con Ted Hughes, Sylvia Plath se mudó con él a Boston. Plath, que aún estaba a años de escribir los poemas que la harían célebre, trabajaba de recepcionista en la unidad psiquiátrica del Hospital General de Massachusetts. Por las noches, asistía a un seminario de escritura en la Universidad de Boston. Allí conoció a otra poeta joven cuyo nombre era Anne Sexton. Cuatro años mayor que Plath, Sexton poseía glamur, carisma y una rara belleza. Con los años, ganaría el Premio Pulitzer de Poesía por su libro *Vive o muere*, que cimentó su reputación como una de las más formidables poetas estadounidenses contemporáneas. Plath y Sexton se hicieron amigas. Al salir de clase, remoloneaban un rato por el campus y se iban a tomar algo con otro joven poeta, George Starbuck. «Nos amontonábamos en el asiento delantero de mi viejo Ford y yo los conducía con veloz destreza al Ritz o aledaños», recuerda Sexton, en un ensayo escrito después de la muerte de Plath:

> Entonces aparcaba en una zona prohibida «excepto carga y descarga» y les decía jovialmente:
> —Aquí está bien, ¡porque volveremos cargaditos!
> Y, cada una de un brazo de George, nos íbamos al Ritz, donde nos tomábamos tres o cuatro o quizá dos martinis.

Sexton y Plath, dos jóvenes dotadas de un talento sobrenatural y obsesionadas con la muerte…

> A menudo, muy a menudo, entre patatas de bolsa detalle de la casa, Sylvia y yo hablábamos largo y tendido de nuestros primeros intentos de suicidio; hasta el mínimo detalle, con minuciosidad, en profundidad. El suicidio es, a fin de cuentas, el antónimo del poema. Las antonimias eran otro tema recurrente en nuestras conversaciones. Pero de la muerte hablábamos con una intensidad inflamada, atraídas ambas por ella como polillas por un farol.[25]

Sexton provenía de una familia con antecedentes de enfermedad mental. Padecía bruscos e imprevisibles cambios de humor,
anorexia, depresión y alcoholismo. Intentó suicidarse no menos de cinco veces. Robó del botiquín de sus padres una botella de Nembutal, un barbitúrico mortal en dosis lo suficiente grandes, y se la llevó en el bolso. Como explica su biógrafa,
Diane Wood Middlebrook, Sexton «estaba siempre preparada
para suicidarse, en cualquier momento en que le apeteciera la
idea».

A los cuarenta y pocos, entró en declive; sus problemas con
la bebida se agravaron, su matrimonio fracasó e incluso escribía
peor. En la mañana del 4 de octubre de 1974, Sexton desayunó
con un viejo amigo y, a mediodía, almorzó con otro, como si se
estuviera despidiendo. Escribe Middlebrook:

> Despojándose de los anillos, los dejó caer en el bolso, y sacó del
> armario el viejo abrigo de piel de su madre. Aunque la tarde esta-
> ba soleada, un escalofrío flotaba en el aire, contrastando con la
> calidez del ajado forro de satén contra su piel. La muerte iba a
> parecerle un abrazo, como quedarse dormida en unos brazos fa-
> miliares.

Se sirvió un vodka y se quitó la vida. Al igual que su amiga
Sylvia Plath, Sexton siempre estará en la categoría del genio
maldito. «A nadie que conociese bien a Anne Sexton pudo sorprenderle que se suicidara», escribe Middlebrook.

Pero confío en que, a estas alturas, el lector no se dé por satisfecho con este relato de la muerte de Sexton. Si el suicidio es
un acto acoplado, entonces el carácter y la patología de Sexton
deberían explicar el suyo solo en parte. Y lo mismo el de Plath.
Su amigo Alfred Álvarez creía que demasiada gente había pintado a «la poeta como víctima sacrificial, la que se inmola por
amor al arte», y no le falta razón. Eso distorsiona quién era, nos
dice que su identidad estaba ligada por completo a su autodes-
trucción. El acoplamiento nos obliga a ver a esta desconocida
en su ambigüedad y complejidad plenas.

Weisburd tiene un mapa que espero aclare aún más este punto; se trata de un plano de la ciudad de Jersey,[26] situada en la otra ribera del río Hudson si se mira desde Manhattan.

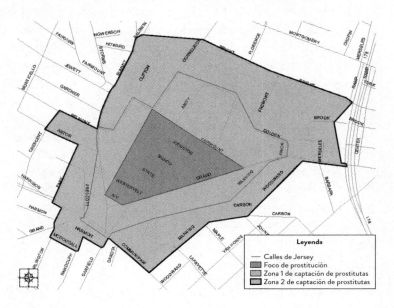

El área triangular de color oscuro en el centro del plano, delimitada por Cornelison Avenue, Grand Street y Fairmount Avenue, es un foco de prostitución, y lo es desde hace tiempo. Hace unos años, Weisburd hizo el experimento de reforzar las patrullas en la zona, asignándole diez efectivos más, un número extraordinariamente alto, de tal modo que la prostitución en aquel sector se redujo en dos tercios.

Pero a Weisburd le interesaba más lo que pasara en las zonas grises del mapa, las colindantes con el triángulo. En concreto, cómo reaccionarían las trabajadoras sexuales a tan enérgica presión policial. ¿Se mudarían a otra zona menos patrullada? Weisburd había desplegado observadores de incógnito por el barrio, los cuales trabaron conversación con las trabajadoras sexuales. ¿Hubo desplazamiento? No. La mayoría prefirieron probar otra cosa, abandonar por completo la actividad, cambiar de conducta antes que cambiar de ubicación. No es que se hubieran acoplado al lugar; es que estaban ancladas a él.

> Las chicas nos decían: «Mi zona es esta. Si me voy a otra, se lo pongo difícil a los clientes»; o bien: «Tendría que volver a empezar de cero». Son razones objetivas que les hacen quedarse donde están, como otra que decía: «Si me mudo a otro sitio que esté bien para vender drogas, será el territorio de otro y, si se lo quitas, te va a matar».

La forma más fácil de dotar de sentido a una trabajadora sexual es decir que se ve obligada a hacer la calle, que la obligan sus circunstancias socioeconómicas. Así, pasamos a hablar de alguien diferente al resto de nosotros. Ahora bien, ¿qué es lo primero que alegan cuando se les pide que expliquen su acoplamiento? Que hacer una mudanza es de lo más estresante; o sea, lo que dice todo el mundo.

Continúa Weisburd:

> Hablaban de lo duro que sería para el negocio, de que tendrían que volver a establecerse. También de peligros, de la gente que no conocen. ¿A qué se referían con la gente que no conocen? «Aquí, sé quién llama a la policía y quién no». No se trata de una cuestión menor para ellas [...]. El haberse establecido en un lugar dado les otorga un alto nivel de predicciones correctas sobre las personas. ¿Empezar de nuevo en otro sitio? A saber quién será esa gente. Alguien con mala pinta podría ser trigo limpio; y alguien que pinta bien, desde su perspectiva, podría darles problemas.
>
> «Pero ¿por qué no te mudas a cuatro manzanas de distancia, no más? Allí también hay trabajo», le preguntó el informante. «Las chicas esas no son mi tipo. Estoy incómoda allí», fue la respuesta. Esto me hizo caer en la cuenta. [...]. Incluso las personas con problemas acuciantes, que atraviesan tremendas dificultades en la vida, reaccionan igual que tú y que yo a muchas de las mismas cosas.

También hacen sus compras en las mismas tiendas del barrio, y sus hijos van a los mismos colegios y, como cualquiera, tienen amigos cuya cercanía aprecian, o tal vez padres que necesiten cuidados. En consecuencia, les sobran motivos para no hacer las maletas. Su trabajo, en aquel momento, era de índole sexual. Pero, en primer lugar, son madres e hijas y amigas y ciudadanas. El acoplamiento nos obliga a ver a estas desconocidas en su ambigüedad y complejidad plenas.

¿Estaba Sexton decidida a quitarse la vida fuera como fuese? De ningún modo. Las armas de fuego la horrorizaban. «Que Hemingway se pegara un tiro en la boca es el mayor acto de valor que se me ocurre —le confesó a su terapeuta—. A mí me preocupan esos minutos antes de morir; eso es el miedo a la muerte. Con las pastillas, no lo tengo, pero con un arma, habría un momento de una lucidez pavorosa, de miedo en estado puro. Yo haría cualquier cosa por huir de ese miedo.»

Eligió las pastillas, que se tomó con alcohol, lo que consideraba «la manera femenina de marcharse». Véase la siguiente tabla comparativa de diferentes métodos de suicidio en función de su mortandad.[27]

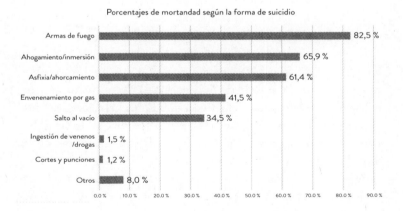

Porcentajes de mortandad según la forma de suicidio

Las personas que toman una sobredosis de pastillas mueren el 1,5 por ciento de las veces. Sexton se había acoplado a una forma de suicidio cuyas probabilidades de matarla eran francamente escasas. No es ninguna coincidencia. Como muchas personas con tendencias suicidas, era profundamente ambivalente al respecto. Casi todas las noches tomaba pastillas para dormir, coqueteando con la sobredosis pero sin pasarse de la raya. Léase su poema «La adicta»:

> Traficante de sueño,
> traficante de muerte,
> con pastillas en mis palmas cada noche,
> ocho a la vez, de dulces frascos farmacéuticos,
> organizo un viaje del tamaño de una pinta.
> Soy la reina de esta enfermedad.
> Y que a mí, avezada viajera,
> vengan ahora a llamarme adicta.
> Ahora preguntan por qué.
> ¡Por qué!
> ¡No saben
> que prometí morir!
> No hago sino practicar
> para mantenerme en forma.
> Las pastillas son una madre, pero mejor,
> a todo color y ricas como confites.
> Estoy a dieta de la muerte.[28]

El suicidio de Plath la hizo reconsiderar sus opciones. «Me tiene fascinada la muerte de Sylvia, la idea del perfecto morir», le confió a su terapeuta. Le parecía que Plath había elegido una «manera femenina de marcharse» aún mejor que la suya. Se había ido como «una bella durmiente», inmaculada aun en la muerte. Sexton necesitaba que su suicidio fuera indoloro y no le dejara marcas. Para 1974, se había convencido de que inhalar los gases de escape del coche se ajustaba a esos requisitos. Sería su gas ciudad. Lo pensó, lo habló con amigos.

Así se quitó la vida Sexton; habiéndose despojado de los anillos y puesto el abrigo de piel de su madre, se dirigió al garaje, cerró la puerta, se sentó en el asiento delantero de su Mercury

Cougar rojo de 1967 y encendió el motor. La diferencia entre tomar pastillas para dormir e intoxicarse con monóxido de carbono, claro, es que mientras las primeras rara vez son letales, el monóxido de carbono lo es con eficacia invariable. A los quince minutos, estaba muerta.

En este punto, la historia de Sexton converge con la de Plath una vez más. A partir de 1975, el año siguiente al de su suicidio, se hizo obligatorio que los automóviles vendidos en Estados Unidos incorporasen catalizadores a sus sistemas de escape. El catalizador de un coche es una cámara de combustión secundaria que quema el monóxido de carbono y otras impurezas, antes de que salgan por el tubo de escape. El Cougar 1967 de Anne Sexton no tenía catalizador. Por eso los humos que emitía la mataron en quince minutos. Un Cougar de 1975 emitía la mitad de monóxido de carbono, calculando muy por lo alto. En cuanto a los automóviles de hoy, emiten tan poco monóxido de carbono que las mediciones de este gas en el tubo de escape apenas si son significativas. En la actualidad, es mucho más difícil cometer suicidio encendiendo el motor y cerrando la puerta del garaje.

Como su amiga Sylvia Plath, Anne Sexton tuvo mala suerte. Se dejó llevar por un impulso acoplado a un método que era letal, justo antes de que dejara de serlo. Si su año aciago hubiera sido 1984 en vez de 1974, también ella podría haber vivido mucho más tiempo.[29]

Oyendo a estas dos jóvenes y brillantes poetas intercambiar historias sobre sus primeras tentativas de suicidio en el bar del Ritz, cualquiera habría predicho que no les quedaba mucho tiempo de vida. El acoplamiento nos enseña lo contrario: a no mirar a un desconocido y sacar conclusiones precipitadas, sino a tratar de ver cómo es su mundo.

11

ESTUDIO DE CASO
LOS EXPERIMENTOS DE KANSAS CITY

I

Hace un siglo, a una figura legendaria en la historia de la policía estadounidense llamada O.W. Wilson se le ocurrió la idea de la «patrulla preventiva».[*] Wilson opinaba que tener coches de policía en movimiento constante e impredecible por las calles de las ciudades reduciría la cantidad de delitos. Cualquier delincuente potencial tendría siempre que estar alerta a la posible aparición de un coche de policía detrás de la esquina.

Pero pensemos sobre ello. Cuando caminamos por las calles de nuestro barrio, ¿sentimos que la policía está detrás de la esquina? Las ciudades son lugares inmensos y en expansión. No es sencillo que un cuerpo policial —incluso un cuerpo policial grande— pueda dar alguna vez lugar a la sensación de que está por todas partes.

Esta era la pregunta que se planteaba el departamento de policía de Kansas City a comienzos de los setenta. El departamento iba a contratar más agentes de policía, pero estaba dividido acerca de cómo desplegarlos. ¿Deberían seguir el consejo de Wilson y tenerlos en circulación azarosa por la ciudad? ¿O asignarlos a ubicaciones específicas, como colegios o barrios difíciles? Para resolver la cuestión, la ciudad contrató a un criminólogo llamado George Kelling.

---

[*] Wilson experimentó primero con la patrulla preventiva, cuando era jefe de policía en Wichita, en Kansas. Ocupó después el mismo puesto en Chicago.

—Un grupo decía que ir circulando en coches no mejoraría nada, que no servía de nada —recuerda Kelling—. Otro grupo decía que era absolutamente esencial. Esa era la polémica. Entonces, me llamaron a mí.

La idea de Kelling era seleccionar quince territorios de la parte meridional de la ciudad y dividirlos entre tres grupos. Era una zona extensa, de más de cincuenta kilómetros cuadrados, ciento cincuenta mil personas, barrios buenos y malos e incluso algo de terreno agrícola en los márgenes. Uno de los tres grupos sería el grupo de control. El trabajo policial continuaría en su zona como siempre. En el segundo barrio, Kelling no tendría ninguna patrulla preventiva; los agentes de policía responderían solo cuando se les llamara. En el tercer barrio, doblaría y en algunos casos triplicaría el número de coches patrulla en las calles.

—Nunca se había hecho algo así en la policía —recuerda Kelling—. Era 1970. No se había escrito nada sobre tácticas policiales… Estábamos en una etapa muy primitiva.

Personas como O.W. Wilson tenían ideas y corazonadas; pero el trabajo policial era considerado un arte, no una ciencia que pudiera ser evaluada como un medicamento nuevo. Kelling añade que mucha gente le dijo que su experimento fracasaría, «tan simple como que la policía no estaba lista para hacer estudios, que no sería capaz de sacarlo adelante, que lo sabotearían».

Pero Kelling tenía el apoyo del jefe de policía de la ciudad, que había hecho la mayor parte de su carrera en el FBI y que estaba escandalizado de lo poco que los departamentos de policía parecían saber sobre lo que hacían.

—En el departamento, muchos de nosotros teníamos la sensación de estar entrenando, equipando y desplegando a hombres para hacer un trabajo del que ni nosotros ni nadie más sabía mucho —admitiría después el jefe de policía, quien dio luz verde a Kelling.[1]

Este realizó el experimento durante un año, anotando con meticulosidad cada dato recabado sobre la delincuencia en las tres zonas estudiadas. ¿El resultado? Nada. Los allanamientos de morada se daban por igual en los tres barrios. También los robos de coches, los atracos y el vandalismo. Los ciudadanos de las zonas con patrullas reforzadas no se sentían más seguros que la gente de las zonas sin patrullas. No parecían ni haberse dado cuenta de lo que había ocurrido.

—Todos los resultados apuntaban en una misma dirección, y era que no había ninguna diferencia —dice Kelling—. No tenía efecto en la satisfacción ciudadana, no se reflejaba en las estadísticas sobre delincuencia, la verdad era que no parecía importar.

Todo jefe de policía del país leyó los resultados. Al principio hubo desconfianza. Algunos departamentos de policía urbana eran *wilsonistas* comprometidos. Kelling recuerda al jefe de la policía de Los Ángeles levantándose en un congreso nacional sobre orden público para decir:

—Si esos resultados son verdaderos, significa que todos los agentes de Kansas City estaban dormidos en la centralita, porque les puedo asegurar que no es así en Los Ángeles.

Pero, poco a poco, la resistencia dio paso a la resignación. El estudio apareció cuando los delitos violentos estaban comenzando el largo y duro repunte que se prolongaría dos décadas por todo Estados Unidos, y alimentó la sensación creciente entre las fuerzas policiales de que la tarea que tenían ante ellos era del todo abrumadora. Habían imaginado que podrían prevenir la delincuencia con patrullas de policía, pero, ahora, el departamento de policía de Kansas City había puesto a prueba esa hipótesis empíricamente, y resultaba que las patrullas eran una farsa. Pero si las patrullas no funcionaban, ¿qué funcionaba? Lee Brown, jefe del departamento de policía de Nueva York, concedió una famosa entrevista en plena epidemia del crac durante la que solo le faltó levantar las manos. «La problemática social del país supera de largo la capacidad de la policía para gestionarla por sí misma», afirmaba Brown.[2] Había leído el informe sobre Kansas City de George Kelling. Era profundamente desesperanzador. Brown decía que daba igual cuántos agentes de policía hubiese en una ciudad. «Nunca habrá suficientes para recurrir a técnicas policiales tradicionales con miras a reducir la delincuencia [...]. Si no hay un agente de policía cubriendo cada parte de la ciudad en todo momento, la probabilidad de que un agente patrullero llegue justo cuando se está cometiendo un delito es muy escasa.»

En 1990 el presidente George H.W. Bush fue a Kansas City y pasó la mañana en uno de los barrios más pobres y violentos; después, pronunció un discurso ante un grupo de agentes de la policía local. Intentó mostrarse optimista, pero fracasó. La tasa de homicidios ese año triplicaba en Kansas City la media nacional. Subiría de nuevo en 1991 y en 1992, y otra vez en 1993. No había mucho que decir. A mitad de su alocución, Bush se había limitado ya a enumerar las cosas terribles que pasaban en las calles de la ciudad:

> Un niño de cuatro años muerto por disparos en un presunto laboratorio de crac; un chaval de once años abatido fuera de otra guarida de narcos, presuntamente a manos de un sicario de catorce años; en un bar del centro, una madre vende a su bebé por crac, y un ataque con bombas incendiarias deja a tres generaciones muertas, incluida una abuela y tres niños pequeños. Son titulares horrorosos, nauseabundos, escandalosos.[3]

Pero, a comienzos de la década de los noventa, veinte años después del primer experimento de Kansas City, la ciudad decidió intentarlo de nuevo. Contrataron a otro joven y brillante criminólogo llamado Lawrence Sherman. Como habían hecho con George Kelling, le dieron plena libertad. Había llegado el momento del experimento número dos de Kansas City. ¿Y por qué no? Nada estaba funcionando.

II

Lawrence Sherman creía que el foco debía estar en las pistolas. Creía que la cantidad de pistolas que había en la ciudad era lo que avivaba esta epidemia de violencia. Su plan era probar una serie de ideas en secuencia, evaluar su eficacia con rigor —como había hecho Kelling— y escoger la mejor. Convocó una reunión de planificación con un grupo de los policías más experimentados de la ciudad. Eligieron como campo de pruebas el distrito de patrulla 144, un barrio pequeño, de un kilómetro cuadrado de modestas viviendas unifamiliares, limitado al sur por la calle 39 y al oeste por la autovía 71.[4] A comienzos de los noventa, en Kansas City no había nada peor que el distrito 144. La tasa de homicidios era veinte veces superior a la media nacional. La zona presentaba un promedio de un delito violento grave al día y veinticuatro tiroteos al año. Un tercio de las parcelas estaban vacías. Justo unos meses antes, un agente había estado patrullando por el 144 cuando vio a unos niños jugando al baloncesto en la calle. Se detuvo, salió del coche y les pidió que se movieran. Uno de los jugadores le tiró la pelota a la cabeza, y después otros dos se abalanzaron sobre él. Así era ese lugar.

La primera idea de Sherman fue que los agentes, en parejas, llamaran a todas las puertas del vecindario durante un periodo de tres meses. Se presentarían, hablarían sobre la violencia generada por las armas y darían a los residentes un folleto con un número 800; si oían algo, se les animaba a que informasen de forma anónima. El plan se desarrolló sin un solo tropiezo. En muchas de las visitas, los agentes iban acompañados por un doctorando en Criminología, James Shaw, cuya labor era evaluar la eficacia del programa. A veces, los agentes se quedaban hasta veinte minutos, charlando con personas que nunca habían visto a un policía acercarse a su puerta, si no era para detener a alguien. En el informe posterior, Shaw se mostró efusivo:

> La policía visitó todas las residencias de la comunidad; algunas, más de una vez, para hablar con los residentes en un tono amable, nada amenazador. En respuesta, la gente fue muy receptiva y se alegró de ver a los agentes yendo de puerta en puerta. La gente respondía con frecuencia con comentarios como «Dios os bendiga a todos, deberíamos haber tenido un programa como este antes» o «¡Gracias a Dios! Pensaba que no vendríais nunca».[5]

Al final, el 88 por ciento de las personas visitadas dijeron que usarían la línea directa si veían alguna pistola. Así que ¿cuántas llamadas entraron después de 858 visitas puerta a puerta en tres meses? Dos. Ambas en relación con pistolas presentes en un barrio diferente.

Todos comprendieron enseguida que el problema no era que los residentes del distrito 144 no quisieran colaborar. Sí querían. Era que nunca salían de casa.

—Esto empieza a parecer Beirut —le dijo un propietario a Shaw.

Si la gente está tan asustada que nunca sales de casa, ¿cómo demonios va a saber quién tiene o no tiene armas? Shaw escribió:

Al igual que los residentes de muchos otros barrios del centro, los de aquí se han convertido en animales enjaulados en su propia casa; los barrotes en las ventanas son la norma. A uno ya no le sorprende ni ver barrotes en las ventanas del segundo piso. Más deprimente aún, sin embargo, es el hecho de que las persianas están bajadas y las cortinas bien cerradas, bloqueando cualquier huella del mundo exterior. Estas personas mayores se encierran y no salen. Oyen el mundo exterior, y a veces parece zona de guerra. Pero no ven nada.

La siguiente idea del grupo fue entrenar a agentes en el sutil arte de detectar armas escondidas. El impulso provino de un agente de la policía de Nueva York llamado Robert T. Gallagher, quien en dieciocho años en el cuerpo había desarmado a la asombrosa cantidad de mil doscientas personas. Gallagher tenía teorías elaboradas, desarrolladas durante muchos años de trabajo; los delincuentes callejeros guardan sus pistolas sobre todo en el fajín —en el lado izquierdo, si son diestros—, causando un impedimento sutil pero perceptible en la forma en que andan. Con la pierna del lado de la pistola, dan un paso más corto que con la pierna del lado donde no hay pistola, y el brazo correspondiente sigue una trayectoria restringida de modo similar. Gallaguer sostenía que, cuando bajan de las aceras o salen de un coche, los portadores de pistolas miran de manera invariable hacia las armas que llevan encima o se las acomodan sin darse ni cuenta.

Gallagher voló a Kansas City, con bombo y platillos, el mes siguiente al experimento fallido de la línea telefónica directa. Impartió seminarios y rodó vídeos. Los agentes tomaron apuntes. El programa televisivo *20/20* envió a un equipo para grabar cómo se ponía en práctica en las calles de Kansas City. Nadie detectó nada. *20/20* regresó una segunda vez. Sucedió lo mismo; nada. Las habilidades mágicas que pudiera poseer Robert T. Gallagher no eran, como es obvio, transferibles a los patrulleros de Kansas City. Dos de las mejores ideas del equipo para frenar la violencia habían fallado. Quedaba una.

III

La baza triunfante del experimento de las pistolas en Kansas City era de una sencillez engañosa. Estaba basada en una anomalía del sistema jurídico estadounidense.

La cuarta enmienda a la Constitución de Estados Unidos protege a los ciudadanos de «registros e incautaciones no razonables». Por ese motivo, la policía no puede registrar una vivienda sin una orden judicial. En la calle, de forma parecida, un agente de policía debe tener una buena razón —«una sospecha razonable»— para cachear a alguien.* Pero cuando alguien está

---

*   Para lidiar con ese obstáculo, por ejemplo, Gallagher desarrolló toda clase de trucos. Él y su compañero se acercaban a alguien que pensaban que llevaba un arma. Lo arrinconaban, para que se pusiera a la defensiva. Entonces Gallagher se identificaba: «soy un agente de policía».

   «Cuando paras a un hombre que lleva una pistola, 99 de cada 100 veces va a hacer lo mismo —Gallagher contó a un periodista hace años—. Va a alejar el lado en el que lleva la pistola de ti —unos centímetros, giro rápido de la cadera, o apartándose. Y la mano y el brazo van a ir naturalmente en dirección a la pistola —en un gesto instintivo de protección—. En ese momento no tienes que esperar a ver si mete la mano por debajo de la camisa para coger la pistola o si la va a mantener cubierta —afirmó—. Llegados a ese punto tienes todo el derecho del mundo a cachearlo.»[6]

dentro del coche, no es nada difícil para un agente cumplir ese requisito. El Código de Circulación de Estados Unidos —y de la mayoría de los países— da a los agentes de policía, en un sentido literal, cientos de motivos para parar a un conductor.

«Hay infracciones de tráfico, como una velocidad excesiva, saltarse un semáforo en rojo… Hay infracciones materiales, como un faro que no funciona, una rueda que no está del todo bien», escribe el experto en leyes David Harris.

> Y luego están las disposiciones generales, es decir, reglas que permiten a la policía detener a conductores por comportamientos que se atienen a todas las reglas escritas, pero que los agentes consideran «imprudentes» o «poco razonables» en esas circunstancias, o que describen la falta en un lenguaje tan detallado que hace a la infracción virtualmente coextensiva con el criterio personal e inapelable del agente.[7]

Hubo incluso un caso, en el Tribunal Supremo, porque un agente de policía de Carolina del Norte había dado el alto a quien juzgó ser un conductor sospechoso, bajo el pretexto de que una de las luces de freno del coche no funcionaba. Resulta que en Carolina del Norte es perfectamente admisible conducir con una luz de freno estropeada, siempre que la otra funcione. ¿Qué pasó entonces cuando el conductor del coche puso una denuncia, reclamando que lo habían parado de manera ilegal? El Tribunal Supremo falló a favor del agente.[8] Era suficiente que creyera que conducir con una sola luz de freno pareciese una infracción. En otras palabras, los agentes de policía de Estados Unidos no solo tienen a su disposición una lista casi ilimitada de razones legales para parar a un conductor; también son libres de añadir otras razones que puedan elucubrar, siempre que parezcan razonables. Y una vez que han parado a un conductor, los agentes tienen derecho a registrar el automóvil, siempre que haya motivos para creer que el conductor puede estar armado o ser peligroso.

Kansas City decidió aprovecharse de esta laxitud. La propuesta de Sherman fue que el departamento de policía asignara cuatro agentes, en dos coches patrulla. Su destino sería el distrito 144. Les ordenaron no salirse de ese kilómetro cuadrado y los liberaron de cualquier otra obligación relacionada con el orden público. No tenían que contestar a la radio ni acudir a llamadas de accidentes. Las instrucciones eran claras; estén alerta a conductores de apariencia sospechosa y recurran a cualquier pretexto que encuentren en el reglamento de tráfico para detener su marcha. Si siguen teniendo sospechas, registren el coche y confisquen cualquier arma que haya en su interior. Los agentes trabajaron cada noche, entre las siete de la tarde y la una de la madrugada, siete días a la semana, durante doscientos días consecutivos. ¿Y qué ocurrió? Fuera del distrito 144, donde la labor policial continuaba inalterada, la delincuencia siguió igual de mal. Pero ¿y dentro? El trabajo policial reenfocado sirvió para reducir los delitos con arma de fuego —tiroteos, homicidios, heridos— a la mitad.

Recordemos que la Policía casi se había rendido ya en aquel momento. ¿Línea telefónica de atención directa? Nadie llama. ¿Detección de armas ocultas? Un equipo de *20/20* viene y se vuelve dos veces con las manos vacías. Desde Nueva York, Lee Brown lamenta la impotencia de la policía para lograr resultados significativos respecto a los delitos violentos. Todo el mundo recordaba el anterior experimento de Kansas City, que había hundido a la comunidad policial en dos décadas de desolación. Pero ahora la misma ciudad volvía a la carga, y esta vez cantaba victoria.

—De verdad que no sé por qué no se nos había ocurrido centrarnos en las pistolas —afirmaba el jefe de policía de Kansas City tras ver los resultados. Estaba boquiabierto, como todos los demás, al ver lo que se había logrado con solo dos coches patrulla—. Por lo normal, ponemos el foco en atrapar a los malos después de un delito. Quizá nos parecía que ir detrás de las pistolas era demasiado simplista.[9]

El primer experimento de Kansas City había arrojado el resultado de que las patrullas preventivas eran inútiles, que tener más coches de policía por las calles no suponía ninguna diferencia. El segundo experimento vino a corregir esa postura. En realidad, los coches patrulla adicionales sí marcaban la diferencia, siempre que los agentes tomaran la iniciativa y parasen a cualquiera que pareciera sospechoso, lo sacasen del coche siempre que fuese posible y se dedicaran a buscar armas. La patrulla funcionaba si los agentes la planteaban de un modo activo. Las estadísticas del informe final sobre el experimento eran sensacionales. Durante esos siete meses, cada coche patrulla había puesto una media de 5,45 multas graves de tráfico por turno. Habían realizado un promedio de 2,23 detenciones por noche. En solo doscientos días, los cuatro agentes habían hecho más trabajo policial que la mayoría de los agentes de esa época en toda su carrera: 1090 multas graves, 948 vehículos detenidos, 616 detenciones, 532 controles a peatones y 29 pistolas decomisadas. Es decir, una intervención policial cada cuarenta minutos. En una noche cualquiera, en el kilómetro cuadrado del pequeño distrito 144, cada coche patrulla recorría unos 43 kilómetros. Los agentes no se quedaban aparcados en una esquina comiendo dónuts, sino que estaban en movimiento constante.

Los agentes de policía no son diferentes al resto de nosotros. Quieren sentir que sus esfuerzos valen para algo, que lo que hacen es relevante, que el trabajo duro será recompensado. Lo que sucedió en el distrito 144 dio a los profesionales del mantenimiento del orden público justo lo que habían estado buscando, a saber, reconocimiento.

«Los agentes que se incautaban de un arma de fuego recibían elogios de sus colegas, casi hasta el punto de que la incautación de un arma de fuego llegó a convertirse en un indicador de éxito —escribió Shaw en su informe sobre el programa—. Podía oírse con frecuencia a los agentes hacer afirmaciones como: "Tengo que confiscar un arma esta noche" o "No me he incautado de un arma todavía; ¡esta es la noche!".»

En 1991, *The New York Times* publicó un reportaje en primera página sobre el milagro de Kansas City.[10] Larry Sherman dice que en los días siguientes su teléfono echaba humo; trescientos departamentos de policía del país lo bombardearon con peticiones de información sobre cómo lo había hecho. Uno a uno, siguieron su propuesta. Para dar un ejemplo, la policía de tráfico de Carolina del Norte pasó en siete años de cuatrocientos mil a ochocientos mil coches detenidos al año.[11]

La Administración para el Control de Drogas estadounidense (DEA, por sus siglas en inglés) ejecutó la operación Tubería para enseñar a decenas de miles de agentes de policía local de Estados Unidos cómo recurrir a los altos policiales al estilo Kansas City para atrapar a intermediarios del narcotráfico. Los agentes de inmigración empezaron a emplear los altos policiales para atrapar a inmigrantes indocumentados. En la actualidad, los agentes de policía en Estados Unidos dan unos veinte millones de altos policiales al año; es decir, cincuenta y cinco mil al día. La policía ha intentado replicar el milagro del distrito 144 por todo Estados Unidos, y, de hecho, esa es la palabra clave, «intentado». Porque en la transición de Kansas City al resto del país se omitió un elemento crucial del experimento de Lawrence Sherman.

IV

El Lawrence Sherman que fue a Kansas City es el mismo Larry Sherman que había trabajado con David Weisburd en Mineápolis unos años antes, para acabar enunciando la ley de la concentración de la delincuencia. Eran amigos, habían dado clase juntos durante un tiempo en la universidad Rutgers, donde el director de su departamento no era otro que Ronald Clarke, el mismo que había realizado un trabajo pionero sobre el suicidio. Clarke, Weisburd y Sherman —interesados en cosas tan diferentes como el gas ciudad en Inglaterra, el mapa delictivo de Mineápolis y las armas en Kansas City— perseguían todos ellos la misma idea revolucionaria del acoplamiento.

¿Y cuál era la principal consecuencia del acoplamiento? Que la fuerza policial no tenía que ser más grande, sino estar más concentrada. Si los delincuentes se movían de forma clara por unas pocas zonas calientes concentradas, esas partes cruciales de la ciudad deberían contar con más presencia policial que las demás, y el tipo de estrategias de lucha contra el crimen que usara la policía en esas zonas debería ser muy diferente de las utilizadas en las inmensas franjas de la ciudad donde casi no había delincuencia.

—Si el delito se concentra en un pequeño porcentaje de las calles de la ciudad —preguntaba Weisburd—, ¿por qué diablos estáis gastando recursos en todas partes? Con más razón si está acoplado a esos lugares y no se mueve con facilidad.

Los teóricos del acoplamiento creían que habían resuelto el problema que tanto había confundido a la policía en los primeros tiempos de las patrullas preventivas. ¿Cómo se patrulla de manera eficaz por una enorme zona urbana con unos cientos de agentes? No contratando a más agentes de policía ni convirtiendo la ciudad entera en una zona vigilada, sino concentrándose en los pocos lugares específicos donde está toda la delincuencia.

Pero volvamos a las estadísticas de Carolina del Norte. Si se pasa de cuatrocientos mil altos policiales al año a ochocientos mil, siete años después, ¿suena eso a labor policial centrada y localizada? ¿O suena a que la policía de tráfico de Carolina del Norte contrató a muchos más patrulleros y les dijo a todos, en todas partes, que parasen a muchos más conductores? La lección que recibió la comunidad policial tras los experimentos de Kansas City fue que la patrulla preventiva funcionaba si era más agresiva. Pero la parte que se les escapó fue que el patrullaje agresivo debía estar confinado a aquellos lugares en los que se concentraba el crimen. Kansas City había sido un experimento de acoplamiento.

Weisburd y Sherman dicen que habían publicado sus mapas y sus cifras, tratando de convencer a sus colegas de la ley de la concentración de la delincuencia, con poco éxito. En el distrito 72 de Brooklyn, donde había comenzado su trabajo, Weisburd se dirigía a los agentes de policía con los que había patrullado y les decía: «¿No es extraño que volvamos siempre, una y otra vez, a las mismas manzanas?» Y estos lo miraban sin expresión.

—Estaba en una reunión con el subcomisario [de policía] de Israel —recuerda Weisburd—. Alguien en la reunión dijo: «Bueno, David opina que el delito no se mueve de su esquina. Y que eso sugiere que deberíais estar más centrados». Y este tipo se da la vuelta y dice: «Mi experiencia me dice que eso no es cierto. No me lo creo». Y ahí se acabó la discusión.*

¿Había algo raro en el comportamiento de este subcomisario de la policía israelí? En absoluto. Porque su reacción no es diferente al comportamiento de la policía de tráfico de Carolina del Norte o al de las autoridades del Golden Gate o al de los expertos en literatura que hablan con tanta seguridad del genio maldito de Sylvia Plath. Hay algo en la idea de acoplamiento —en la noción de que el comportamiento de un desconocido está estrechamente conectado a un lugar y un contexto— que se nos escapa. Nos lleva a malinterpretar a algunos de nuestros mejores poetas, a ser indiferentes a los que tienen tentaciones suicidas y a enviar a policías a quehaceres sin sentido.

¿Qué pasa, entonces, cuando un agente de policía arrastra ese malentendido crucial y se añaden a eso los problemas del sesgo de veracidad y de la transparencia?

Pasa lo que ocurrió con Sandra Bland.

---

* Un antiguo alumno de Weisburd, Barak Ariel, fue tan lejos como para calibrar la resistencia a la idea de acoplamiento en la región de Derry, en Irlanda del Norte. A los policías de Derry se les pide que identifiquen zonas problemáticas específicas de sus áreas de patrulla, que piensan que van a requerir presencia policial adicional. Se llama a las predicciones que hacen «guías de ruta». Ariel se preguntó con qué fidelidad se ajustan las guías de ruta de los agentes policiales a los puntos calientes en los que ocurren de verdad los delitos en Derry. La respuesta es fácil de adivinar. «La mayoría de las calles incluidas en las guías de ruta no eran ni "calientes" ni "dañinas", pues deparaban una tasa de falsos positivos del 97 por ciento», concluía Ariel. Esto significa que el 97 por ciento de las manzanas identificadas por los policías como peligrosas o violentas no lo eran para nada. Los agentes que diseñaban estas guías de ruta no estaban sentados en una mesa, alejados de la experiencia callejera directa, sino que de hecho era su territorio. Se trataba de delitos que investigaban y de delincuentes con los que trataban. Sin embargo, por alguna razón, no podían ver un patrón claro en la ubicación de los desconocidos a los que detenían.[12]

12

SANDRA BLAND

I

El 10 de julio de 2015, a las 16.27, un policía de tráfico tejano paró a Sandra Bland cuando esta transitaba por la FM 1098, en el condado de Waller. Bland conducía un Hyundai Azera plateado con matrícula de Illinois, tenía veintiocho años y acababa de llegar de su Chicago natal para comenzar con un nuevo trabajo en la Universidad de Prairie View. El agente se llamaba Brian Encinia. Aparcó detrás de ella; después se acercó lentamente al Hyundai de Bland por la cuneta y se inclinó para hablar con ella a través de la ventana abierta del copiloto.

> BRIAN ENCINIA: Hola, señora. Policía de tráfico de Texas; le he dado el alto porque no ha señalizado el cambio de carril. ¿Tiene encima el carnet de conducir y el número de registro? ¿Va todo bien? ¿Cuánto tiempo lleva en Texas?
> SANDRA BLAND: He llegado ayer mismo.
> ENCINIA: De acuerdo. ¿Tiene carnet de conducir? [*Pausa*]. De acuerdo, ¿adónde se dirige ahora? Deme unos minutos.

Encinia le cogió el carnet y se lo llevó al coche patrulla. Pasaron unos minutos. Después, volvió, acercándose esta vez al coche de Bland por el lado del conductor.

BRIAN ENCINIA: De acuerdo, señora. [*Pausa.*] ¿Está usted bien?
BLAND: Estoy esperando por usted. Está haciendo su trabajo. Estoy esperándolo. ¿Cuándo me va a dejar irme?
ENCINIA: No sé, parece usted realmente muy irritada.
BLAND: Lo estoy. De verdad. Me parece una mierda por lo que me está multando. Me estaba quitando de su camino. Usted estaba acelerando, siguiéndome, así que me quito de en medio y usted me da el alto. Así que sí, estoy un poco irritada, pero eso no evita que usted me multe, así que [*inaudible*] multa.

En los múltiples análisis posteriores del caso Bland, por lo general se identifica aquí el primer error de Encinia. El enfado de ella crece de manera paulatina. Él podría haber tratado de disiparlo. Más adelante, durante la investigación, afloró que Encinia no quería ponerle una multa, solo amonestarla; se lo podía haber dicho, pero no lo hizo. Le podría haber explicado, con suavidad, por qué debería haber señalizado la maniobra. Podría haber sonreído, haber bromeado con ella. «Pero señora… No pensará que voy a ponerle una multa por eso, ¿verdad?» Ella tenía algo que decir y quería que la escucharan. Él podría haber manifestado que la estaba escuchando. En lugar de eso, esperó un rato largo, incómodo.

ENCINIA: ¿Ha terminado?

Esa fue la primera oportunidad perdida. La segunda viene a continuación:

BLAND: Me ha preguntado si me pasaba algo, se lo he dicho.
ENCINIA: De acuerdo.
BLAND: Así que he terminado, sí.

Había terminado. Bland había dicho lo que tenía que decir, había expresado su irritación. Después, sacó un cigarrillo y lo encendió. Estaba tratando de calmar los nervios. En el vídeo no se puede ver nada de eso, porque la cámara está en el salpicadero del coche patrulla de Encinia; solo se ve la parte trasera del coche de ella y a Encinia de pie junto a la puerta. Si parásemos la cinta y se la mostrásemos a cien personas, noventa y nueve creerían que termina ahí. Pero no es así.

> ENCINIA: ¿Le importaría apagar su cigarrillo, por favor? ¿Si no le importa?

Se mostraba neutro, tranquilo, asertivo. Dice «¿Le importaría?» con un tono cortante.

Error número dos; él debería haber esperado un poco y dejar que Bland se recompusiera.

> BLAND: Estoy en mi coche, ¿por qué tengo que apagar el cigarro?

Tiene razón, por supuesto. Un agente de policía no tiene autoridad para decirle a alguien que no fume. Debería haber dicho: «Sí, tiene usted razón. Pero ¿le importaría esperar hasta que hayamos terminado? Me molesta el humo de los cigarrillos». O podía haber dejado el tema, es solo un cigarro, pero no; algo en el tono de voz de ella molesta a Encinia. Ha desafiado su autoridad. Se quiebra. Error número tres.

> ENCINIA: Vale, baje del coche.
> BLAND: No tengo por qué bajarme del coche.
> ENCINIA: Bájese del coche.
> BLAND: ¿Por qué me…?
> ENCINIA: ¡Bájese del coche!
> BLAND: No tiene usted derecho. ¡No, no tiene usted derecho!
> ENCINIA: Bájese del coche.
> BLAND: No tiene usted derecho. No tiene usted derecho a hacer esto.
> ENCINIA: Tengo derecho; o se baja o la saco yo.
> BLAND: Me niego a hablar con usted salvo para identificarme. [*Interferencia*] ¿Me quiere hacer bajar del coche por no poner el intermitente?

ENCINIA: O se baja o la saco yo. Le estoy dando una orden legal. Bájese del coche ahora o voy a tener que sacarla yo mismo.

En los foros digitales frecuentados por agentes de policía tras hacerse público el caso, algunos compañeros defendieron la actuación de Encinia. Pero otros tantos se quedaron estupefactos ante este giro final:

Tío, hazle la p*** advertencia y continúa. NO MERECE LA PENA... ¿¿¿¿vamos a arrastrar a una mujer fuera de su vehículo porque nos ha herido el ego, porque no ha temblado y ha apagado ese estúpido cigarrillo???? Preguntémonos, supongamos que ella hubiese bajado del coche cuando él se lo pidió. ¿¿¿ENTONCES QUÉ??? ¿¿¿Le ibas a echar una bronca por fumar??? ¿¿Cuál era el plan?? ¿Cuál era el propósito de sacarla?[1]

Pero Encinia le había dado una orden legal, y ella la había desafiado.

ENCINIA: O se baja o la saco yo. Le estoy dando una orden legal. Bájese del coche ahora o voy a tener que sacarla yo mismo.
BLAND: Y yo voy a llamar a mi abogado.
ENCINIA: Voy a sacarla de ahí. [*Se inclina y mete los brazos en el coche.*]
BLAND: Vale, ¿me va a sacar del coche? Fantástico.

Encinia está ahora encorvado, con los brazos dentro del vehículo y tirando de ella.

BLAND: Así que esto va en serio.
ENCINIA: Claro que va en serio. [*Agarra a Bland.*]

En la cinta se oye el sonido de una bofetada, y después un grito de Bland, como si la hubiesen pegado.

BLAND: ¡No me toque!
ENCINIA: ¡Bájese del coche!

BLAND: No me toque. ¡No me toque! No estoy detenida… No tiene derecho a sacarme del coche.

ENCINIA: ¡Está detenida!

BLAND: ¿Estoy detenida? ¿Por qué? ¿Por qué? ¿Por qué?

ENCINIA: [*A la centralita*] 2547 Condado FM 1098. [*Inaudible.*] Mándame otra unidad. [*A Bland*] ¡Bájese del coche! ¡Bájese del coche, ahora!

BLAND: ¿Por qué me detiene? Se trata solo de una multa por…

ENCINIA: ¡He dicho que salga del coche!

BLAND: Pero ¿por qué me detiene? Acaba de abrir mi…

ENCINIA: Le estoy dando una orden legal. Voy a sacarla de ahí como sea.

BLAND: ¿Me está amenazando con sacarme de mi propio coche?

ENCINIA: ¡Bájese del coche!

BLAND: ¿Y después va a [*interferencia*]?

ENCINIA: ¡La voy a freír! ¡Bájese! ¡Ahora! [*Saca una pistola y apunta a Bland.*]

BLAND: Guau, guau… [*Bland sale del coche.*]

ENCINIA: Salga. Ahora. ¡Bájese del coche!

BLAND: ¿Por no poner el intermitente? ¿Todo esto por no poner el intermitente?

ENCINIA: Póngase ahí.

BLAND: Vale. Voy a llevar esto a los tribunales, lo voy a hacer.

ENCINIA: Adelante.

El encuentro continúa durante varios minutos más. Bland se acalora cada vez más. Es esposada.

Llega la segunda unidad. Los gritos y el forcejeo continúan.

ENCINIA: ¡Pare! ¡Déjelo ya! Deje ya de resistirse.

OTRA AGENTE: Deje de resistirse, señora.

BLAND: [*Llora.*] Por una puta multa de tráfico, hay que ser cabrón. ¡Menudo cabrón!

OTRA AGENTE: No, usted lo es. No debería pelear así.

ENCINIA: ¡Al suelo!

BLAND: ¡Por una señal de tráfico!

ENCINIA: Está forcejeando y resistiéndose al arresto.

BLAND: Le hace sentir superbién, ¿verdad? Detener a una mujer por una multa de tráfico. Le hace sentir bien, ¿verdad, agente Encinia? Ahora sí que es un hombre. ¡Me ha pegado!, ¡me ha golpeado la cabeza contra el suelo! ¡Tengo epilepsia, hijo de puta!

ENCINIA: Bien, bien.

BLAND: ¿Bien, bien?

Bland fue detenida con cargos por delito de agresión. Tres días después, la encontraron muerta en la celda, colgada de una soga que se había hecho con una bolsa de plástico. Después de una corta investigación, Encinia fue despedido por haber violado el capítulo 5, sección 05.17.00, del Manual General del Patrullero Texano:

> Un empleado del departamento de Seguridad Pública debe ser cortés con el ciudadano y con otros empleados. Será cuidadoso en el cumplimiento de sus tareas, controlará su comportamiento y ejercitará las máximas paciencia y discreción. No entrará en discusiones argumentativas, incluso en casos de provocación extrema.[2]

Brian Encinia era un matón sin sensibilidad. La lección de lo que ocurrió el 10 de julio de 2015 es que cuando la policía habla con desconocidos, sus agentes han de ser respetuosos y educados. Caso cerrado. ¿Correcto?

Incorrecto.

A estas alturas, creo que podemos hacerlo mejor.

II

Un alto policial al estilo de Kansas City es la búsqueda de una aguja en un pajar. Un agente de policía recurre a una infracción común para buscar algo excepcional; en resumidas cuentas, armas y drogas. Desde el comienzo mismo, a medida que las ideas perfeccionadas en Kansas City se extendieron por el mundo, estaba claro que esta forma de trabajo policial requería una nueva mentalidad.

La persona que inspecciona los equipajes de mano en los aeropuertos, por ejemplo, también busca una aguja en un pajar. Y, de vez en cuando, la Agencia para la Seguridad en el Transporte (TSA, por sus siglas en inglés) realiza controles en diferentes aeropuertos.[3] Para hacerlo, deslizan una pistola o una bomba falsa en una maleta. ¿Y qué descubren? Que el 95 por ciento de las veces las armas y las bombas pasan sin que nadie las detecte. Esto no se debe a que los revisores aeroportuarios sean vagos o incompetentes. Más bien es porque la búsqueda de la aguja en el pajar representa un desafío directo a la tendencia humana al sesgo de veracidad. La persona que inspecciona en el aeropuerto ve algo que quizá parece sospechoso. Pero mira a la fila de viajeros, con un aspecto muy normal, que esperan con paciencia, y recuerda que tras dos años en ese trabajo nunca ha visto una pistola de verdad. De hecho, sabe que en un año normal la TSA examina mil setecientos millones de piezas de equipaje de mano, y solo encuentra unos cuantos miles de armas. Se trata de un índice de éxito del 0,0001 por ciento… lo que significa que las probabilidades son que, si siguiese haciendo su trabajo otros cincuenta años, nunca vería un arma. De manera que ve el objeto sospechoso introducido por los auditores de la TSA y lo deja pasar.

Para que los altos policiales en Kansas City funcionasen, el agente de policía no podía pensar de esa forma. Tenía que sospechar lo peor de cada coche al que se aproximase. Tenía que dejar de lado el sesgo de veracidad. Tenía que pensar como Harry Markopolos.

La biblia del trabajo policial posterior a los hallazgos de Kansas City se llama *Tactics for Criminal Patrol,* de Charles Remsberg. Apareció en 1995 y en él se exponía con precisión y detalle qué se esperaba del nuevo agente patrullero no sesgado. Según Remsberg, este debía tomar la iniciativa e «ir más allá de la multa».[4] Eso significaba, antes de nada, fijarse en lo que Remsberg llamaba «disparadores de la curiosidad», anomalías que elevan la posibilidad de potenciales infracciones. Alguien conduce por un barrio peligroso, se detiene en un semáforo en rojo y mira con detenimiento a algo que hay en el asiento de al lado. ¿Qué es eso? Un agente vislumbra un trozo pequeño de papel de envolver que sale entre dos paneles de un coche por lo demás impoluto. ¿Puede ser un extremo suelto de un paquete escondido? En el tristemente famoso caso de Carolina del Norte, en el que el agente de policía dio el alto a un conductor por una luz de freno rota —pensando, de modo incorrecto, que contravenía el Código de Circulación de aquel Estado—, lo que desató sus sospechas fue que el conductor iba «tenso y nervioso».[5] El más experto de los delincuentes tendrá cuidado de no cometer ninguna infracción obvia. Así que los policías de tráfico tienen que ser creativos sobre qué buscar; parabrisas rajados, cambios de carril sin señalizar, no respetar la distancia de seguridad.

«Un agente —escribe Remsberg—, que sabía que algunos de los mercados de droga más famosos de la ciudad estaban en callejones sin salida, aparcaba sin más en sitios así y se ponía a observar. Con frecuencia, los conductores ya se habían acercado lo suficiente antes de ver su coche, luego paraban de repente, incurriendo en una detención impropia en una calzada, o daban marcha atrás, lo que era una maniobra impropia en una calzada. "Ahí tienen dos infracciones —decía él—, antes incluso de tener que seguir al coche".»

A la hora de acercarse al coche detenido, la nueva generación de agentes tenía que estar alerta a las pistas más minúsculas.[6] Los correos de droga utilizan muchos ambientadores —en particular, los que tienen forma de pequeños abetos— para disimular el olor. De hecho, se conoce a los ambientadores en forma de árbol como «bosque de delitos». Si hay restos de comida rápida, ello sugiere que el conductor tiene prisa y no quiere dejar el coche, ni su valiosa carga, desatendido. Si hay drogas o armas escondidas en compartimentos secretos, puede que haya herramientas en el asiento trasero. ¿Qué kilometraje tiene el coche? ¿Es inusualmente alto para ese modelo y año? ¿Hay neumáticos nuevos en un coche viejo? ¿Hay un llavero en el arranque, lo que sería normal, o solo una llave, como si el coche estuviese preparado solo para el conductor? ¿Hay demasiado equipaje para lo que parece un trayecto corto? ¿O demasiado poco equipaje para lo que el conductor dice que es un viaje largo? El agente, en una parada para investigar, tiene instrucciones de alargar el proceso tanto como sea posible. «¿De dónde es usted? ¿Adónde se dirige? ¿Chicago? ¿Tiene familia allí? ¿Dónde?». Se trata de buscar un traspié, un poco de nerviosismo, una respuesta inverosímil, y ver si la respuesta del conductor coincide con lo que hay a la vista. El agente está tratando de decidir si dar el paso siguiente y registrar el coche.

Tengamos en cuenta que la abrumadora mayoría de las personas que tienen comida en el coche, ambientadores, un kilometraje elevado, neumáticos nuevos en un coche viejo, demasiado equipaje o demasiado poco, no llevan armas ni drogas. Pero si el policía quiere encontrar la aguja delictiva en el pajar, tiene que luchar contra el cálculo racional que hacemos la mayoría sobre que el mundo es un lugar bastante honrado.

Y entonces, ¿quién es Brian Encinia? Es el agente de policía que no incurre en el sesgo de veracidad. A continuación, un resumen de una jornada de trabajo en la carrera de Brian Encinia, elegida al azar, del día 11 de septiembre de 2014:[7]

15.52 Comienzo del turno. Para al conductor de un camión y lo multa por no llevar la cinta reflectante adecuada para su vehículo.

16.20 Para a una mujer por una matrícula mal colocada.

16.39 Para a otra mujer por una infracción relacionada con la matrícula.

16.54 Detecta a un conductor con el registro caducado, lo para; y después lo denuncia también por un carnet caducado.

17.12 Para a una mujer por una infracción de velocidad menor (esto es, menos del 10 por ciento por encima del límite de velocidad).

17.58 Para a alguien por una infracción de velocidad grave.

18.14 Para a un hombre por un registro caducado, después le pone tres multas más por una infracción relacionada con el carnet y por tener un recipiente abierto con alcohol en el vehículo.

20.29 Para a un hombre por «luz de matrícula ausente o inadecuada» y «luz de gálibo ausente o inadecuada».

La lista continúa; diez minutos más tarde, para a una mujer por llevar luces de faro inadecuadas, luego pone dos multas menores de velocidad más en la siguiente media hora. A las 22.00, un alto por «cadenas de seguridad»; y después, al final del turno, otro alto por luces de faro inadecuadas.

En esa lista solo hay una infracción flagrante; la parada de las 17.58 por superar el límite de velocidad en más de un 10 por ciento. Cualquier agente de policía respondería a eso. Pero muchas de las demás cosas que hizo Encinia ese día pertenecen a la categoría del trabajo policial moderno y proactivo. Se da el alto a un camionero por una cinta reflectante inapropiada o a otra persona por una «luz de gálibo ausente o inadecuada», cuando en realidad se busca otra cosa, el objetivo va, de forma consciente, como dice Remsberg, «más allá de la multa».

Uno de los consejos fundamentales que reciben los agentes patrulleros para protegerse de acusaciones de parcialidad o de discriminación racial es que deben tener cuidado de parar a todo el mundo. Si van a recurrir a motivos triviales o inventados para dar el alto a alguien, deben asegurarse de que actúan de esa forma todas las veces. «Si lo acusan de discriminación o de paradas arbitrarias, puede llevar su registro diario al tribunal y documentar que dar el alto a conductores por motivos "rigurosos" forma parte de su modo de obrar habitual —escribe Remsberg—, y que no constituye una excepción flagrante convenientemente desenterrada en el caso del acusado».

Eso es justo lo que hacía Encinia. Día tras día tras día, igual que el 11 de septiembre de 2014. Paraba a gente por llevar guardabarros inadecuados o por no llevar puesto el cinturón de seguridad, así como por invadir carriles o por incurrir en infracciones de oscuras regulaciones sobre las luces de los vehículos. Salía y entraba del coche como uno de los topos del Whac-A-Mole. Puso 1.557 multas en poco menos de un año en su puesto. En los veintiséis minutos antes de parar a Sandra Bland, había dado el alto a otras tres personas.

Pues bien, Encinia vio a Sandra Bland la tarde del 10 de julio. En su declaración durante la investigación posterior, llevada a cabo por la oficina del inspector general del departamento de Seguridad Pública de Texas, dijo que había visto a Bland saltarse un stop cuando salía de la Universidad de Prairie View. Ese fue el disparador de curiosidad. No pudo darle el alto en ese momento, porque la señal estaba en el campus de la universidad. Pero cuando se incorporó a la ronda estatal 1098, la siguió. Se dio cuenta de que tenía matrícula de Illinois. Ese fue el segundo disparador de curiosidad. ¿Qué hacía alguien del otro extremo del país en el este de Texas?

—Estaba comprobando el estado del vehículo, la marca, el modelo, si llevaba matrícula, cualquier otra circunstancia —testificó Encinia—; buscaba una excusa para darle el alto.[8]

—¿Ha acelerado detrás de vehículos a esa velocidad en el pasado para comprobar su estado? —le preguntó su interrogador, Cleve Renfro.

—Lo he hecho, sí, señor —respondió Encinia. Para él, era una práctica habitual.

Cuando Bland vio a Encinia acelerar detrás de ella por el espejo retrovisor, se quitó de en medio para dejarlo pasar. Pero no puso el intermitente. ¡Bingo! Encinia ya tenía la justificación que buscaba; título 7, subtítulo C, sección 545.104, párrafo A del Código de Circulación de Texas,[9] que establece que «un conductor deberá usar el señalizador autorizado por la sección 545.106 para indicar la intención de girar, cambiar de carril o salir de una plaza de aparcamiento». En el caso de que Bland hubiese puesto el intermitente en el último momento, justo antes de cambiar de carril, Encinia habría tenido incluso una opción de repuesto; el párrafo B de la sección 545.104 establece que «un conductor que quiera girar un vehículo a la derecha o a la izquierda deberá señalizar sin interrupción durante una distancia no menor a los treinta últimos metros de movimiento del vehículo antes del giro». Podía haberla parado por no señalizar y también podía haberla parado por no señalizar del modo correcto. *

Encinia salió del coche patrulla y se acercó a paso lento al Hyundai de Bland por el lado del copiloto, inclinándose un poco para ver si había algo de interés en el coche. Estaba haciendo el cacheo visual; ¿había algo inapropiado, como envases de comida rápida en el suelo? ¿Colgaba un bosque de delitos del retrovisor? ¿Herramientas en el asiento trasero? ¿Una sola llave en el llavero? Bland acababa de conducir de Chicago a Texas; por supuesto que tenía envases de comida en el suelo. En una situación normal, la mayoría de nosotros miraríamos por esa ventana y despejaríamos nuestras dudas. Pero Brian Encinia pertenecía a la nueva generación de agentes de policía. Y hemos decidido que preferimos que nuestros dirigentes y guardianes insistan en sus dudas en lugar de desecharlas. Encinia se inclinó junto a la ventana, le explicó por qué le había dado el alto y, de inmediato, comenzó a albergar sospechas.

III

RENFRO: De acuerdo. Después de pedirle a Bland el carnet de conducir, le preguntó adónde se dirigía, y ella replicó «Eso no importa». Usted escribió en su informe: «Supe en ese momento que algo no iba bien».

En este caso, se trata de preguntas que el investigador estatal Cleve Renfro le hizo a Encinia en su declaración.

---

* Esa es, por supuesto, la razón por la que Bland estaba tan irritada. «Me parece una mierda que me multen por esto. Me estaba quitando de su camino. Usted estaba acelerando, siguiéndome, así que me quito de en medio y usted me da el alto», decía. Queriendo decir algo así como: «Un coche de policía viene acelerando detrás de mí, yo me quito de su camino, como se supone que debe hacer un conductor, y ahora el mismo agente de policía que me ha forzado a cambiar de carril me está poniendo una multa por hacerlo de forma inadecuada». Encinia había provocado la infracción.

RENFRO: Explique, para que conste en acta, qué pensaba que no iba bien.

ENCINIA: Tenía un lenguaje corporal y una conducta agresivos. Parecía que no estaba bien.

Brian Encinia creía en la transparencia, en que la conducta de las personas es una guía fiable de sus emociones y de su carácter. Esto es algo que nos enseñamos los unos a los otros. Más en concreto, es algo que enseñamos a los agentes de policía. El programa de entrenamiento policial más influyente del mundo, por ejemplo, se llama la Técnica Reid. Se usa en cerca de dos tercios de los departamentos policiales de Estados Unidos —por no mencionar el FBI e innumerables fuerzas de orden público de todo el mundo—, y se fundamenta directamente en la idea de la transparencia; se instruye a los agentes de policía para, a la hora de tratar con gente que no conocen, recurrir a la conducta como guía para juzgar la inocencia y la culpa.

Por ejemplo, esto es lo que dice el manual de entrenamiento Reid sobre el contacto visual:

En la cultura occidental, mirarse mutuamente, mantener el contacto visual, representa transparencia, franqueza y confianza. Cuando responden a las preguntas que se les formulan, los sospechosos que mienten, por lo general, no miran directamente al investigador, sino que miran al suelo o a un lado, o al cielo, como suplicando alguna orientación divina.

Los sospechosos veraces, por el contrario, no indican estar poniéndose a la defensiva con sus miradas o con sus actos, y pueden mantener con facilidad el contacto visual con el investigador.[10]

El manual que siguió a la experiencia de Kansas City, *Tactics for Criminal Patrol*, instruye a los agentes en altos policiales a llevar a cabo un «interrogatorio encubierto», con base en lo que puedan recabar de la observación inicial del sospechoso.

Mientras se analiza en silencio su relato, sus modos verbales y su lenguaje corporal en busca de indicios de engaño, se tratará de convencerlos de que no albergamos sospecha alguna […]. Cuanto más se pueda retrasar el momento en que caigan en la cuenta de que, de hecho, se les está evaluando, así como a su vehículo y a sus motivos para circular, más probable es que proporcionen, sin darse cuenta, pruebas que los incriminen.

Y esto es justo lo que hizo Encinia, a saber: reparó en que ella estaba zapateando con los pies, moviéndolos arriba y abajo. Así que comenzó a alargar la interacción. Le preguntó cuánto tiempo llevaba en Texas. Ella dijo: «He llegado ayer mismo». La sensación de desconfianza se incrementó. Tenía matrícula de Illinois. ¿Qué hacía en Texas?

RENFRO: ¿Temió por su propia seguridad en ese momento?
ENCINIA: Sabía que algo no iba bien, pero no sabía qué. No sabía si se estaba cometiendo un delito, si se había cometido o qué.

Regresó al coche patrulla para comprobar el permiso de conducir y el número de registro, y, según contó él mismo, cuando levantó la mirada y observó a Bland a través de la ventana trasera del coche, la vio hacer «numerosos movimientos furtivos, inclusive desaparecer de la vista durante un periodo de tiempo». Eso fue crucial, y explica un aspecto por lo demás enigmático del vídeo. ¿Por qué se acercó Encinia al coche de Bland por el lado del copiloto la primera vez, pero por el lado del conductor la segunda? Porque sentía una preocupación en aumento. Como escribió en el informe, «gracias a la formación de seguridad para agentes sé que es mucho más fácil para un criminal dispararme si estoy en el lado del copiloto del vehículo».

RENFRO: Explíquenos por qué pasó de un alto policial rutinario que implicaba a una persona exasperada, la cual, en su opinión, no estaba cooperando o estaba nerviosa, al proceso que lo llevó a pensar que había alguna posibilidad de que sería mejor para usted acercarse por el lado del conductor, según había aprendido en la formación para agentes frente a la posibilidad de recibir un disparo.

ENCINIA: Bueno... porque cuando estaba todavía dentro del coche patrulla, había visto numerosos movimientos hacia la derecha, hacia la guantera, el lado derecho de su cuerpo, desapareciendo esa zona también de la vista.

El pensamiento que tuvo de inmediato fue: «¿ESTÁ COGIENDO UN ARMA?». Así que pasó a acercarse con cautela.

ENCINIA: Los cristales de las ventanas estaban sin tintar, así que podía ver si tenía algo en las manos, si tendría que girar su propio hombro o no. Por eso elegí acercarme por ese lado...

En la mente de Encinia, la conducta de Bland encajaba en el perfil de un delincuente potencialmente peligroso. Estaba nerviosa, irritable, agresiva e inestable. Creyó que escondía algo.

Siendo muy generosos, se trataría de un pensamiento peligrosamente erróneo. Los seres humanos no son transparentes. Pero ¿cuándo es más peligroso este tipo de pensamiento? Cuando las personas que observamos son discordantes: cuando no se comportan de la forma en que esperamos que lo hagan. Amanda Knox era discordante; en la escena del crimen, mientras se ponía los patucos protectores, giró las caderas y dijo «tachán». Bernie Madoff era discordante, un sociópata vestido como un caballero.

¿Y en el caso de Sandra Bland? También se trataba de alguien discordante. A Encinia le pareció una delincuente, pero no lo era. Solo estaba enfadada. Después de su muerte, se supo que había tenido diez encuentros previos con la policía en el transcurso de su vida adulta, incluidos cinco altos policiales, que le habían supuesto casi ocho mil dólares en multas pendientes. Había intentado suicidarse el año anterior, después de perder un bebé. Tenía numerosos cortes a lo largo de uno de los brazos. En uno de los vídeos semanales de *Sandy Speaks*, solo unos meses antes de mudarse a Texas, Bland aludía a sus problemas:

Me disculpo. Lo siento, mis reyes y reinas. Han pasado dos semanas largas. He estado desaparecida en combate. Pero tengo que ser
sincera con vosotros. Estoy sufriendo algo con lo que puede que
algunos de vosotros también lidiéis ahora mismo. Es un poco de
depresión y también de trastorno por estrés postraumático. He
estado estresada de verdad este último par de semanas […].[11]

Así que aquí tenemos a una persona atormentada con un historial de problemas médicos y psiquiátricos, que trata de ende-
rezar su vida. Se ha mudado a una nueva ciudad, empieza en un
nuevo trabajo y, nada más llegar para comenzar un nuevo capítulo de su vida, le da el alto un agente de policía, repitiéndose
un escenario que la ha dejado muy endeudada. ¿Y por qué? Por
no señalizar un cambio de carril cuando un coche de policía está
acelerando detrás de ella. De repente, su nuevo pero frágil impulso vital se ponía en cuestión. En los tres días que pasó en la
cárcel antes de quitarse la vida, Sandra Bland estuvo angustiada,
llorando sin parar, y hacía una llamada telefónica tras otra. Había entrado en crisis.

Pero Encinia, con base en toda la falsa confianza que nos da
la creencia en la transparencia, interpretó esa emocionalidad e
inestabilidad como la evidencia de algo siniestro.

Renfro le preguntó sobre el momento decisivo, cuando Encinia le había pedido a Bland que apagase el cigarrillo. ¿Por qué
no había dicho simplemente: «Disculpe, me está cayendo ceni-
za de su cigarro en la ropa»?

ENCINIA: Quería estar seguro de que lo apagaba sin tirármelo o sin
que lo soltara sin más.

Entonces, Renfro le preguntó por qué, si ese era el caso, no le
había explicado de inmediato el motivo de la detención.

ENCINIA: Porque estaba tratando de defenderme y de tenerla bajo
control.

Ella le daba pánico. Y sentir pánico ante una desconocida del todo inocente que tiene un cigarro en la mano es el precio que se paga por no incurrir en el sesgo de veracidad. Es la razón por la que Harry Markopolos se atrincheró en su casa, armado hasta los dientes, a la espera de que la SEC le tirase la puerta abajo.

RENFRO: No le he preguntado esto antes, pero lo haré ahora. Cuando ella le dice: «Así que esto va en serio», usted responde: «Claro que va en serio». ¿Qué quería decir con eso?

ENCINIA: Podía deducir, por sus movimientos… se inclinaba y blandía el puño hacia mí… Aunque no fuera policía, si viese a alguien apretar los puños, es que la cosa va a ponerse agresiva o potencialmente dañina para mí o para la otra parte.

RENFRO: ¿Es esa la razón por la que no la redujo sin más?

ENCINIA: Sí, señor.

RENFRO: ¿Por qué?

ENCINIA: Ya me había lanzado el puño una vez. Nada le impedía lanzármelo de nuevo, con la posibilidad de que me dejara fuera de combate.

Ahora, la intervención de otro de los investigadores.

LOUIS SÁNCHEZ: ¿Tenía usted miedo?

ENCINIA: Mi seguridad estuvo comprometida en más de una ocasión…

Y después:

SÁNCHEZ: No quiero poner palabras en su boca. Así que, después de que esto ocurriese, ¿durante cuánto tiempo tuvo el pulso acelerado, la adrenalina fluyendo? ¿Cuándo se calmó?

ENCINIA: Es probable que al volver a casa, varias horas después.

Tras el fallecimiento de Bland, se hicieron habituales las descripciones de Encinia como un agente sin empatía. Pero esa caracterización yerra el tiro. Alguien sin empatía es indiferente a los sentimientos ajenos. Encinia no era indiferente a los sentimientos de Bland. Cuando se aproximó a su coche, una de las primeras cosas que le dijo fue: «¿Va todo bien?». Cuando volvió al coche, después de haber verificado el permiso de conducción, le preguntó de nuevo: «¿Está usted bien?». Se dio cuenta en el acto del malestar emocional que sentía. El problema fue que malinterpretó por completo lo que esos sentimientos significaban. Se convenció de que se estaba precipitando hacia un enfrentamiento temible con una mujer peligrosa.

¿Y qué prescribe *Tactics for Criminal Patrol* a un agente de policía en esa tesitura? «Parece que hoy en día hay demasiados policías temerosos de reafirmar el control de la situación, reacios a decir a alguien lo que tiene que hacer. Se permite a la gente moverse como quiera, permanecer donde quiera, y son los agentes los que intentan adaptarse a lo que hace el sospechoso». Encinia no iba a dejar que eso ocurriese.

> ENCINIA: Vale, baje del coche […]. O se baja o la saco yo. Le estoy dando una orden legal.

El objetivo de Brian Encinia era ir más allá de la multa. Tenía los disparadores de curiosidad muy afinados. Lo sabía todo sobre el cacheo visual y el interrogatorio encubierto. Y cuando parecía que la situación podía escaparse de su control, intervino con firmeza. Lo que se torció ese día en las calles con Sandra Bland no se debió a que Brian Encinia no hiciese lo que estaba entrenado para hacer. Fue al contrario. Ocurrió porque hizo justo lo que estaba entrenado para hacer.

IV

El 9 de agosto de 2014, un año antes de que Sandra Bland muriese en su celda de Prairie View, un afroamericano de dieciocho años llamado Michael Brown murió por los disparos de un agente de policía blanco en Ferguson, en Misuri. Brown era sospechoso de haber cometido un robo en una tienda de alimentación cercana. Cuando Darren Wilson, el policía, lo encaró, ambos forcejearon. Brown estaba junto a la ventana del conductor del coche patrulla de Wilson y le dio un puñetazo. Wilson terminó disparándole seis veces. Los disturbios subsiguientes duraron diecisiete días. La Fiscalía declinó procesar al agente Wilson.

El de Ferguson fue el caso que dio inicio a ese extraño interludio en la vida de Estados Unidos en el que la conducta de los agentes de policía pasó a copar de repente todas las portadas. Y debería haber servido como advertencia. El departamento de Justicia envió enseguida un equipo de investigadores a Ferguson; y el informe que hicieron, publicado seis meses después, es un documento extraordinario.[12] Uno de los directores del equipo era un abogado llamado Chiraag Bains, quien dice que lo que le sorprendió, casi de inmediato, fue que la ira en Ferguson no respondía solo a la muerte de Brown, ni siquiera era la razón principal. Se debía más bien a un estilo particular de trabajo policial que llevaba aplicándose en la ciudad durante años. El departamento de policía de Ferguson era la máxima referencia en cuanto a trabajo policial en Kansas City. Era un lugar en el que la filosofía del mantenimiento del orden público era, en resumidas cuentas, parar a tantas personas como fuese posible por tantos motivos como fuese posible.

—Era alarmante —recuerda Bains—. Un agente decía: «Es todo por los tribunales». Otro decía: «Sí, cada mes nuestros supervisores cuelgan en la pared una lista con los agentes y las multas que han puesto ese mes». Nos dimos cuenta de que la meta era la productividad.

Ferguson tenía un departamento de policía entero lleno de «Encinias». Bains continúa:

—Sabían que su trabajo era poner multas y detener a aquellos que no hubieran pagado las penalizaciones o las tasas, y que se les iba a evaluar por eso.

Bains dice que hubo un incidente que le causó una estupefacción particular, relacionado con un joven negro que había estado jugando al baloncesto en el parque. Cuando, un rato después, descansaba sentado al volante de su vehículo, un coche de policía se estacionó detrás de él. El agente se acercó a la ventana del conductor y le exigió la identificación, acusándolo de ser un pederasta.

—Creo que [el agente de policía] le dijo algo parecido a: «Hay niños aquí y tú estás en el parque, ¿qué eres, un pederasta?» [...]. Entonces le ordenó que bajase del coche, y el tipo dijo: «Bueno, no me pienso mover. Quiero decir, tengo derechos constitucionales. Estoy aquí sentado después de jugar al baloncesto».

Entonces, el agente sacó la pistola sin mediar más y amenazó al tipo, insistiéndole en que saliera del coche. Al final, el agente le puso hasta ocho multas, entre las que se incluían denuncias por no llevar el cinturón puesto, estar sentado en el coche en un parque, no tener el carnet y, al mismo tiempo, por tenerlo caducado. Consiguió interponer ambas denuncias.

—Incluso le pusieron una multa por hacer una declaración falsa, debido a que había dicho que su nombre era Mike y no Michael. El caso es que terminó afrontando un montón de denuncias durante bastante tiempo. Lo acusaban de ocho delitos por el Código Municipal de Ferguson, así que decidió recurrir. De hecho, llegó a ir detenido en aquella ocasión. Incluso acabó perdiendo su empleo como contratista del Gobierno federal. Esa detención le hizo descarrilar del todo.

El arresto de Mike es un calco del de Sandra Bland, ¿no es así? Un agente de policía se acerca a un civil con el pretexto más tonto posible, en busca de la aguja en el pajar... con el resultado de que hay tantos inocentes atrapados en la ola de sospecha que la confianza entre la policía y la comunidad se destruye. Por eso se protestaba en las calles de Ferguson; por años y años de aguantar a agentes de policía que tomaban un jugador de baloncesto por un pederasta.*

---

* Hay evidencia significativa de que los afroamericanos tienen bastantes más probabilidades de que les pare la policía de tráfico que sus compatriotas de raza blanca, lo que implica que la humillación de un falso positivo no está distribuida de forma equitativa entre toda la población. Se concentra en aquellos ciudadanos que ya sufren otros agravios.[13]

¿Pasa esto solo en Ferguson o en Prairie View? Por supuesto que no. No hay más que recordar el aumento dramático de incidencias abiertas por la policía de tráfico en Carolina del Norte. En siete años pasaron de cuatrocientas mil a ochocientas mil.[14] Ahora bien, ¿es eso porque en ese periodo de tiempo los conductores de Carolina del Norte empezaron de repente a saltarse más semáforos en rojo, a beber más y a sobrepasar los límites de velocidad con mayor frecuencia? Por supuesto que no. Es porque la policía estatal cambió de estrategia. Empezaron a acometer muchas más búsquedas de agujas en el pajar. Dieron instrucciones a sus agentes de policía para que ignoraran la inclinación natural al sesgo de veracidad y empezasen a imaginar lo peor; que las jóvenes que vuelven de entrevistas de trabajo pueden estar armadas y ser peligrosas o que los jóvenes que se sientan a recuperar el resuello después de dar algunos botes al balón pueden ser pederastas.

¿Cuántas incautaciones extra de armas o drogas realizó la policía de tráfico con esas cuatrocientas mil búsquedas adicionales? Diecisiete. ¿Merece de verdad la pena alienar y estigmatizar a 399.983 Mikes y Sandras para encontrar diecisiete manzanas podridas?

Cuando Larry Sherman diseñó los experimentos de Kansas City, era muy consciente de este problema.

—Nadie diría a los médicos que fueran por ahí y empezaran a abrir a la gente a ver si tienen mal la vesícula —dice Sherman—. Hay que hacer muchos diagnósticos antes de abordar cualquier tipo de procedimiento peligroso. Y el alto policial seguido de registro lo es. Puede generar hostilidad hacia la policía.

—Para Sherman, la máxima hipocrática («Lo primero, no hacer daño») se aplica en la misma medida a la labor policial—. Acabo de comprar un busto de mármol de Hipócrates para tratar de subrayar todos los días, al verlo, que hemos de minimizar los daños que pueda ocasionar el trabajo policial —afirma—. Tenemos que comprender que todo lo que hace la policía, de alguna forma, se inmiscuye en la libertad de las personas. Así que no se trata solo de poner policías en los puntos calientes. Se trata también de tener un punto dulce de intromisión amable en la libertad de otros, para no pasarnos ni un centímetro, ni una pizca.

Por este motivo, los agentes de policía involucrados en el experimento de Sherman en Kansas City siguieron una formación especial.

—Sabíamos que el trabajo policial proactivo conlleva un riesgo para la legitimidad policial, y lo destacaba continuamente —explica Sherman.*

Y lo que es aún más importante; esa es la razón por la que el experimento de las armas de Kansas City se limitó al distrito 144. Allí era donde había crímenes.

—Hicimos el esfuerzo de intentar reconstruir dónde estaban los puntos calientes —afirma Sherman.

En el peor barrio de la ciudad, fue un paso más allá y aplicó el mismo análisis minucioso que él y Weisburd habían llevado a cabo en Mineápolis para localizar los segmentos urbanos específicos en los que se concentraban los delitos. A los agentes de patrulla se les dijo, a su vez, que pusiesen las energías en esos lugares. Sherman nunca hubiese buscado armas con técnicas agresivas en un barrio que no fuese un campo de batalla.

En el distrito 144 el «problema de Mike y Sandra» no desapareció. Pero el objetivo de confinar el experimento con las armas de Kansas City a las peores zonas de los peores barrios era reducir un poco el tamaño del pajar, y convertir el inevitable dilema entre luchar contra el delito y acosar a personas inocentes en algo más gestionable.[15] En una comunidad normal, que la policía sea tan agresiva como Sherman quería sería buscar problemas. En cambio, para las personas que sufren en el 3 o 4

---

* En proyectos posteriores con Scotland Yard, en Londres, cuando la policía estaba intentando frenar una ola de asesinatos por arma blanca entre adolescentes, Sherman insistiría en que los agentes patrulleros dejaran su tarjeta a todo con el que hablaran.

—Llegaban a dar quinientos altos por noche —dice Sherman—. A todo el que daban el alto, le entregaban un recibo, que decía básicamente: «Este es mi nombre, este es mi número de placa. Si tiene cualquier queja o duda sobre cualquier cosa que haya hecho, puede hacer seguimiento con este recibo».

por ciento de las calles en las que la delincuencia es endémica —en las que puede haber cien o doscientas llamadas a la policía en un año—, la teoría del acoplamiento indicaba que el cálculo podía ser diferente.

—¿Qué ocurre con el trabajo policial en los puntos calientes? Le dices a la policía: «Vete a esas diez calles elegidas entre las cien de aquel barrio, o entre las mil de ese otro, y echa horas allí, porque es donde pasan las cosas» —explica Weisburd—. Y si lo haces, hay buenas probabilidades de que el vecindario diga: «Sí, esta intromisión vale la pena, porque no quiero me que me peguen un tiro mañana».

La primera pregunta para Brian Encinia es si hizo lo correcto. Pero la segunda pregunta, igual de importante, es si estaba en el lugar correcto.

V

De Prairie View, Texas, la localidad en la que a Sandra Bland le dieron el alto, se dice a veces que está «a las afueras» de Houston, como si fuera un suburbio. No lo es. Houston está a más de ochenta kilómetros. Prairie View está en el campo.

La localidad es pequeña; no más de unos miles de personas, calles cortas flanqueadas por casas unifamiliares modestas estilo rancho. La universidad está en un extremo de la calle principal, la FM 1098, que rodea el extremo occidental del campus. Si se conduce alrededor del campus por el anillo de circunvalación, se ve una pequeña iglesia episcopal a la izquierda, el estadio de fútbol americano a la derecha y, después de eso, mucho terreno de pasto, ocupado por algunos caballos y vacas. El condado de Waller —donde está emplazada Prairie View— es predominantemente republicano, blanco, de clase media y trabajadora.

RENFRO: Bueno, hablemos de esa zona. ¿Hay mucha delincuencia?
ENCINIA: Esa parte de la FM 1098 es una zona con mucha delincuencia y mucha droga.[16] Es... según la experiencia que he

tenido, en situaciones similares… según lo que he visto… me
he encontrado con drogas, armas e individuos desafiantes.

Entonces, Encinia le dice a Renfro que ha realizado múltiples
detenciones por «órdenes judiciales, en relación con drogas y
numerosas armas, casi [todas] dentro de ese vecindario».

El registro oficial de Encinia, sin embargo, no recoge nada de
eso. Entre el 1 de octubre de 2014 y el incidente de Sandra Bland
del 10 de julio del año siguiente, dio el alto a veintisiete conductores en ese tramo de casi dos kilómetros de carretera. Seis se
saldaron con multas por velocidad. Eran altos obligatorios, así
que podemos suponer que cualquier agente de policía razona-
blemente vigilante, incluso en la época anterior a los cambios de
Kansas City, hubiese hecho lo mismo. Pero la mayoría de las
otras no son más que una salida de pesca de Encinia. En marzo
de 2015, multó a un varón negro «por no transitar por un solo
carril». Dio el alto a cinco personas por infringir la FMVSS
571.108, la sección del reglamento sobre seguridad vial que rige
los intermitentes, la iluminación de las matrículas y las luces de
freno. Lo peor de la lista son dos casos de alcoholemia, pero
tengamos presente que se trata de una vía que bordea un campus
universitario.

Eso es todo. La FM 1098 no es «una zona con mucha delincuencia y mucha droga». Tendría que desplazarse cinco kilómetros hasta Laurie Lane —un tramo de un kilómetro escaso
de caravanas estáticas— para encontrar algo cerca que se parezca remotamente a un punto caliente.

—¿Por qué parar a la gente en lugares donde no hay delitos?
—se pregunta Weisburd—. No le veo ningún sentido.

—A esa hora del día, en esa zona, dar el alto [a Sandra Bland]
por cambiar de carril no es justificable —afirma Sherman, igual
de espantado.

Incluso durante el primer experimento de incautación de
armas en Kansas City —en un barrio cien veces peor que Prairie View—, Sherman indicó que los agentes especiales dieran
el alto solo por la noche. Esa es la única franja del día en la que

la tasa de delitos era lo suficientemente elevada como para justificar el trabajo policial agresivo. Sandra Bland recibió el alto a media tarde.

Puede que Brian Encinia haya exagerado a propósito los peligros de ese tramo de vía para justificar cómo trató a Sandra Bland. Parece igual de probable, sin embargo, un hecho tan sencillo como que nunca se le ocurrió pensar en el delito como algo con un vínculo estrecho con un determinado lugar. Los teóricos de la literatura, los ingenieros de caminos y los jefes de policía tienen problemas con la noción de acoplamiento. ¿Por qué los patrulleros habrían de ser diferentes?

Así que resulta que Brian Encinia terminó en un lugar en el que nunca debería haber estado, dando el alto a alguien a quien nunca debería haber interceptado, y sacando conclusiones que nunca deberían haber deducido. La muerte de Sandra Bland es lo que sucede cuando una sociedad no sabe cómo hablar con desconocidos.

VI

Este ha sido un libro sobre un problema difícil. No tenemos la opción de no hablar con desconocidos, en especial en el mundo moderno actual, en el que las fronteras son tan permeables. Ya no vivimos en pueblos. La policía debe dar el alto a personas que no conocen. Los agentes de inteligencia tienen que lidiar con el engaño y la incertidumbre. Los jóvenes quieren ir a fiestas con la intención explícita de conocer a desconocidos, algo que forma parte de la emoción del descubrimiento romántico. Sin embargo, somos ineptos en esta necesaria tarea. Creemos que podemos transformar al desconocido, sin coste ni sacrificio, en alguien familiar o conocido, y no es así. ¿Qué deberíamos hacer?

Podríamos empezar por no seguir penalizándonos unos a otros por incurrir en el sesgo de veracidad. Si tiene un hijo que ha sufrido abusos a manos de un médico, eso no lo convierte a usted en un mal padre, incluso aunque estuviese presente en la consulta. Y si preside una universidad y no se pone en el peor escenario posible cuando alguien le da una información turbia sobre uno de sus empleados, eso no lo convierte en un delincuente. Suponer lo mejor de los demás es el rasgo que ha alumbrado la sociedad moderna. Las ocasiones en que se viola nuestra naturaleza confiada son trágicas. Pero la alternativa —el abandono de la confianza en el otro como defensa contra la depredación y el engaño— es peor.

Deberíamos también aceptar los límites de nuestra capacidad para descifrar a los desconocidos. En el interrogatorio de JSM había dos bandos. James Mitchell y su colega Bruce Jessen estaban motivados por el deseo de hacer hablar a JSM. En el otro bando, Charles Morgan estaba preocupado por el coste de forzar a las personas a que hablen; ¿y si, en el acto de coaccionar a un prisionero para romper sus defensas, se dañan sus recuerdos y se convierte lo que tiene que decir en un material menos fiable? Las expectativas más modestas de Morgan son un buen modelo para el resto de nosotros. No hay un mecanismo perfecto para que la CIA descubra espías en la niebla, ni para que los inversores detecten conspiradores y fraudes, ni para que ninguno de nosotros contemple con clarividencia el interior de la mente de aquellos a quienes no conocemos. Lo que se requiere de nosotros es moderación y humildad. Podemos poner vallas en puentes para dificultar que ese impulso momentáneo se haga permanente. Podemos enseñar a los jóvenes que esas borracheras imprudentes que la gente se pilla en las fiestas universitarias hacen casi imposible la tarea de interpretar a otros. Hay pistas para entender a un desconocido. Pero estar atento a ellas requiere cuidado y atención.

Dije al comienzo del libro que no estaba dispuesto a apartar a un lado la muerte de Sandra Bland. He visto ya la cinta de su encuentro con Brian Encinia más veces de las que puedo contar; y cada vez que lo hago, más enfado me causa la forma en la que el caso se «cerró». Lo convirtieron en algo mucho más pequeño de lo que en realidad fue; un mal agente de policía y una afligida joven negra.

Pero la cosa no fue exactamente así. Los errores que tuvieron lugar aquel día en la FM 1098 de Prairie View son un fracaso colectivo. Alguien escribió un manual formativo que animaba de forma absurda a Brian Encinia a sospechar de todo el mundo, y él se lo creyó a pies juntillas. Algún superior en la cadena de mando de la policía de tráfico texana malinterpretó las pruebas disponibles y pensó que era una buena idea mandarlo a él y a sus colegas que dieran el alto a lo Kansas City en un barrio con bajas tasas de delincuencia. Todo el mundo en el gremio actuó bajo la suposición de que los conductores que pasan por ese rincón de Texas podían ser identificados y categorizados por el tono de voz, los movimientos inquietos y la presencia de envases de comida rápida. Y detrás de cada una de esas ideas hay hipótesis que compartimos demasiados de nosotros… y que muy pocos nos hemos preocupado alguna vez de replantear.

RENFRO: De acuerdo. Si Bland hubiese sido una mujer blanca, ¿habría pasado lo mismo?

Es la parte final de la declaración. Encinia y su interrogador están todavía tratando infructuosamente de determinar qué pasó ese día.

ENCINIA: El color no importa. Detenemos vehículos y damos el alto a personas por infracciones de la ley, no con base en la raza o el género. Hacemos parar porque se comete una violación de la ley.

«Hacemos parar porque se comete una violación de la ley» es quizá lo más sincero que se haya dicho sobre todo el episodio. Pero, en lugar de hacer la repregunta obvia —¿Y por qué hacen parar por cualquier violación de la ley?—, Renfro se pierde.

RENFRO: ¿Qué cree usted que alguien agraviado va a hacer una vez que le preguntan «Está usted bien» y al que, tras dar ese tipo de respuesta, le responden con la otra pregunta de «Ha terminado»? Es decir, ¿eso es bueno para la comunicación?

Renfro se muestra firme pero comprensivo, como un padre que regaña a su hijo pequeño por ser maleducado con los invitados que vienen a cenar. Los dos han acordado atribuir la muerte trágica de Sandra Bland a un encuentro personal que se tuerce, y ahora están en una fase en la que Renfro se dedica a criticar los modales de Encinia en la mesa.

> ENCINIA: En ningún momento quise ser descortés ni intenté infravalorar ninguna de sus respuestas. Solo le estaba preguntando si había terminado, para asegurarme de que había soltado lo que necesitara soltar, y de esa manera proceder a cumplimentar la incidencia o a identificar qué podía estar pasando o no en la zona.
>
> RENFRO: ¿Es justo decir que ella quizá lo tomó como que usted estaba siendo sarcástico?
>
> ENCINIA: Es posible, sí, señor. Esa no era mi intención.

Ah, ¿así que en realidad fue un fallo de ella? Al parecer, así fue, Bland malinterpretó su entonación. Si uno es ciego a las ideas que subyacen a nuestros errores con desconocidos —y a las instituciones y prácticas que construimos alrededor de esas ideas—, entonces todo lo que queda es personal; el crédulo Alpinista, el negligente Graham Spanier, la siniestra Amanda Knox, la maldita Sylvia Plath. Y, ahora, Sandra Bland, quien —al final del largo informe posterior sobre aquel fatídico alto policial en la FM 1098— se convierte de algún modo en la mala de la película.

> RENFRO: ¿Reflexionó usted alguna vez sobre su formación en aquel momento y pensó que quizá lo único que pasaba era que había dado el alto a una individua a la que no le gustaba la policía? ¿Se le pasó por la cabeza?
>
> ENCINIA: Sí, señor. Esa es una posibilidad, que no le gustaban los agentes de policía.

Como no sabemos hablar con desconocidos, ¿qué hacemos cuando las cosas se tuercen con un desconocido? Echamos la culpa al desconocido.

NOTAS

Escribí *Hablar con desconocidos* en un lapso de tres años. En el curso de la investigación realicé innumerables entrevistas y leí cientos de libros y artículos. Salvo que se indique lo contrario, las citas en el texto pertenecen a mis entrevistas. Lo que sigue no pretende ser el relato definitivo de todo lo que influyó en mi pensamiento. No es más que una lista de las que considero las fuentes más importantes a las que he recurrido. Con casi total seguridad que habré incurrido en omisiones. Si el lector detectara alguna de ellas, o bien cuenta con ejemplos de que estoy a todas luces equivocado, sírvase escribirme a lbpublicity.generic@hbgusa.com, y tendré mucho gusto en subsanar los errores en que pueda haber incurrido.

INTRODUCCIÓN: «¡SALGA DEL COCHE!»

1 El caso de Sandra Bland fue el tema de un documental de HBO estrenado en 2018, *Vida y muerte de Sandra Bland*, dirigido y producido por Kate Davis y David Heilbroner. Contó con la plena cooperación de la familia de Bland, y aporta una excelente descripción de su vida y de su espíritu. Sin embargo, se alimenta de la especulación —común a varios rincones de Internet— de que hubo algo sospechoso en su muerte. Ni me convencen esas sospechas ni *Vida y muerte de Sandra Bland* presenta evidencia real alguna que las respalde. Las tribulaciones de Sandra Bland son, como se verá, más complejas (y, por desgracia, más sistémicas).

2   «Sandy Speaks on her birthday, February 7th, 2015!», YouTube, 7 de febrero de 2015, consultado el 10 de enero de 2019, <https://www.youtube.com/watch?v=KfrZM2Qjvtc>.

3   Véase el vídeo del departamento de Seguridad Pública de Texas (963.000 visitas), así como el vídeo del WSJ (42.000 visitas) y un segundo vídeo del WSJ (37.000 visitas), amén de otros sitios sin recuento de visionados, como nytimes.com y nbc.com.

4   «Sandra Bland Traffic Stop», departamento de Seguridad Pública de Texas, YouTube, 2015, <https://www.youtube.com/watch?v=CaW09Ymr2BA>.

5   Rachel Clarke y Christopher Lett, «What happened when Michael Brown met officer Darren Wilson?», CNN, 11 de noviembre de 2014, <https://www.cnn.com/interactive/2014/08/us/ferguson-brown-timeline/>.

6   Peter Herman y John Woodrow Cox, «A Freddie Gray primer: Who was he, how did he die, why is there so much anger?», *The Washington Post*, 28 de abril de 2015, <https://www.washingtonpost.com/news/local/wp/2015/04/28/a-freddie-gray-primer-who-was-he-how-did-he-why-is-there-so-much-anger>. En relación con Philando Castile, véase Mark Berman, «Minnesota officer charged with manslaughter for shooting Philando Castile during incident on Facebook», *The Washington Post*, 16 de noviembre de 2016, <https://www.washingtonpost.com/news/post-nation/wp 2016/11/16/prosecutors-to-announce-update-on-investigation-into-shooting-of-philando-castile/?utm_term=.1e7914da2c3b>. Respecto de Eric Garner, véase Deborah Bloom y Jareen Imam, «New York man dies after chokehold by police», CNN, 8 de diciembre de 2014, <https://www.cnn.com/2014/07/20/justice/ny-chokehold-death/index.html>. A propósito de Walter Scott, véase Michael Miller, Lindsey Bever y Sarah Kaplan; «How a cellphone video led to murder charges against a cop in North Charleston S.C.», *The Washington Post*, 8 de abril de 2015, <https://www.washingtonpost.com/news/morning-mix/wp/2015/04/08/how-a-cell-phone-video-led-to-murder-charges-against-a-cop-in-north-charleston-s-c/?utm_term=.476f73934c34>.

7   «Sandy Speaks: April 8th 2015 (Black Lives Matter)», YouTube, 8 de abril de 2015, <https://www.youtube.com/watch?v=CIKeZgC8lQ4>.

8   Para el encuentro entre Cortés y Moctezuma, véase William Prescott, *History of the Conquest of Mexico*, Nueva York, Modern Library, 1980. [Hay trad. cast.: *Historia de la conquista de México,* Madrid, Istmo, 1987; Madrid, Machado, 2003.]

9   Bernal Díaz del Castillo, *The Discovery and Conquest of Mexico* [*Historia verdadera de la conquista de Nueva España,* 1568], Londres, George Routledge & Sons, 1928, p. 270, <https://archive.org /details/in.ernet.dli.2015.152204/page/n295>.

10 Hugh Thomas, *Conquest: Cortés, Montezuma, and the Fall of Old Mexico*, Nueva York, Simon & Schuster, 1995, p. 279. [Hay trad. cast.: *La conquista de México*, Barcelona, Planeta, 1995, 2000, 2007, 2010; Barcelona, Salvat, 2001.]

11 Camilla Townsend, «Burying the White Gods: New Perspectives on the Conquest of Mexico», *American Historical Review* 108, n.º 3, 2003, pp. 659-687.

12 Thomas, *Conquest...op. cit.*, p. 280.

13 Matthew Restall, *When Montezuma Met Cortés: The True Story of the Meeting That Changed History,* Nueva York, Harper Collins: 2018, p. 345.

A quien interese la relación entre Cortés y Moctezuma, recomiendo encarecidamente las dos últimas fuentes aquí citadas. El libro de Restall es maravilloso, y Townsend es una de esas raras historiadoras capaces de escribir con una solvencia académica no exenta de amenidad.

PRIMERA PARTE
Espías y diplomáticos: dos enigmas

1. LA REVANCHA DE FIDEL CASTRO

1   Según el relato de Brian Latell, *Castro's Secrets: Cuban Intelligence, the CIA, and the Assassination of John F. Kennedy*, Nueva York, Palgrave Macmillan, 2013, p. 26.

2   «Spy work celebrated at museum in Havana», *Miami Herald*, 16
    de julio de 2001, <http://www.latinamericanstudies.org/espionage/
    spy-museum.htm>.

3   Benjamin B. Fischer, «Doubles Troubles: The CIA and Double
    Agents during the Cold War», *International Journal of Intelligence
    and Counterintelligence* 21, n.º 1, 2016, pp. 48-74.

4   I. C. Smith, *Inside: A Top G-Man Exposes Spies, Lies, and Bureau-
    cratic Bungling Inside the FBI*, Nashville, Nelson Current, 2004,
    pp. 95-96.

5   «Spy work celebrated at museum in Havana», *op. cit.*

6   Aquí Fischer («Doubles Troubles», *op. cit.*) cita a Markus Wolf y
    Anne McElvoy, *Man Without a Face: The Autobiography of
    Communism's Greatest Spymaster*, Nueva York, Times Books/Ran-
    dom House, 1997, p. 285.

2. CONOCER AL FÜHRER

1   El relato sobre Chamberlain y Hitler se basa en varias fuentes,
    pero principalmente en el excelente *Munich, 1938: Appeasement
    and World War II*, de David Faber, Nueva York, Simon & Schuster,
    2008, pp. 272-296; «tan poco convencional [...], perplejo», p. 229;
    sobre que el 70 por ciento del país consideraba el viaje de Cham-
    berlain «bueno para la paz» y el brindis a la salud de Chamberlain,
    pp. 284-5; discurso de Chamberlain en el aeropuerto de Heston
    y reacciones al mismo, p. 296; «signos de demencia [...] a partir
    de un determinado punto», p. 302; «entre una reunión social y una
    pelea multitudinaria», p. 300; «una mezcla de asombro, repugnan-
    cia y compasión», p. 40. Faber cita el relato que hace de este even-
    to el diplomático británico sir Ivone Kirkpatrick en sus memorias,
    The Inner Circle, Londres, Macmillan & Company, 1959, p. 97;«la
    frontera de la demencia», p. 257.

2   Sobre la admiración del rey por Hitler, véase *W. L. Mackenzie King's
    Diary*, 29 de junio de 1937, Archivo Nacional de Canadá, MG 26 J
    serie 13, <https://www.junobeach.org/canada-in-wwii/articles/
    aggression-and-impunity/w-l-mackenzie-kings-diary-june-29-1937/>.

3   Diana Mosley, *A Life of Contrasts: The Autobiography of Diana Mosley*, Londres, Gibson Square, 2002, p. 124. [Hay trad. cast.: *La duquesa de Windsor*, Barcelona, Planeta, 1981.]

4   Supongo que tiene cierto sentido: para ser engañado, primero hay que exponerse al engaño. Por otro lado, los embaucados de Hitler eran hombres inteligentes, versados en política internacional, que acudían a aquellas reuniones con no pocas sospechas. ¿Por qué la información suplementaria que pudieron recabar sobre Hitler en un encuentro cara a cara les hizo mejorar su opinión de él? Véase de nuevo Faber, *Munich, 1938*, pp. 285, 302, 351; tercera y última visita de Chamberlain a Alemania, p. 414; «herr Hitler decía la verdad», p. 302; «Esta mañana […] y el mío», p. 4; «durmáis plácidamente en vuestras camas», pp. 6-7.

5   Neville Chamberlain a Ida Chamberlain, 19 de septiembre de 1938, en Robert Self, ed., *The Neville Chamberlain Diary Letters (vol. IV): The Downing Street Years, 1934-1940*, Aldershot, Reino Unido, Ashgate, 2005, p. 346; «En resumen […] dado su palabra», p. 348; «El aspecto y el comportamiento de Hitler […] demostraciones especialmente amistosas» y «Hitler exclamaba […] traído conmigo», Neville Chamberlain a Hilda Chamberlain, 2 de octubre de 1938, p. 350.

6   Hay un relato fidedigno de la visita de Halifax a Berlín en Lois G. Schwoerer, «Lord Halifax's Visit to Germany: November 1937», *The Historian* 32, n.º 3, mayo de 1970, pp. 353-375.

7   Peter Neville, *Hitler and Appeasement: The British Attempt to Prevent the Second World War*, Londres y Nueva York, Hambledon Continuum, 2006, p. 150.

8   Abraham Ascher, *Was Hitler a Riddle? Western Democracies and National Socialism*, Stanford, Stanford University Press, 2012, p. 73.

9   Sir Nevile Henderson, *Failure of a Mission: Berlin 1937-39*, Nueva York, G. P. Putnam and Sons, 1940, p. 82. [Hay trad. cast.: *El fracaso de una misión: Berlín, 1937-1939*, Málaga, Alfama, 2008.]

10 Véase D. R. Thorpe, *The Life and Times of Anthony Eden, First Earl of Avon, 1897-1997*, Nueva York, Random House, 2003.

11   Para conocer el estudio de Sendhil Mullainathan, véase Jon Klein-
     berg *et al.*, «Human Decisions and Machine Predictions», ponen-
     cia NBER 23180, febrero de 2017; se trata de una versión tem-
     prana de Kleinberg *et al.*, «Human Decisions and Machine
     Predictions», *The Quarterly Journal of Economics* 133, n.º 1, febre-
     ro de 2018, pp. 237-293.
12   Emily Pronin *et al.*, «You Don't Know Me, But I Know You: The
     Illusion of Asymmetric Insight», *Journal of Personality and Social
     Psychology* 81, n.º 4, 2001, pp. 639-656, APA PsychNET.
     He citado solo parte de la conclusión de Pronin, pero vale la
     pena considerar todo el párrafo:

Nuestro convencimiento de conocer a los demás mejor de lo que ellos
nos conocen a nosotros —y de poseer percepciones sobre ellos de las que
ellos carecen, así como de que esto no ocurre a la inversa— nos lleva a
hablar cuando nos convendría escuchar, y a ser menos pacientes de lo que
deberíamos cuando son los demás quienes se muestran convencidos de
ser malinterpretados o juzgados injustamente. Estas mismas convicciones
pueden volvernos reacios a aceptar consejos de quienes no pueden conocer nuestros pensamientos, nuestros sentimientos íntimos, nuestras interpretaciones ni nuestras motivaciones. Ahora bien, estamos más que
dispuestos a dar consejos a otros basándonos en nuestra opinión sobre
su comportamiento en el pasado, sin prestar la debida atención a sus
pensamientos, sentimientos, interpretaciones ni motivaciones. No hay
duda de que los sesgos aquí documentados pueden obstaculizar el tipo
de intercambio de información —y en especial la escucha cuidadosa y
respetuosa— susceptible de contribuir en gran medida a atenuar los sentimientos de frustración y resentimiento que acompañan al conflicto
interpersonal e intergrupal.

     Sabias palabras.

SEGUNDA PARTE

El sesgo de veracidad

3. LA REINA DE CUBA

1 Transcripción del documental *Shoot Down*, dirigido por Cristina Khuly, Palisades Pictures, 2007. El hecho de que Juan Roque fuera confidente de los cubanos dentro de Hermanos al Rescate también se menciona en el documental.

2 Ya antes de que se produjera el derribo, el Gobierno estadounidense conocía la creciente ira de Cuba por las misiones de Hermanos al Rescate, habiendo alertado de ella a esta organización mediante comunicación directa con su dirigente, José Basulto. Durante el verano y el otoño de 1995, el departamento de Estado y la Administración Federal de Aviación (FAA) hicieron declaraciones públicas para advertir a la organización de que no se aceptaría ningún plan de vuelo a Cuba. La FAA llegó a tratar de revocar la licencia de piloto de Basulto. Con todo, las advertencias del Gobierno menguaron en el otoño de 1996, pues los funcionarios consideraban que era más probable que la insistencia «enardezca a Basulto en lugar que de calmarlo». Durante este periodo, hubo desavenencias entre Hermanos al Rescate y el Gobierno de Clinton, debido a la política de «pies mojados, pies secos» que en 1995 obligó a repatriar a los balseros cubanos.

3 Scott Carmichael, *True Believer: Inside the Investigation and Capture of Ana Montes, Cuba's Master Spy*, Annapolis, Naval Institute Press, 2007, p. 5.

4 El departamento de Estado conocía las amenazas de derribo, habiéndose reunido con el contralmirante Eugene Carroll el día 23, pero se abstuvo de informar a Hermanos al Rescate. Al contrario, la noche anterior al ataque el departamento de Estado advirtió a la FAA de que «no sería improbable que [Hermanos al Rescate] intentara un vuelo no autorizado al espacio aéreo cubano mañana mismo». En respuesta, la FAA dispuso sus radares para prestar especial atención a los vuelos que se hiciesen sobre el estrecho de Florida. Ni siquiera cuando, el día 24, los radares detectaron a los

MiG, se cursó advertencia alguna a los pilotos. Pese a que los cazas F-15 estaban listos para la acción, el visto bueno para que protegieran a los aviones nunca llegó. Después, el Gobierno estadounidense achacaría a problemas de comunicación el haber dejado desprotegidos a los pilotos de Hermanos al Rescate. Basulto, quien sobrevivió al suceso, sugirió que el atentado era producto de una confabulación entre los dirigentes cubanos y el Gobierno de los Estados Unidos, según el relato de Marifeli Pérez-Stable, *The United States and Cuba: Intimate Enemies*, Nueva York, Routledge, 2011, p. 52.

5   CNN, 25 de febrero de 1996, Transcripciones n.º 47-22, <http://www.hermanos.org/CNN%20Interview%20with%20Admiral%20Eugene%20Carroll.htm>.

6   La DIA le encontró códigos en el bolso y una radio en el armario; y la cita del balance «Sus superiores [...] trabajar para La Habana» es de Jim Popkin, «La Reina de Cuba, Ana Montes, hizo mucho daño como espía. Lo más probable es que usted nunca haya oído hablar de ella», *The Washington Post*, 8 de abril de 2013.

7   Para ver una lista completa de los experimentos de Tim Levine sobre el engaño, consúltese «Deception and Deception Detection», <https://timothy-levine.squarespace.com/deception>, consultado el 7 de marzo de 2019.

8   Para ver el vídeo de Philip y otros entrevistados, consúltese T. R. Levine, *NSF funded cheating tape interviews*, East Lansing, Michigan State University, 2007-2011.

9   Los espectadores escogidos por Levine observaron a veintidós sujetos que mentían y a otros veintidós que decían la verdad, identificando correctamente a los mentirosos el 56 por ciento de las veces. Véase el experimento 27 en el capítulo 13 de Timothy R. Levine, *Duped: Truth-Default Theory and the Social Science of Lying and Deception*, Tuscaloosa, University of Alabama Press, 2019. En versiones similares del mismo experimento realizado por otros psicólogos, el valor promedio es del 54 por ciento. C. F. Bond Jr. y B. M. DePaulo, «Accuracy of deception judgments», *Review of Personality and Social Psychology 10*, 2006, pp. 214-234.

10 Timothy Levine, «Truth-Default Theory (TDT): A Theory of Human Deception and Deception Detection», *Journal of Language and Social Psychology* 33, n.º 4, 2014, pp. 378-392.

11 Stanley Milgram, «Behavioral Study of Obedience», *Journal of Abnormal and Social Psychology* 64, n.º 4, 1963, pp. 371-378.

12 La segunda lección del experimento de Milgram se extrae en gran medida de la obra definitiva de Gina Perry, *Behind the Shock Machine: The Untold Story of the Notorious Milgram Psychology Experiments*, Nueva York, The New Press, 2013; «manso, sumiso», pp. 55-56; «hubiese matado al hombre sentado en la silla», p. 80; «Puede que fuera de veras», pp. 127-129.

13 Stanley Milgram, *Obedience to Authority: An Experimental View*, Nueva York, Harper Torchbooks, 1969, p. 172. [Hay trad. cast.: *Obediencia a la autoridad: un punto de vista experimental*, Bilbao, Ed. Desclée de Brouwer, 1980.]

4. EL LOCO SAGRADO

1   La fuente de las siguientes citas es la Comisión estadounidense de Bolsa y Valores, Oficina de Investigaciones, «Investigation of Failure of the SEC to Uncover Bernard Madoff's Ponzi Scheme-Public Version», 31 de agosto de 2009, <www.sec.gov/news/studies/2009/oig-509.pdf>, p. 146; «Nada parece tener sentido», p. 149; «Llegué a la conclusión [...] ninguna prueba que pudiésemos encontrar», p. 153; «Nunca, como director [...] un verdadero fraude», p. 158; «Sollazzo no creía [...] necesariamente ridícula», p. 211.

2   «Opening Statement of Harry Markopolos», Public Resource Org, YouTube, vídeo cortesía de C-SPAN, 4 de febrero de 2009, <https://www.youtube.com/watch?v=AF-gzN3ppbE&feature=youtu.be>, consultado el 8 de marzo de 2019.

    Los datos biográficos de Markopolos son de Harry Markopolos, *No One Would Listen: A True Financial Thriller*, Hoboken, N.J., John Wiley & Sons, 2010, p. 11; intento de abordar a Spitzer con un sobre marrón, pp. 109-111.

3   Timothy R. Levine, *Duped: Truth-Default Theory and the Social Science of Lying and Deception*, University of Alabama Press, 2019, cap. 11.

4   El relato y las citas sobre la búsqueda por Angleton de un topo infiltrado en la CIA son de Tom Mangold, *Cold Warrior: James Jesus Angleton—The CIA's Master Spy Hunter*, Nueva York, Simon & Schuster, 1991, pp. 263-264.

5. ESTUDIO DE CASO: EL NIÑO EN LA DUCHA

1   La fuente del siguiente material es *Commonwealth of Pennsylvania v. Graham Basil Spanier*, vol. 1, 21 de marzo de 2017, transcripción de McQueary hasta «P: ¿Estómago contra espalda? McQueary: Sí», pp. 105-108; declaración del padre de McQueary, pp. 141-42; transcripción de McQueary hasta «Tenía los ojos tristes», pp. 115-16; alegato final de la Fiscalía, pp. 86-87; interrogatorio a Dranov por el abogado defensor, pp. 155, 163-65; declaración de Wendell Courtney, pp. 174-75, 189; citas de Tim Curley y John Raykovitz (en nota al pie), pp. 381, 203; declaración de Gary Schultz, p. 442.

2   Entrevista de Sandusky con Costas: «Sandusky adresses sex abuse allegations in 2011 interview», NBC News, 21 de junio de 2012, <https://www.nbcnews.com/video/sandusky-addresses-sex-abuse-allegations-in-2011-interview-44570179907>, consultado el 12 de marzo de 2019.

3   Malcolm Gladwell, «In Plain View», *The New Yorker*, 24 de septiembre de 2012, <https://www.newyorker.com/magazine/2012/09/24/in-plain-view>.

4   Joe Posnanski, *Paterno*, Nueva York, Simon & Schuster, 2012, p. 251.

5   Jerry Sandusky, *Touched: The Jerry Sandusky Story*, Champaign, Sports Publishing Inc., 2000, pp. 33, 210.

6   Jack McCallum, «Last Call: Jerry Sandusky, the Dean of Linebacker U, is leaving Penn State after 32 years to devote himself to a different kind of coaching», *Sports Illustrated*, 20 de diciembre de 1999, <https://www.si.com/vault/1999/12/20/271564/last-call

-jerry-sandusky-the-dean-of-linebacker-u-is-leaving-penn-sta
te-after-32-years-to-devote-himself-to-a-different-kind-of
-coaching>.

7   Bill Lyon, «Penn State defensive coordinator Jerry Sandusky is the Pied
Piper of his time», *The Philadelphia Inquirer*, 27 de diciembre de 1999.

8   *Commonwealth v. Gerald A. Sandusky*, 11 de junio de 2012, p. 53;
declaración de Brett Swisher Houtz, 11 de junio de 2012, p. 70; declaración de Dorothy Sandusky, 19 de junio de 2012, p. 257.

9   Según uno de los numerosos análisis posteriores del caso, «el niño
dijo que no quería que Sandusky se metiera en líos, pues no atribuía
mala intención a sus actos. Tampoco quería que nadie tomase
represalia contra Sandusky, porque, entonces, quizá este dejaría de
invitarlo a los partidos». Freeh Sporkin & Sullivan, LLP, «Report
of the Special Investigative Counsel Regarding the Actions of the
Pennsylvania State University Related to the Child Sexual Abuse
Committed by Gerald A. Sandusky», 12 de julio de 2012, <https://
assets.documentcloud.org/documents/396512/report-final
-071212.pdf>, p. 42; «no había nada sexual» y «Por Dios, no pasó
nada», pp. 43-46.

10   Aaron Fisher, Michael Gillum y Dawn Daniels, *Silent No More:
Victim 1's Fight for Justice Against Jerry Sandusky*, Nueva York, Ba-
llantine Books, 2012.

11   Mark Pendergrast, *The Most Hated Man in America: Jerry Sandusky and the Rush to Judgment*, Mechanicsburg, Penn., Sunbury Press,
2017, pp. 90, 52, 55; Fisher cambia su declaración, p. 59; «Myers
declaró [...] algo de dinero», citado de la entrevista de la Policía del
Estado de Pennsylvania con Allan Myers, septiembre de 2011,
p. 147; la nota al pie de página sobre el informe de la Fiscalía
respecto a Allan Myers es de Anthony Sassano, «Supplemental
Report on Allan Myers», 11 de abril de 2012, Policía del Estado
de Pennsylvania, citado en la p. 168 del libro de Pendergrast. El
pasaje completo en *The Most Hated Man in America* dice lo siguiente:

Corricelli explicó que el abogado Shubin le informó de que Myers le
había relatado incidentes de penetración oral, anal y digital por parte de

Sandusky —escribe Sassano en su informe—. Shubin le mostró a Corricelli un documento de tres páginas que presuntamente recogía el recuerdo por Myers de su contacto sexual con Sandusky. Corricelli examinó el documento y me indicó que sospechaba que lo había escrito Anthony Shubin. Le advertí que no quería copia de un documento supuestamente escrito por el letrado Shubin». Sassano concluía así: «A día de hoy, no preveo más investigaciones sobre el caso de Allan Myers.

Para saber más sobre la polémica por la represión de recuerdos traumáticos (nota a pie de página), véanse, por ejemplo, C. J. Brainerd y V. F. Reyna, *The Science of False Memory*, Oxford, Oxford University Press, 2005; E. F. Loftus y K. Ketcham, *The Myth of Repressed Memory: False Memories and Allegations of Sexual Abuse*, Nueva York, St Martin's Press, 1994; R. J. McNally, *Remembering Trauma*, Cambridge, Mass., Harvard University Press, 2003; R. Ofshe y E. Watters, *Making Monsters: False Memories, Psychotherapy, and Sexual Hysteria*, Nueva York, Scribner, 1994; D. L. Schacter, *The Seven Sins of Memory: How the Mind Forgets and Remembers*, Boston, Houghton Mifflin, 2001. [Hay trad. cast.: *Los siete pecados de la memoria: cómo olvida y recuerda la mente*, Barcelona, Ariel, 2003, 2012.]

12 Geoffrey Moulton Jr., «Report to the Attorney General of the Investigation of Gerald A. Sandusky», 30 de mayo de 2014, apéndice J, <http://filesource.abacast.com/commonwealthofpa/mp4_podcast/2014_06_23_REPORT_to_AG_ON_THE_SANDUSKY_INVEST IGATION.pdf>.

Seamos claros. El caso Sandusky es extraño. Desde la detención y condena de Sandusky, un pequeño grupo de personas viene insistiendo en su inocencia. El más significado es John Ziegler, periodista y locutor radiofónico de tendencias conservadoras. Junto a otros tres colaboradores, Ziegler participa en el sitio web <www.framingpaterno.com>, dedicado a socavar el caso de la fiscalía contra Sandusky.

Como he mencionado en mi exposición del caso Sandusky, Ziegler es el único en argumentar de forma convincente que transcurrieron no menos de cinco semanas desde que McQueary vio a

Sandusky en la ducha hasta que le habló de ello a alguien de la dirección de la Penn State. Véase John Ziegler, «New Proof that December 29, 2000, Not February 9, 2001, was the Real Date of the McQueary Episode», *The Framing of Joe Paterno*, 9 de febrero de 2018, <http://www.framingpaterno.com/new-proof-december -29-2000-not-february-9th-2001-was-real-date-mcqueary -episode>. Según Ziegler, esto demostraría que McQueary no vio lo que creyó ver. Pienso que sugiere, en el contexto del sesgo de veracidad, que McQueary tenía dudas sobre lo que había visto. No hace falta decir que hay una gran diferencia entre esas dos interpretaciones.

Ziegler ha descubierto una serie de otros hechos que, por razones de espacio y enfoque, no he incluido en este capítulo. El caso Sandusky es una madriguera muy muy profunda y sinuosa. Según los informes de Ziegler, como mínimo algunas de las víctimas de Sandusky no son creíbles. Parece que se sintieron atraídas por las grandes liquidaciones en efectivo que ofrecía la Penn State y por los criterios relativamente laxos que siguió la universidad para determinar los beneficiarios de tales pagos.

Durante la fase de recabación de información para este capítulo, mantuve correspondencia en varias ocasiones con Ziegler y conversé con él por teléfono. Él compartió con generosidad una serie de documentos conmigo, incluida la memoria redactada por el investigador privado Curtis Everhart. No me convence la conclusión final de Ziegler, a saber, que Sandusky es inocente. Pero sí coincido con él en que este caso es mucho más ambiguo e inusual de lo que sugieren las informaciones de la prensa al uso. Quien desee adentrarse en ese cubil que es el caso Sandusky puede empezar por Ziegler.

Otro escéptico, quizá más convencional, del asunto Sandusky es Mark Pendergrast, autor de *The Most Hated Man in America: Jerry Sandusky and the Rush to Judgment*, 2017. Sostiene Pendergrast que el asunto Sandusky fue un típico ejemplo de «pánico moral» y de cuán frágil es la memoria humana. Mi investigación de los casos de Aaron Fisher y Allan Myers debe mucho a este libro de Pendergrast, cuya contraportada destaca por incluir comentarios de dos de los expertos en la memoria más influyentes y respetados del mundo: Richard Leo, de la Universidad de San Francisco, y Elizabeth Loftus, de la de California en Irvine.

En palabras de Loftus: «*The Most Hated Man in America* cuenta una historia verdaderamente notable. Con toda la cobertura que los medios han dispensado al caso Sandusky, sorprende que nadie más haya reparado en tantos detalles, incluidos todos esos "recuerdos" extraídos mediante la terapia y el litigio. Cabría pensar que la mera locura que impregna este asunto no podrá por menos de acabar aflorando».

¿Que qué opino yo? No tengo ni idea. Que lidien otros con la maraña de pruebas contradictorias, especulaciones y ambigüedades que es el caso Sandusky. Lo único que me interesa saber es una cosa: si este caso está tan enmarañado, ¿por qué acabaron encarcelados Spanier, Curley y Schultz?

13 Presentación del gran jurado para el caso Sandusky, 5 de noviembre de 2011, <https://cbsboston.files.wordpress.com/2011/11/sandusky-grand-jury-presentment.pdf>, pp. 6-7.

14 El correo electrónico de McQueary a JonelleEshbach lo obtuvo Ray Blehar, un bloguero de la zona de la Penn State. Ray Blehar, «Correcting the Record: Part 1: McQueary's 2001 Eyewitness Report», *Second Mile — Sandusky Scandal (SMSS): Searching for the Truth through a Fog of Deception*, 9 de octubre de 2017, <http://notpsu.blogspot.com/2017/10/correcting-record-part-1-mcquearys-2001.html>.

15 «Rachael Denhollander delivers powerful final victim speech to Larry Nassar», YouTube, 24 de enero de 2018, <https://www.youtube.com/watch?v=7CjVOLToRJk&t=616s>.

16 «Survivor reported sexual assault in 1997, MSU did nothing», YouTube, 19 de enero de 2018, <https://www.youtube.com/watch?v=OYJIx_3hbRA>.

17 Melissa Korn, «Larry Nassar's Boss at Michigan State Said in 2016 That He Didn't Believe Sex Abuse Claims», *Wall Street Journal*, 19 de marzo de 2018, <https://www.wsj.com/articles/deans-comments-shed-light-on-culture-at-michigan-state-during-nassars-tenure-1521453600>.

18 Kate Wells y Lindsey Smith, «The Parents», *Believed*, NPR/Michigan Radio, archivo de audio, 26 de noviembre de 2018, <https://www.npr.org/templates/transcript/transcript.php?storyId=669669746>.

19 Kerry Howley, «Everyone Believed Larry Nassar», *New York Magazine/The Cut*, 19 de noviembre de 2018, <https://www.thecut.com/2018/11/how-did-larry-nassar-deceive-so-many-for-so-long.html>.

20 «Lifelong friend, longtime defender speaks against Larry Nassar», YouTube, 19 de enero de 2018, <https://www.youtube.com/watch?v=H8Aa2MQORd4>.

21 Entrevista de Allan Myers con Curtis Everhart, investigador penal por la defensa, 9 de noviembre de 2011.

22 *Commonwealth v. Gerald A Sandusky*, apelación, 4 de noviembre de 2016, p. 10.

23 Jeffrey Toobin, «Former Penn State President Graham Spanier Speaks», *The New Yorker*, 21 de agosto de 2012, <https://www.newyorker.com/news/news-desk/former-penn-state-president-graham-spanier-speaks>.

TERCERA PARTE
Transparencia

6. LA FALACIA DE *FRIENDS*

1 Diálogo de la serie *Friends*, «El de la chica que pega a Joey», temporada 5, episodio 15, dirigido por Kevin Bright, NBC, 1998.

2 Paul Ekman y Wallace V. Friesen, *Facial Action Coding System*, partes 1 y 2, San Francisco, Laboratorio de Interacciones Humanas, departamento de Psiquiatría, Universidad de California, 1978.

En mi segundo libro, *Inteligencia intuitiva*, Taurus, 2005, dediqué una parte considerable del capítulo 6, «Siete segundos en el Bronx: el delicado arte de leer el pensamiento», a los trabajos de Paul Ekman, uno de los psicólogos más importantes del siglo pasado. Ekman coinventó el sistema FACS para codificar la actividad facial; y le pedí a Jennifer Fugate que lo usara para analizar el episodio de *Friends*. El FACS se ha convertido en el patrón oro para comprender y catalogar la expresión de las emociones humanas en el rostro. La principal contribución científica de Ekman fue demostrar el concepto de «filtración», en virtud del cual las emociones que sentimos se reflejan a menudo y de manera involuntaria, en nuestra caras, mediante alguna configuración distintiva de los músculos faciales. Y si uno aprende este lenguaje del rostro y tiene la oportunidad de reproducir milisegundo a milisegundo las expresiones grabadas en vídeo, de una persona dada, podrá identificar tales configuraciones.

He aquí lo que escribí en la p. 210 [216] de *Blink* [*Inteligencia intuitiva*, trad. de Gloria Mengual, Madrid, Taurus, 2005]: «Cuando experimentamos una emoción básica, los músculos faciales la expresan de forma automática. Tal respuesta puede persistir en el rostro sólo una fracción de segundo o ser detectable únicamente si se colocan unos sensores eléctricos en la cara. Pero siempre se produce».

Ekman hace dos afirmaciones audaces. Primera, que la emoción se expresa por fuerza en la cara; si se siente, se muestra. Y segunda, que este tipo de expresiones emocionales son universales; todos, en todas partes, usamos el rostro para mostrar nuestros sentimientos de la misma manera.

Se trata de postulados que siempre incomodaron a algunos psicólogos; pero desde la publicación de *Inteligencia intuitiva* se ha desatado una creciente reacción contra lo que propone Ekman entre la comunidad psicológica.

Por ejemplo, ¿por qué cree Ekman que las emociones son universales? En la década de los sesenta, él y dos colegas suyos viajaron a Papúa Nueva Guinea, llevando consigo treinta fotografías. Las imágenes mostraban rostros humanos de occidentales con gestos que se correspondían con las emociones básicas de ira, tristeza, desprecio, asco, sorpresa, felicidad y miedo.

La tribu de Nueva Guinea a la que acudió el grupo de Ekman se llamaba fore. Hasta hacía apenas una docena de años, habían vivido de hecho en la Edad de Piedra, completamente aislados del resto del mundo. La idea de Ekman era que, si los fore podían identificar la ira o la sorpresa en las caras fotografiadas tan fácilmente como un neoyorquino o un londinense, eso debía de significar que las emociones eran universales. Así ocurrió.

«Nuestros hallazgos corroboran la sugerencia darwiniana de que las expresiones faciales de emoción son similares entre los humanos con independencia de su cultura, en virtud de un origen evolutivo común», escribieron Ekman y sus colegas en un artículo publicado en *Science*, una de las revistas académicas más prestigiosas. (Véase P. Ekman *et al.*, «Pan-Cultural Elements in Facial Display of Emotions», *Science* 164, 1969, pp. 86-88.)

La idea de que existe un conjunto universal de reacciones emocionales humanas es el principio rector de toda una categoría de herramientas que utilizamos para comprender a los desconocidos. Por eso funcionan los detectores de mentiras. Por eso los enamorados se miran fijamente a los ojos. También por eso Neville Chamberlain emprendió su audaz viaje a Alemania para visitar a Hitler. Y por eso mismo Solomon miró con dureza a aquel acusado de abuso infantil.

Pero había un problema; las conclusiones de Ekman se basaban sobre todo en lo que había visto con los fore. Sin embargo, el ejercicio de reconocimiento de emociones que hizo con ellos no era tan concluyente como él afirmaba.

Ekman volvió a Nueva Guinea con otro psicólogo, Wallace Friesen, y con un antropólogo, Richard Sorenson. Ni Ekman ni Friesen hablaban la lengua de los fore. Sorenson solo sabía lo suficiente para entender o decir las cosas más simples. Véase James Russell, «Is There Universal Recognition of Emotion from Facial Expression? A Review of the Cross Cultural Studies», *Psychological Bulletin* 115, n.º 1, 1994, 124. De modo que allá estaban, mostrando a aquellos indígenas las fotos de unos blancos que hacían muecas, con absoluta dependencia del intérprete. Así pues, no les era posible dejar que cada miembro de la tribu se involucrara libremente con lo que creía que estaba pasando en cada foto. ¿Cómo iban a encontrarle un sentido a eso? Era preciso simplificar, luego Ekman y su grupo recurrieron a lo que se llama «elección forzada»;

mientras iban mostrando a cada espectador, una por una, las fotografías, les pedían que para cada imagen eligieran la respuesta correcta de entre una breve lista de emociones. Lo que está usted viendo ¿es ira, tristeza, desprecio, asco, sorpresa, felicidad o miedo? Y como los fore carecían de vocablos para significar «asco» o «sorpresa», los tres investigadores tuvieron que improvisar; el asco era algo que apesta, y, la sorpresa, algo novedoso.

Ahora bien, ¿la elección forzada es un buen método? Por ejemplo, supongamos que quiero averiguar si el lector sabe cuál es la capital de Canadá (según mi experiencia, un número sorprendente de estadounidenses no tienen remota idea). Podría preguntarle directamente cuál es la capital de Canadá. Esta sería una pregunta de libre elección. Para responderla correctamente, es preciso conocer la capital de Canadá. Pero la misma pregunta podemos formularla como de elección forzosa, preguntando si la capital del Canadá es Washington DC, Kuala Lumpur, Otawa, Nairobi o Toronto.

Se puede deducir, ¿verdad? Washington DC no va a ser. Hasta alguien sin conocimientos de geografía sabe que esa es la capital de Estados Unidos. Y es probable que tampoco sean Kuala Lumpur ni Nairobi, nombres que no suenan demasiado canadienses. Luego se trata de Toronto o de Otawa. Aun ignorando por completo cuál pueda ser la capital de Canadá, el lector tiene un 50 por ciento de posibilidades de dar con la respuesta correcta. Entonces ¿era eso lo que pasaba con la encuesta de Ekman a los fore?

Sergio Jarillo y Carlos Crivelli, los investigadores sobre los que escribo en el capítulo 6 del presente libro, comenzaron su investigación intentando replicar los hallazgos de Ekman. Su idea era subsanar los defectos del ejercicio llevado a cabo por él para ver si mantiene la validez. El primer paso fue elegir una tribu aislada, los isleños de Trobriand, cuyo idioma y cultura al menos uno de ellos (Jarillo) conocía bien. Esa fue su primera ventaja sobre Ekman: sabían mucho mejor con quién estaban hablando. También decidieron no usar la elección forzada, sirviéndose en su lugar del mucho más riguroso método de la libre elección. Al mostrar fotos de personas con expresiones felices, tristes, enojadas, asustadas o asqueadas, preguntaban cuál tenía la cara triste, y, al siguiente voluntario, cuál tenía la cara enojada, y así sucesivamente, hasta agotar las respuestas.

¿Y cuál fue la conclusión? Que al rehacer el experimento fundacional de Ekman, esta vez con cuidado y rigor, la teoría universalista se desmorona. En los últimos años, se han abierto las compuertas, y de la consiguiente riada proviene gran parte de la investigación que describí en el capítulo de *Friends*.

Algunos puntos adicionales:

Si se piensa un poco, el artículo original de Ekman en *Science* resulta algo raro. En él, argumentaba que los experimentos con los fore eran una prueba del universalismo. Pero si se examinan los datos, universalismo no parece lo que describen.

Los fore eran excelentes identificadores de las caras de felicidad, pero solo la mitad de ellos identificaban de forma correcta la cara de «miedo» como una expresión de temor. El 45 por ciento de ellos leyó en las caras de sorpresa una expresión atemorizada, y el 56 por ciento interpretó la tristeza como ira. ¿Eso es universalismo?

Crivelli hizo un comentario muy perspicaz al hablar de quienes, como Ekman, tanto abogaban por el universalismo; muchos de ellos pertenecían a la generación que había crecido después de la Segunda Guerra Mundial, nacida en un mundo obsesionado por las diferencias entre los seres humanos, en el que se pensaba que los negros eran genéticamente inferiores y los judíos, malignos; así que se sentían atraídos por teorías que sostenían que todos somos iguales.

Es importante señalar, no obstante, que los trabajos de los antiuniversalistas no refutan las contribuciones de Ekman. Todos cuantos investigamos en el campo de la emoción humana estamos, en cierto sentido crucial, en deuda con él. Lo único que hacen Jarillo y Crivelli es afirmar que no se puede entender la emoción sin tener en cuenta la cultura.

Por citar a la psicóloga Lisa Feldman Barrett, pionera en desafiar los postulados de Ekman, «las emociones […] se construyen, no se activan» (véase su libro *How Emotions Are Made*, Nueva York, Houghton Mifflin Harcourt, 2017, p. XIII. [Hay trad. cast.: *La vida secreta del cerebro: cómo se construyen las emociones*, Barcelona, Paidós Ibérica, 2018.] Cada uno de nosotros, a lo largo de la vida, va construyendo su propio conjunto de instrucciones operativas para la cara, en función de la cultura y del entorno en los que habita. La cara es un símbolo de cuán diferentes son los seres humanos, no de su parecido, lo cual es un gran problema si la sociedad de uno ha creado una regla para comprender a los desconocidos basada en la lectura de caras.

Para ver un buen resumen de esta nueva línea de investigación, consúltese L. F. Barrett *et al.*, «Emotional expressions reconsidered: Challenges to inferring emotion in human facial movements», *Psychological Science in the Public Interest* (pendiente de publicación), así como la recién citada *La vida secreta del cerebro*.

3   Fotos de la sonrisa Pan-Am y la sonrisa Duchenne de Jason Vandeventer y Eric Patterson, «Differentiating Duchenne from non-Duchenne smiles using active appearance models», *2012 IEEE Fifth International Conference on Biometrics: Theory, Applications and Systems (BTAS)*, 2012, pp. 319-324.

4   Análisis de las unidades FACS cuando Ross mira a través de la puerta de Paul Ekman y Erika L Rosenberg, eds., *What the Face Reveals: Basic and Applied Studies of Spontaneous Expression Using the Facial Action Coding System (FACS)*, 2ª ed., Oxford University Press, Nueva York, 2005, p.14.

5   Charles Darwin, *The Expression of the Emotions in Man and Animals*, Londres, J. Murray, 1872. [Hay trad. cast.: *La expresión de las emociones en los animales y en el hombre*, Madrid, Alianza Editorial, 1998; *La expresión de las emociones*, Pamplona, Laetoli, 2010.] Ekman ha escrito extensamente sobre las contribuciones de Darwin a la comprensión de la expresión emocional; véase Paul Ekman, ed., *Darwin and Facial Expression*, Los Altos, Calif., Malor Books, 2006.

6   *Ginnah Muhammad v. Enterprise Rent-A-Car*, 3-4, 31st District, 2006.

7   Para una introducción al estudio por Jarillo y Crivelli de los isleños de Trobriand, véase Carlos Crivelli *et al.*, «Reading Emotions from Faces in Two Indigenous Societies», *Journal of Experimental Psychology: General* 145, n.º 7, julio de 2016, pp. 830-843, doi: 10.1037/

xge0000172. También de esta fuente procede la tabla que compara la tasa de éxito de los trobriandeses con la de los estudiantes de Madrid.

8   Carlos Crivelli *et al.*, «Are smiles a sign of happiness? Spontaneous expressions of judo winners», *Evolution and Human Behavior* 2014, doi: 10.1016/j.evolhumbehav.2014.08.009.

9   Carlos Crivelli *et al.*, «Facial Behavior While Experiencing Sexual Excitement», *Journal of Nonverbal Behavior* 35, 2011, pp. 63-71.

10   La foto de la expresión de ira es de Job van der Schalk *et al.*, «Moving Faces, Looking Places: Validation of the Amsterdam Dynamic Facial Expression Set (ADFES)», *Emotion* 11, n.º 4, 2011, 912, Researchgate.

11   Maria Gendron *et al.*, «Perceptions of Emotion from Facial Expressions Are Not Culturally Universal: Evidence from a Remote Culture», *Emotion* 14, n.º 2, 2014, pp. 251-62.

12   Mary Beard, *Laughter in Ancient Rome: On Joking, Tickling, and Cracking Up*, Oakland, University of California Press, 2015, p. 73.

13   Achim Schützwohl y Rainer Reisenzein, «Facial expressions in response to a highly surprising event exceeding the field of vision: A test of Darwin's theory of surprise», *Evolution and Human Behavior* 33, n.º 6, noviembre de 2012, pp. 657-64.

14   Schützwohl se basa en un estudio previo, R. Reisenzein y M. Studtmann, «On the expression and experience of surprise: No evidence for facial feedback, but evidence for a reverse self-inference effect», *Emotion*, n.º 7, 2007, pp. 612-27.

15   Associated Press, «'Real Smart Kid' Jailed, This Time for Killing Friend», *Spokane (Wash.) Spokesman-Review*, 26 de mayo de 1995, <http://www.spokesman.com/stories/1995/may/26/real-smart-kid -jailed-this-time-for-killing-friend/>.

16   Kleinberg *et al.*, «Human Decisions and Machine Predictions», *The Quaterly Journal of Economics* 133, n.º 1, febrero de 2018, pp. 237-293.

7. UNA EXPLICACIÓN (BREVE) DEL CASO AMANDA KNOX

1   *Amanda Knox*, dirigido por Rod Blackhurst y Brian McGinn, Netflix, 2016. También de ese documental proceden la lista de aman-

tes de Knox (en nota a pie de página); «Empezó a golpearse las orejas [...] un grito.» (nota a pie de página); «Todo elemento probatorio [...] de esto no hay duda»; y «No hay ni una sola huella mía [...] ninguna prueba objetiva».

2   Peter Gill, «Analysis and Implications of the Miscarriages of Justice of Amanda Knox and Raffaele Sollecito», *Forensic Science International: Genetics* 23, julio de 2016, pp. 9-18, Elsevier, doi: 10.1016/j.fsigen.2016.02.015.

3   R. Levine, *Duped: Truth-Default Theory and the Social Science of Lying and Deception*, Tuscaloosa, University of Alabama Press, 2019, cap. 13.

4   Alude al experimento 27 descrito en el capítulo 13 de *Duped, op. cit.* Véase asimismo Timothy Levine, Kim Serota, Hillary Shulman, David Clare, Hee Sun Park, Allison Shaw, Jae Chul Shim y Jung Hyon Lee, «Sender Demeanor: Individual Differences in Sender Believability Have a Powerful Impact on Deception Detection Judgments», *Human Communication Research* 37, 2011, pp. 377-403. También proceden de esta fuente los datos sobre el rendimiento de los interrogadores duchos en emisores concordantes y discordantes.

5   The Global Deception Research Team, «A World of Lies», *Journal of Cross-Cultural Psychology* 37, n.º 1, enero de 2006, pp. 60-74.

6   Markopolos, *No One Would Listen*: *A True Financial Thriller*, Hoboken, N. J., John Wiley & Sons, 2010, p. 82.

7   Seth Stevenson, «*Tsarnaev's Smirk*», *Slate*, 21 de abril de 2015, <https://slate.com/news-and-politics/2015/04/tsarnaev-trial -sentencing-phase-prosecutor-makes-case-that-dzhokhar -tsarnaev-shows-no-remorse.html>.

8   Barrett, *How Emotions Are Made*, Nueva York, Houghton Mifflin Harcourt, 2017, p. 231. [Hay trad. cast.: *La vida secreta del cerebro: cómo se construyen las emociones*, Barcelona, Paidós Ibérica, 2018.]

9   Amanda Knox, *Waiting to Be Heard: A Memoir*, Nueva York, Harper, 2013, pp. 11-12; «'Menuda flexibilidad' [...] llena de desprecio», p. 109; «Pero lo que provocaba risas en Seattle [...] aceptan peor las diferencias» (nota a pie de página), p. 26; Momento «tachán», p. 91.

10 John Follain, *Death in Perugia: The Definitive Account of the Meredith Kercher Case from her Murder to the Acquittal of Raffaele*

Sollecito and Amanda Knox, Londres, Hodder y Stoughton, 2011, pp. 90-91, 93, 94.

11   Entrevista por Diane Sawyer: « Amanda Knox speaks: A Diane Sawyer exclusive», ABC News, 2013, <https://abcnews.go.com/2020/video/amanda-knox-speaks-diane-sawyer-exclusive-19079012>.

12   Ian Leslie, «Amanda Knox: What's in a face?» *The Guardian*, 7 de octubre de 2011, <https://www.theguardian.com/world/2011/oct/08/amanda-knox-facial-expressions>.

12   Tom Dibblee, «On Being Off: The Case of Amanda Knox», *Los Angeles Review of Books*, 12 de agosto de 2013, <https://lareviewof books.org/article/on-being-off-the-case-of-amanda-knox>.

14   Nathaniel Rich, «The Neverending Nightmare of Amanda Knox», *Rolling Stone*, 27 de junio de, 2011, <https://www.rollingstone. com/culture culture-news/the-neverending-nightmare-of-amanda -knox-244620/>.

8. ESTUDIO DE CASO: LA FIESTA UNIVERSITARIA

1   La declaración de Jonsson y la descripción del suceso están sacadas de *People v. Turner*, vol. 6, 18 de marzo de 2016, pp. 274-319. Declaración por Emily Doe de despertarse en el hospital, vol. 6, p. 445; declaración por Brock de cuánto bebió, vol. 9, 23 de marzo de 2016, pp. 836, 838; estimación por la policía del grado de alcoholemia de Turner, vol. 7, 21 de marzo de 2016, p. 554; declaración de Julia sobre la cantidad que bebió, vol. 5, 17 de marzo de 2016, pp. 208-9, 213; alcoholemia de Doe y Turner (en nota al pie), vol. 7, pp. 553-54; declaración de la cantidad que bebió ella, vol. 6, pp. 429, 433-34, 439; declaración de Turner sobre la escalada sexual, vol. 9, pp. 846-47, 850-51, 851-53; alegato final de la Fiscalía, vol. 11, 28 de marzo de 2016, pp. 1072-73; declaración de Turner sobre el *perreo*, vol. 9, pp. 831-832; declaración de Doe sobre la laguna en su memoria, vol. 6, pp. 439-40; declaración de Turner sobre su apagón, vol. 11, pp. 1099-1100; declaración de Turner sobre el correo de voz de Doe, vol. 9, p. 897.

2   Esta cifra ha sido corroborada por docenas de estudios desde 1987, incluido el sondeo llevado a cabo en 2015 por *The Washington*

Post y la Kaiser Family Foundation. Otro estudio realizado en 2015 por la Association of American Universities concluyó que el 23 por ciento de las universitarias son agredidas sexualmente durante su paso por la universidad. Un estudio de 2016 publicado por el departamento de Justicia eleva esta cifra al 25,1 por ciento, es decir, una de cada cuatro. Ver David Cantor *et al.*, «Report on the AAU campus climate survey on sexual assault and sexual misconduct», Westat; 2015, <https://www.aau.edu/sites/default/files/%40%20 Files/Climate%20Survey/AAU_CampusClimate_Survey_12_ 14_15.pdf>; Christopher Krebs *et al.*, «Campus Climate Survey Validation Study Final Technical Reports», departamento de Justicia de Estados Unidos, 2016, <http://www.bjs.gov/content/pub/ pdf/ccsvsftr.pdf>.

3   Encuesta sobre qué constituye consentimiento en la definición de agresión sexual en Bianca Di Julio *et al.*, «Survey of Current and Recent College Students on Sexual Assault», *The Washington Post/ Kaiser Family Foundation*, 12 de junio de 2015, pp. 15-17, <http:// files.kff.org/attachment/Survey%20Of%20Current%20And%20 Recent%20College%20Students%20On%20Sexual%20 Assault%20-%20Topline>.

4   Lori E. Shaw, «Title IX, Sexual Assault, and the Issue of Effective Consent: Blurred Lines—When Should "Yes" Mean "No"?», *Indiana Law Journal* 91, n.º 4, art. 7, 2016, p. 1412. «No basta que […] ha bebido demasiado», p. 1416. Shaw cita el caso de *La Fiscalía contra Giardino* 98, Cal. Rptr. 315, 324, Cal. Ct. App., 2000, y Valerie M. Ryan, «Intoxicating Encounters: Allocating Responsibility in the Law of Rape», 40 Cal. W. L. Rev. 407, 416, 2004.

5   La historia de Dwight Heath en Bolivia la conté por primera vez en «Drinking Games», *The New Yorker*, 15 de febrero de 2010, <https: //www.newyorker.com/magazine/ 2010/02/15/drinking-games>.

6   Dwight B. Heath, «Drinking patterns of the Bolivian Camba», *Quarterly Journal of Studies on Alcohol* 19, 1958, pp. 491-508.

7   Ralph Beals, *Ethnology of the Western Mixe*, Nueva York, Cooper Square Publishers Inc., 1973, p. 29.

8   «Alcohol Myopia: Its Prized and Dangerous Effects», *American Psychologist* 45, n.º 8, 1990, pp. 921-933.

9   Tara K. MacDonald *et al.*, «Alcohol Myopia and Condom Use: Can Alcohol Intoxication Be Associated With More Prudent Behavior?», *Journal of Personality and Social Psychology* 78, n.º 4, 2000, pp. 605-619.

10 Helen Weathers, «I'm No Rapist [...] Just a Fool», *Daily Mail*, 30 de marzo de 2007, <www.dailymail.co.uk/femail/article-445750/Im-rapist-just-fool.html>.

11 *R v Bree* EWCA Crim 804, 2007, pp. 16-17; «Ella no tenía idea [...] durante cuánto tiempo», p. 8; «Ambos eran adultos [...] estructuras legislativas detalladas», pp. 25-35; otras citas de la sentencia (nota a pie de página), pp. 32, 35, 36.

12 Donald Goodwin, «Alcohol Amnesia», *Addiction* 90, 1995, pp. 315-317. Ningún comité ético aprobaría este experimento hoy día. La historia sobre el vendedor que tuvo una laguna de cinco días también está sacada de esta fuente.

13 Joann Wells *et al.*, «Drinking Drivers Missed at Sobriety Checkpoints», *Journal of Studies on Alcohol* 58, 1997, pp. 513-517.

14 Robert Straus y Selden Bacon, *Drinking in College*, New Haven, Yale University Press, 1953, p. 103.

15 Aaron M. White *et al.*, «Prevalence and Correlates of Alcohol-Induced Blackouts Among College Students: Results of an E-Mail Survey», *Journal of American College Health* 51, n.º 3, 2002, pp. 117-131, doi: 10.1080/07448480209596339.

16 Ashton Katherine Carrick, «Drinking to Blackout», *The New York Times*, 19 de septiembre de 2016, <www.nytimes.com/2016/09/19/opinion/drinking-to-blackout.html>.

17 William Corbin *et al.*, «Ethnic differences and the closing of the sex gap in alcohol use among college-bound students», *Psychology of Addictive Behaviors* 22, n.º 2, 2008, pp. 240-248, <http://dx.doi.org/10.1037/0893-164x.22.2.240>.

18 «Body Measurements», National Center for Health Statistics, Centers for Disease Control and Prevention, Departmento estadounidense de Salud y Servicios Humanos, 3 de mayo de 2017, <https://www.cdc.gov/nchs/fastats/body-measurements.htm>.

19 Cifras halladas gracias a la calculadora en línea de alcohol en la sangre en <http://www.alcoholhelpcenter.net/program/bac_standalone.aspx>.

20 Emily Yoffe, «College Women: Stop Getting Drunk», *Slate*, 16 de octubre de 2013, <slate.com/human-interest/2013 10/sexual-assault -and-drinking-teach-women-the-connection.html>.

21 Estadística procedente de un sondeo del *The Washington Post/ Kaiser Family Foundation*.

22 Craig MacAndrew y Robert B. Edgerton, *Drunken Comportment: A Social Explanation*, Chicago, Aldine Publishing Company, 1969, pp.172-173.

23 Declaración de Emily Doe sobre el impacto en las víctimas, pp. 7-9, <https://www.sccgov.org/sites/da/newsroom/newsreleases/ Documents/B-Turner%20VIS.pdf>.

CUARTA PARTE
Lecciones

9. JSM: ¿QUÉ OCURRE CUANDO EL DESCONOCIDO ES UN TERRORISTA?

1 James Mitchell, *Enhanced Interrogation: Inside the Minds and Motives of the Islamic Terrorists Trying to Destroy America*, Nueva York, Crown Forum, 2016, p. 7.

2 Sheri Fink y James Risen, «Psychologists Open a Window on Brutal CIA Interrogations», *The New York Times*, 21 de junio de 2017, <https://www.nytimes.com/interactive/2017/06/20/us/cia-torture.html>.

3 De la Wikipedia: «La intoxicación por agua, también conocida como envenenamiento por agua, hiperhidratación, sobrehidratación o toxemia por agua, es una perturbación potencialmente mortal de las funciones cerebrales que se produce cuando el equilibrio normal de electrolitos en el cuerpo se altera más allá del límite de seguridad debido a una ingesta excesiva de agua».

4 Charles A. Morgan *et al.*, «Hormone Profiles in Humans Experiencing Military Survival Training», *Biological Psychiatry* 47, n.º 10, 2000, pp. 891-901, doi: 10.1016/s0006-3223(99)00307-8.

5 Los datos de Rey-Osterrieth se recopilaron antes y después de los interrogatorios; Charles A. Morgan *et al.*, «Stress-Induced Deficits in Working Memory and Visuo-Constructive Abilities in Special

Operations Soldiers», *Biological Psychiatry* 60, n.º 7, 2006, pp. 722-729, doi: 10.1016/j.biopsych.2006.04.021. Las figuras de Rey-Osterrieth fueron desarrolladas primero por Andre Rey, y publicadas en su artículo «L'examen psychologique dans les cas d'encephotopathie traumatique (les problemes)», Archives de Psychologie 28, 1941: pp. 215-285.

6   Charles Morgan *et al.*, «Accuracy of eyewitness memory for persons encountered during exposure to highly intense stress», *International Journal of Law and Psychiatry* 27, 2004, pp. 264-265.

7   *Verbatim Transcript of Combatant Status Review Tribunal Hearing for ISN 10024*, 10 de marzo de 2007, <http://i.a.cnn.net/cnn/2007/images/03/14/transcript_ISN10024.pdf>.

8   Shane O'Mara, *Why Torture Doesn't Work: The Neuroscience of Interrogation*, Cambridge, Harvard University Press, 2015, p. 167.

9   Robert Baer, «Why JSM's Confession Rings False», *Time*, 15 de marzo de 2007, <http://content.time.com/time/world/article/0,8599,1599861,00.html>.

10 Adam Zagorin, «Can JSM's Confession Be Believed?», *Time*, 15 de marzo de 2007, <http://content.time.com/time/nation/article/0,8599,1599423,00.html>.

QUINTA PARTE
Acoplamiento

10. SYLVIA PLATH

1   Sylvia Plath a Aurelia Plath, 7 de noviembre de 1962, en Peter K. Steinberg y Karen V. Kukil, eds., *The Letters of Sylvia Plath*, vol. II: 1956-1963, Nueva York, Harper Collins, 2018, p. 897. [Hay trad. cast.: *Cartas a mi madre,* Barcelona, Grijalbo, 1989; Barcelona, Literatura Random House, 2001.]

2   Alfred Álvarez, *The Savage God: A Study of Suicide*, Nueva York, Random House, 1971, pp. 30-31; «Hablaba del suicidio […] sin saber esquiar», pp. 18-19; «la poeta como víctima […] por amor al arte», p. 40.

3   Mark Runco, «Suicide and Creativity», *Death Studies* 22, 1998, pp. 637-654.

4   Stephen Spender, *The Making of a Poem*, Nueva York, Norton Library, 1961, p. 45.

5   Ernest Shulman, «Vulnerability Factors in Sylvia Plath's Suicide», *Death Studies* 22, n.º 7, 1988, pp. 598-613. «Cuando se suicidó [...] un hogar destrozado» (en nota a pie de página) también proviene de esta fuente.

6   Jillian Becker, *Giving Up: The Last Days of Sylvia Plath*, Nueva York, St Martin's Press, 2003, pp. 80, 291. [Hay trad. cast.: *Los últimos días de Sylvia Plath*, Barcelona, Circe Ediciones, 2004.]

7   Poemas de Plath: «La mujer se ha perfeccionado [...] se acabó», de «Límite», en Ted Hughes, ed., *The Collected Poems*, Nueva York, Harper Perennial Modern Classics, 2008, p. 272; «Y como gata [...] número tres», de «Lady Lazarus», pp. 244-45; y «Si supieras cómo los velos [...] llenando mis venas de invisibles...», de «Regalo de cumpleaños», p. 207. [Hay trad. cast.: *Silvia Plath: Poesía completa*, trad. esp. de Xoán Abeleira. Madrid, Bartleby Editores, 2009.]

8   Douglas J. A. Kerr, «Carbon Monoxide Poisoning: Its Increasing Medico-Legal Importance», *British Medical Journal* 1, n.º 3452, 5 de marzo de 1927, p. 416.

9   Ronald V. Clarke y Pat Mayhew, «The British Gas Suicide Story and Its Criminological Implications», *Crime and Justice* 10, 1988, p. 88, doi: 10.1086/449144; gráfica de suicidios por inhalación de gas en Reino Unido en los años sesenta y setenta, p. 89; tasa de suicidio 1900-1985, p. 84; «El gas [ciudad] tenía ventajas únicas [...] exigen más valor al suicida», p. 99; tasa de suicidio femenino 1958-1982, p. 91.

10 Malcolm E. Falkus, *Always Under Pressure: A History of North Thames Gas since 1949*, Londres, Macmillan, 1988, p. 107.

11 Transición del gas ciudad al gas natural, 1965-1977: Trevor Williams, *A History of the British Gas Industry*, Oxford, Oxford University Press, 1981, p. 190.

12 Véase, por ejemplo, Kim Soffen, «To Reduce Suicides, Look at Gun Violence», *The Washington Post*, 13 de julio de 2016, <https://www.washingtonpost.com/graphics/business/wonkblog/suicide-rates/>.

13 John Bateson, *The Final Leap: Suicide on the Golden Gate Bridge*, Berkeley, University of California Press, 2012, p. 8; historia de barreras contra el suicidio (o de la ausencia de las mismas) en el puente, pp. 33, 189, 196.

14 El documental del director Eric Steel lleva el crudo título de *The Bridge* (El puente), More4, 2006.

15 Richard H. Seiden, «Where are they now? A follow-up study of suicide attempters from the Golden Gate Bridge», *Suicide and Life-Threatening Behavior* 8, n.º 4, 1978, pp. 203-216.

16 Estas cinco citas provienen de la opinión pública sobre la propuesta por el Distrito de Transporte de tejer una red antisuicidios: <http://goldengatebridge.org/projects/documents/sds_letters -emails-individuals.pdf>.

17 Matthew Miller *et al.*, «Belief in the Inevitability of Suicide: Results from a National Survey», *Suicide and Life-Threatening Behavior* 36, n.º 1, 2006.

18 David Weisburd *et al.*, «Challenges to Supervision in Community Policing: Observations on a Pilot Project», *American Journal of Police* 7, 1988, pp. 29-50.

19 Larry Sherman *et al.*, *Evidence-Based Crime Prevention*, Londres, Routledge, 2002. Tanto Sherman como Weisburd son enormemente prolíficos. Aquí me he limitado a incluir una pequeña muestra de su trabajo; pero a quien le interese, ¡hay mucho más que leer!

20 L. W. Sherman *et al.*, «Hot spots of predatory crime: Routine activities and the criminology of place», *Criminology*, 1989, pp. 27-56.

21 Glenn Pierce *et al.*, «The character of police work: strategic and tactical implications», *Center for Applied Social Research Northeastern University*, noviembre de 1988. Aunque los autores del estudio no sabían que sus datos respaldaban la ley de concentración del delito, Weisburd ató los cabos sueltos al examinar las conclusiones.

22 Para el mapa por Weisburd de los patrones delictivos en Seattle, véase la figura 2 en David Weisburd *et al.*, «Understanding and Controlling Hot Spots of Crime: The Importance of Formal and Informal Social Controls», *Prevention Science* 15, n.º 1, 2014, pp. 31-43, doi: 10.1007/s11121-012-0351-9. El mapa muestra la actividad delictiva durante el periodo de 1989 a 2004. Para cono-

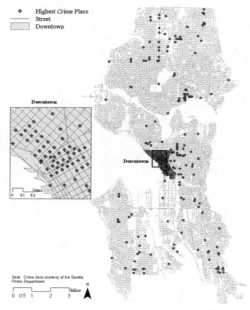

cer más detalles de las investigaciones de Weisburd sobre la relación entre delito y lugar, véase David Weisburd *et al.*, *The Criminology of Place: Street Segments and Our Understanding of the Crime Problem*, Oxford, Oxford University Press, 2012; y David Weisburd *et al.*, *Place Matters: Criminology for the Twenty-First Century*, Nueva York, Cambridge University Press, 2016.

No mucho después de que me presentaran a Weisburd en 2018, me concertó una reunión de un día con una colega suya, Claire White. Desde 2012 vienen gestionando entre los dos un multimillonario proyecto de investigación de puntos calientes en Baltimore, en el que se estudian cuatrocientos cincuenta segmentos de las calles de toda la ciudad.

—Cada vez se ve más claro que la delincuencia tiene un grado de concentración muy elevado —explica White—. [Weisburd] nos lo ha demostrado en numerosas ciudades con diferentes tipos de datos. La gran pregunta es ¿por qué? ¿Qué les pasa a estos lugares para presentar una concentración tan alta de delitos?

White y Weisburd contrataron a cuarenta estudiantes para realizar entrevistas. Todos los días los envían a documentar el estado de esos cuatrocientos cincuenta segmentos, para reunir toda la información que puedan sobre los residentes.

—Preguntamos sobre lo que llamamos eficacia colectiva, disposición a intervenir —explica White—. Si unos niños se suben a un auto estacionado, ¿cuán dispuestos están los vecinos a decir algo? Si van a cerrar el parque de bomberos del barrio, ¿cuán dispuestos están a hacer algo al respecto? Se examina la disposición a participar, así como a confiar. ¿Confías en tus vecinos? ¿Compartes sus mismos valores? […]. Hacemos preguntas sobre la policía, como: «¿Cree que la policía le trata con justicia?» o «¿Cree que los agentes tratan a las personas con respeto?».

A efectos comparativos, algunos de esos segmentos de las calles son lugares «fríos», definidos como bloques con menos de cuatro llamadas a la policía cada año. Un punto caliente es cualquier lugar que registre más de dieciocho llamadas anuales a la policía. Teniendo en cuenta que Baltimore es una ciudad del siglo XVIII, cuyas manzanas son muy cortas, estamos hablando de un mínimo de dieciocho llamadas a la policía en un tramo de calle que se recorre a pie en menos de un minuto. White me dijo que algunas de las calles estudiadas registraban más de seiscientas llamadas en un año. Eso es lo que Weisburd quiere decir con su ley de concentración del delito. La mayoría de las calles no registran ninguna. Un pequeño número de calles albergan prácticamente toda la delincuencia de la zona.

White y yo iniciamos nuestro recorrido en el distrito oeste de Baltimore, no lejos del centro de la ciudad.

—Tiene fama de ser uno de los principales focos de delincuencia. Aquí es donde arrestaron a Freddie Gray y donde tuvieron lugar los disturbios —añadió, refiriéndose al caso de un joven afroamericano que en 2015 murió bajo custodia policial, en circunstancias sospechosas, lo cual provocó airadas protestas—. Si has visto *The Wire*, siempre hablan de Baltimore Oeste.

El área tenía el aire típico de una vetusta ciudad del noreste, con calles estrechas y casas adosadas de ladrillo rojo. Algunos bloques habían sufrido la gentrificación; otros, no.

—Decididamente, hay muchas zonas por las que pasear con la sensación de encontrarse en un vecindario agradable, ¿verdad? Una se siente cómoda —me dijo White mientras conducía por el corazón del vecindario—. Luego, doblas la esquina y te encuentras en una calle tapiada por completo, como una ciudad fantasma. Te preguntas si allí vivirá alguien.

White me llevó al primero de los tramos de calle objeto de estudio y aparcó en él. Quería que yo adivinara si era un punto caliente o frío. En la esquina había una exquisita iglesia del siglo XIX y, detrás de ella, un pequeño parque. El bloque tenía unas elegantes proporciones europeas. Brillaba el sol. Opiné que aquél debía de ser un punto frío. Ella negó con la cabeza.

—Es una calle violenta.

Luego, siguió conduciendo.

A veces, la identidad de una calle era obvia; un bloque destartalado con un bar en un extremo y un Slick Rick donde se tramitan fianzas en el otro era justo lo que parecía, es decir, un punto caliente con el doble de delincuencia y droga.

—Algunos están muy claros, ¿verdad? —me preguntó White—. Es bajarte del coche y oír a la gente vocear sus códigos de llamada a la policía. —Rio—. Me encanta salir con los investigadores de campo y que te digan: «Ese código significa que hemos llegado nosotros». Una vez, a plena luz del día, los trabajadores de campo de White se encontraron en medio de un tiroteo; poca ambigüedad en ese segmento.

Pero otras calles destartaladas no tenían nada de malo. Una vez, en medio de una zona particularmente lúgubre, encontramos un pequeño oasis, dos segmentos de calle contiguos con césped bien cuidado y casas recién pintadas. Había un letrero en la ventana de un gran edificio abandonado donde se leía una cita del Evangelio según san Juan, 14:2: «En la casa de mi Padre hay muchas moradas». Este atisbo de ironía ¿demostraba una función o una disfunción?

Le pedí a White que me explicara qué era lo que permitía catalogar un segmento. Me contó que, aunque a veces se podía hacer, por lo general, no se podía.

—Es exactamente así —me dijo—. El entorno no siempre indica lo que está pasando. En nuestro estudio piloto, una de las calles que seleccionamos era un punto caliente violento. El poli-

cía y el terapeuta nos dijeron: «Para nada es este un punto caliente ni violento». Todas las casas se conservaban en buen estado.
Parecía una calle agradable. Decidí comprobarlo en persona. Tal
vez hubiera algún error en nuestros datos. Según aquel policía, de
ninguna manera era aquel un punto caliente ni violento, pero sí
que lo es. No siempre se puede saber.

La lección de una tarde patrullando Baltimore con Claire White fue que es muy fácil equivocarse con los desconocidos. Baltimore es una ciudad cuya tasa de homicidios multiplica varias veces el
promedio nacional. Nada más fácil que contemplar los edificios
abandonados, la pobreza y a los traficantes de drogas vocear sus
códigos, para descartar de plano ciertas zonas y a sus habitantes.
Pero el espíritu de la ley de concentración de la delincuencia es
que la mayoría de las calles en dichas zonas no tienen nada de
malo. El punto caliente es eso, un punto, no una región.

—Nos fijamos más en la mala gente —dijo White sobre la
reputación de Baltimore—, pero en realidad casi toda la gente es
buena.

La ignorancia de lo desconocido alimenta el miedo.

23 Sylvia Plath, *The Bell Jar*, Londres, Faber and Faber, 1966, pp. 175,
179, 181. [Hay trad. cast.: *La campana de cristal*, Barcelona, Edha-
sa, 1982, 2005; Barcelona, Círculo de Lectores, 1992; Barcelona,
Espasa; 1995, 1998; Barcelona, Planeta, 2001.]

24 Ver figura 3 en Kyla Thomas y David Gunnell, «Suicide in England
and Wales 1861-2007: A time-trends analysis», *International Journal of Epidemiology* 39, n.º 6, 2010, pp. 1464-1475, <https://doi.
org/10.1093/ije/dyq094>.

25 Anne Sexton, «The Barfly Ought to Sing», *TriQuarterly* n.º 7,
1996, pp. 174-75, citado en Diane Wood Middlebrook, *Anne
Sexton: A Biography*, Nueva York, Houghton Mifflin, 1991, p. 107.
También de la biografía de Middlebrook: «estaba siempre preparada para suicidarse», p. 165; «Despojándose de los anillos
[…] dormida en brazos familiares» y «podía sorprenderle su
suicidio», p. 397; «Que Hemingway se pegara […] ese miedo»,
«la manera femenina de marcharse»; «Me tiene fascinada […]
el perfecto morir»; y «una bella durmiente», todas de la p. 216.

26 Para consultar el plano de la ciudad de Jersey por Weisburd, véase
    la figura 2 en David Weisburd *et al.*, «Does Crime Just Move
    Around the Corner? A Controlled Study of Displacement and
    Diffusion of Crime Control Benefits. *Criminology* 44, n.º 3, 2006,
    pp. 549-592. doi: <http://dx.doi.org.ezproxy.nypl.org/10.1111/
    j.1745-9125.2006.00057.x>.

27 «Lethality of Suicide Methods», Harvard T.H. Chan School of
    Public Health, 6 de enero de 2017, <https://www.hsph.harvard.
    edu/means-matter/means-matter/case-fatality,> consultado el 17
    de marzo de 2019.

28 Anne Sexton, «The Addict», en *The Complete Poems*, Nueva York,
    Open Road Media, 2016, p. 165. [Hay trad. cast.: *Poesía Completa*,
    Orense Linteo, 2013.]

29 Obsérvese cómo los suicidios por envenenamiento por monóxido
    de carbono disminuyeron en los años posteriores a 1975. Es como
    la tabla de suicidios británicos al final de la era del gas ciudad.
    Véase la figura 4 en Neil B. Hampson y James R. Holm, «Suicidal
    carbon monoxide poisoning has decreased with controls on auto-
    mobile emissions», *Journal of Hyperbaric Medical Society, Inc.* 29,
    n.º 2, 2015.

11. ESTUDIO DE CASO: LOS EXPERIMENTOS DE KANSAS CITY

1 George Kelling *et al.*, «The Kansas City Preventive Patrol Experiment: A Summary Report», Washington, DC, Police Foundation,
   1974, p.v, <https://www.policefoundation.org/wp-content/
   uploads/2015/07/Kelling-et-al.-1974-THE-KANSAS-CITY
   -PREVENTIVE-PATROL-EXPERIMENT.pdf>.

2 Alan M. Webber, «Crime and Management: An Interview with
   New York City Police Commissioner Lee P. Brown», *Harvard
   Business Review* 63, n.º 3, mayo-junio de 1991, 100, <https://hbr.
   org/1991/05/crime-and-management-an-interview-with-new
   -york-city-police-commissioner-lee-p-brown>.

3 George Bush, «Remarks to the Law Enforcement Community in
   Kansas City, Missouri», 23 de enero de 1990 en George Bush,

Public Papers of the Presidents of the United States, 1 enero-30 junio, 1990, p. 74.

4 La descripción del distrito de patrulla 144 de Kansas City está tomada de Lawrence Sherman *et al.*, «The Kansas City Gun Experiment», National Institute of Justice, enero de 1995, <https:// www.ncjrs.gov/pdffiles/kang.pdf>; nueva estrategia reduce a la mitad los crímenes con armas de fuego en el distrito 144, prueba 4, p. 6; estadísticas correspondientes a doscientos días de vigencia del experimento, p. 6.

5 James Shaw, «Community Policing Against Crime: Violence and Firearms», tesis doctoral, University of Maryland College Park, 1994, p. 118; «Al igual que los residentes [...] no ven nada», pp. 122-23; estadísticas de siete meses del experimento con armas de fuego en Kansas City, p. 136; «Los agentes que se incautaron [...] ¡esta es la noche!», pp. 155-56.

6 Erik Eckholm, «Who's Got a Gun? Clues Are in the Body Language», *The New York Times*, 26 de mayo de 1992, <https://www.ny times.com/1992/05/26/nyregion/who-s-got-a-gun-clues- are -in-the-body-language.html>.

7 David A. Harris, «Driving While Black and All Other Traffic Offenses: The Supreme Court and Pretextual Traffic Stops», *Journal of Criminal Law and Criminology* 87, n.º 2, 1997, p. 558, <https://scholarlycommons.law.northwestern.edu/cgi viewcontent. cgi?article=6913&context=jclc>.

8 *Heien v. North Carolina*, 135 S. Ct. 534, 2014, <https://www. leagle.com/decision/insco20141215960>.

9 Fox Butterfield, «A Way to Get the Gunmen: Get the Guns», *The New York Times*, 20 de noviembre de 1994, <https://www.nytimes. com/1994/11/20/us/a-way-to-get-the-gunmen-get-the-guns.html>.

10 Don Terry, «Kansas City Police Go After Own 'Bad Boys'», 10 de septiembre de 1991, <https://www.nytimes.com/1991/09/10/us/ kansas- city-police-go-after-own-bad-boys.html>.

11 Sobre el aumento de los altos policiales en Carolina del Norte a principios de la década de 2000, ver Deborah L. Weisel, «Racial and Ethnic Disparity in Traffic Stops in North Carolina, 2000-2001: Examining the Evidence», North Carolina Association of

Chiefs of Police, 2014, <http://ncracialjustice.org/wp-content/uploads/2015/08/Dr.-Weisel-Report.compressed.pdf>.

12   E. Macbeth y B. Ariel, «Place-based Statistical Versus Clinical Predictions of Crime Hot Spots and Harm Locations in Northern Ireland», *Justice Quarterly*, agosto de 2017, p. 22, <http://dx.doi.org/10.1080/07418825.2017.1360379>.

12. SANDRA BLAND

1   Nick Wing y Matt Ferner, «Here's What Cops and Their Supporters Are Saying about the Sandra Bland Arrest Video». *HuffPost*, 22 de julio de 2015, <https://www.huffingtonpost.com/entry/cops-sandra-bland-video_us_55afd6d3e4b07af29d57291d>.

2   Manual general del departamento tejano de Seguridad Pública, capítulo 5, sección 05.17.00, <https://www.documentcloud.org/documents/3146604-DPSGeneralManual.html>.

3   Oficina de prensa de DHS, «DHS Releases 2014 Travel and Trade Statistics», 23 de enero de 2015, <https://www.dhs.gov/news/2015/01/23/dhs-releases-2014-travel-and-trade-statistics>, consultado en marzo de 2019.

4   Charles Remsberg, *Tactics for Criminal Patrol: Vehicle Stops, Drug Discovery, and Officer Survival*, Northbrook, Ill., Calibre Press, 1995, pp. 27, 50, 68. También de esta fuente: «Si le acusan [...] el caso del acusado», p. 70; «interrogatorio encubierto» y «Mientras analizas en silencio [...] pruebas incriminatorias», p. 166; y «Demasiados policías [...] lo que hace el sospechoso», pp. 83-84.

5   Heien v. North Carolina, 135 S. Ct. 534, 2014, <https://www.leagle.com/decision/insco20141215960>.

6   Gary Webb, «DWB: Driving While Black», *Esquire* 131, n.º 4, abril de 1999, pp. 118-127. El artículo de Webb fue el primero de todos en documentar el creciente uso de las técnicas de Kansas City. Es excelente [...] y escalofriante. En un momento dado, se sienta con un agente floridano llamado Vogel, que era un defensor especialmente agresivo de las búsquedas proactivas. Estaba orgulloso de su sexto sentido a la hora de detectar potenciales criminales. Webb escribe:

«Otros indicios [según Vogel] son los adornos como "pendientes, anillos en la nariz, en los párpados. Denominadores comunes a las personas involucradas en delitos. Suelen acompañarse de tatuajes", particularmente de hojas de marihuana. Las pegatinas de los parachoques también le dan una idea de la personalidad del conductor. "Los adhesivos con calaveras también; la gente que viaja en vehículos con esos adornos casi siempre están relacionados con las drogas."».

Respiremos hondo.

7   «Citations by Trooper Brian Encinia», *Los Angeles Times*, 9 de agosto de 2015, <http://spreadsheets.latimes.com/citations-trooper-brian-encinia/>.

8   Todas las citas de preguntas y respuestas de Encinia/Renfro están tomadas de la entrevista de Brian Encinia con Cleve Renfro, teniente del departamento de Seguridad Pública de Texas, 8 de octubre de 2015. Audio obtenido por KXAN-TV de Austin, <https://www.kxan.com/news/investigations/trooper-fired-for-sandra-bland-arrest-my-safety-was-in-jeopardy/1052813612>, consultado en abril de 2019.

9   Código de Circulación de Texas, título 7, «Vehículos y tráfico», subtítulo C «Normativa vial», capítulo 545 «Funcionamiento y movimiento de vehículos», secciones 104 y 105, p. 16, <https://statutes.capitol.texas.gov/?link=TN>.

10 John E. Reid *et al.*, *Essentials of the Reid Technique: Criminal Investigation and Confessions*, Sudbury, Mass., Jones and Bartlett Publishers, 2005, p. 98.

El manual de Reid está lleno de afirmaciones sobre la detección de mentiras que, para decirlo de forma clara, son tonterías. El sistema de Reid enseña a los interrogadores, por ejemplo, a mantenerse alertas a las señales no verbales, que tienen el efecto de amplificar lo que dice un sospechoso. Por señales no verbales se entienden las posturas corporales, los gestos con las manos y similares. Como se indica en el manual, en la página 93, «de ahí las expresiones populares como: "Los actos dicen más que las palabras" o "Mírame a los ojos, si dices la verdad"».

Si apiláramos uno encima del otro todos los artículos científicos que refutan esta afirmación, llegarían a la Luna. A continuación recojo una de mis críticas favoritas, debida a Richard R. Johnson, criminólogo de la Universidad de Toledo. La investigación de Johnson se puede encontrar en «Race and Police Reliance on Suspicious Non-Verbal Cues», *Policing: An International Journal of Police Strategies and Management* 30, n.º 2, junio de 2007, pp. 277-290.

Johnson regresó y se puso a ver antiguos episodios del documental televisivo de media hora *Cops*. Como algunos recordarán, este programa comenzó a emitirse en 1989 y sigue emitiéndose aún hoy, lo que lo convierte en uno de los programas más longevos de la televisión estadounidense. Un equipo de cámaras acompaña a la policía y filma —sin narración, al más puro estilo *cinéma vérité*— lo que suceda en ese turno concreto. Resulta fascinante de un modo extraño, aunque es fácil olvidar que lo que se ve en un programa de *Cops* típico está muy editado; los policías, simple y llanamente, no tienen tantos quehaceres. Johnson vio cuatrocientos ochenta de los episodios de *Cops*. Buscaba interacciones entre policías y ciudadanos en las que el ciudadano apareciera en pantalla, de cintura para arriba, durante al menos sesenta segundos. Encontró 452 escenas de tales características. Luego las dividió en «inocentes» y «sospechosos», según la información proporcionada en el programa. ¿Era esa la madre con un niño en brazos cuya casa acababan de robar? ¿Era aquel el adolescente que había salido corriendo en cuanto vio a la policía y al que después encontrarían con las joyas de la mujer en la mochila? Después, volvió a subdividir la colección de vídeos, esta vez por razas: blanca, negra e hispana.

Cabe señalar que hay una pequeña montaña de investigaciones sobre las llamadas «señas conductuales». Pero el estudio de Johnson es especial, porque no se realizó en un laboratorio de psicología de la universidad, sino que es real como la vida misma.

Comencemos con la que muchos policías creen que es la conducta más importante: el contacto visual. El manual de uso de la técnica de Reid, la guía más utilizada para hacer cumplir la ley, es claro; las personas que mienten miran hacia otro lado. Los sospechosos veraces mantienen el contacto visual.

Entonces ¿qué encuentra Johnson cuando examina esta idea a la luz de las situaciones propias del mundo real que se muestran en *Cops?* Los que son inocentes, ¿tienen más probabilidades que los culpables de mirar a los ojos a un policía?

Johnson calculó el número total de segundos de contacto visual por minuto de grabación.

En realidad, es menos probable que las personas negras que son del todo inocentes en realidad miren a los ojos de un policía que las personas negras sospechosas de un delito.

Con respecto a los blancos, lo primero que cabe señalar es que, en conjunto, los caucásicos que aparecen en *Cops*, como grupo, miran a los ojos a los agentes de policía mucho más que los negros. De hecho, de entre los cuatro grupos, los blancos sospechosos de un crimen son los que pasan más tiempo mirando al policía a los ojos. Si uno interpreta el hecho de apartar la mirada como indicio de escasa credibilidad, tenderá a sospechar mucho más de los negros que de los blancos. Peor aún; más que de nadie sospechará de aquellos afroamericanos que sean del todo inocentes.

Lo siguiente es el examen de las expresiones faciales. La técnica de Reid enseña a los agentes de policía que las expresiones faciales pueden proporcionar pistas significativas sobre el fuero interno de un sospechoso, pensamientos del tipo: «¿Me han descubierto? ¿Estoy a punto de ser descubierto?». Como dice el manual:

«Un mero cambio en la expresión puede sugerir falsedad, así como la ausencia de tal cambio puede sugerir veracidad», en Reid *et al., Essentials of the Reid Technique*, p. 99.

Se trata de una variante de la idea común de que, cuando alguien es culpable o evasivo, sonríe mucho. Los agentes de policía encuestados se muestran muy en sintonía con la idea de que una «sonrisa frecuente» es indicio de algo turbio, un tic delator, por decirlo en la jerga del póker. He aquí el análisis de sonrisas por los policías de Johnson. Esta vez, también he incluido los datos de Johnson sobre los hispanos.

De nuevo, la regla de oro para muchos agentes de policía se cumple exactamente al revés. Quienes más sonríen son los afroamericanos inocentes, mientras que quienes lo hacen menos son los sospechosos hispanos. La única conclusión razonable que extraer de este cuadro es que los negros, cuando salen en *Cops*, sonríen mucho, los blancos sonríen un poco menos y los hispanos apenas si sonríen.

Veamos otra variante más, las pausas en el discurso. Si alguien que intenta explicarse interrumpe y reanuda nerviosamente su discurso una y otra vez, lo interpretamos como indicio de evasiva o engaño. ¿Correcto? ¿Qué dice la información de *Cops?*

Los sospechosos afroamericanos hablan con fluidez. Los hispanos inocentes se revuelven entre nerviosas vacilaciones. Quien obedezca al manual de Reid, encerrará a hispanos inocentes y será engañado por los afroamericanos culpables.

¿Significa esto que lo que necesitamos es un conjunto de reglas de interpretación mejor y más específico para los agentes de policía? «Ojito con ese negro que te habla con tanta cortesía. Los blancos que no sonríen, algo estarán tramando» ¡En absoluto! Tampoco eso funciona, debido a la enorme variabilidad que desveló Johnson.

Véase, por ejemplo, la gama de respuestas que conforman esos promedios. El contacto visual con los afroamericanos inocentes oscila entre 7 y 49,41 segundos. Hay personas negras inocentes que casi nunca establecen contacto visual y personas negras inocentes que lo establecen con mucha frecuencia. El rango de sonrisas para negros inocentes va de 0 a 13,34. Hay personas negras inocentes que sonríen mucho, 13,34 veces por minuto. Pero también hay negros inocentes que nunca sonríen. El rango de «trastornos del habla» para los caucásicos inocentes está entre 0,64 y 9,68. Hay personas blancas que se agitan vacilantes, como adolescentes llenos de nervios, y personas blancas que hablan como Winston Churchill. La única lección real es que no se puede prever cuándo y cuánto sonríe la gente, si te va a mirar a los ojos ni cuán fluidamente habla. E intentar encontrar cualquier tipo de patrón en ese comportamiento es imposible.

¡Un momento! Olvidaba una de las grandes pistas delatoras en virtud de las técnicas de Reid, a saber, ¡que hay que vigilar las manos!

Cuando se da una respuesta, las manos de un sujeto pueden hacer una de entre tres cosas. Pueden permanecer inmóviles, lo que quizá indique

que el sujeto carece de confianza en su respuesta verbal o que no está hablando de algo que se perciba como muy significativo. Las manos pueden también gesticular apartándose del cuerpo, lo cual se llama ilustrar. Por último, las manos pueden entrar en contacto con alguna parte del cuerpo, lo que se conoce como comportamiento adaptador (Reid *et al.*, P. 96).

Lo que sigue es una explicación de cómo los movimientos de la mano contribuyen o no a nuestra comprensión de la veracidad. La técnica de Reid presume que existe un patrón de movimientos manuales. ¿Es así? Debajo pueden verse los datos de Johnson sobre el movimiento de las manos. Esta vez he incluido la gama de respuestas; la respuesta más corta se consigna en la segunda columna, y la más larga, en la tercera. Echemos un vistazo:

Gesticulación manual por minuto	Lapso medio (segundos)	Lapso más breve (segundos)	Lapso más largo (segundos)
Afroamericano/inocente	28,39	00,00	58,46
Afroamericano/sospechoso	23,98	00,00	56,00
Caucásico/inocente	7,89	00,00	58,00
Caucásico/sospechoso	17,43	31,00	56,00
Hispano/inocente	22,14	23,00	57,00
Hispano/sospechoso	31,41	13,43	53,33
Muestra completa	23,68	00,00	58,46

Si entiende estas cifras, es usted más inteligente que yo.

Por cierto, la más extraña de todas las obsesiones de Reid es la de que «los cambios de ritmo al menear uno o ambos pies, ya se trate de un arranque o una parada repentinos, cuando se producen a la vez que una respuesta verbal, pueden ser un indicio significativo de engaño […]. Los pies también participan de cambios posturales significativos como ese "revolverse en la silla", en virtud del cual el sujeto planta sus pies para levantar un poco el cuerpo, adoptando una nueva postura. Los cambios bruscos de esta naturaleza son buenos indicios de engaño cuando preceden de inmediato o se producen con simultaneidad a una respuesta verbal del sujeto» (Reid *et al.*, *Essentials of the Reid Technique*, p. 98).

¿Y bien? Resulta que soy uno de ésos que no dejan de tabalear nerviosamente con el pie. Lo hago cuando me emociono, cuando estoy en racha o cuando me paso con el café. ¿Qué diablos tiene que ver esto con mi sinceridad?

Para fijar otro clavo al ataúd de la técnica de Reid, permítaseme citar el devastador artículo jurídico de Brian Gallini, «Police 'Science' in the Interrogation Room: Seventy Years of Pseudo-Psychological Interrogation Methods to Obtain Inadmissible Confessions», *Hastings Law Journal* 61, 2010, p. 529. El siguiente pasaje describe un estudio a cargo de Saul Kassin y Christina Fong, «'I'm Innocent!': Effects of Training on Judgments of Truth and Deception in the Interrogation Room», *Law and Human Behavior* 23, n.º 5, octubre de 1999, pp. 499-516.

Lo que es más significativo aún, los profesores Kassin y Fong grabaron en vídeo a un grupo de participantes interrogados de conformidad con el método Reid para determinar si habían cometido un crimen simulado. Un segundo grupo de participantes, algunos de los cuales se habían formado en el método de Reid, vieron las grabaciones y opinaron sobre 1) la culpabilidad o inocencia de cada sujeto, y 2) su confianza en su propia evaluación de culpabilidad o inocencia. Los resultados fueron tan predecibles como perturbadores; en primer lugar, el porcentaje de juicios atinados era comparable al que se obtiene al azar; en segundo lugar, «el entrenamiento en el uso de señales verbales y no verbales no mejoró la precisión del juicio». En un esfuerzo por explicar por qué la formación no había servido en absoluto para mejorar el tino en los juicios, los autores declaraban enfáticamente: «No existe una base empírica sólida para la proposición de que estas señales disciernan de manera confiable entre los delincuentes y las personas inocentes acusadas de delitos que no han cometido».

Por último, informaban los autores, los participantes demostraron un exceso de confianza en la capacidad para dirimir culpabilidades e inocencias. En sus propias palabras:

Los participantes, tanto los que habían recibido formación [en el méto-do] como los profanos, evidenciaron que no había una correlación im-portante entre lo atinado o no de los juicios y la confianza en los mismos, y ello con independencia de si dicha confianza se había medido durante la tarea, después de ella o antes. Viene a corroborar los problemas meta-cognoscitivos en este dominio el hecho de que las evaluaciones de la confianza, sin duda, se correlacionaran con el número de razones, inclui-das aquéllas basadas en el método de Reid, que motivan los juicios, otra medida dependiente que no predice lo acertado de estos. La formación surtió un efecto particularmente adverso en este sentido. A saber, aquellos versados en el método erraron más que los profanos a la hora de juzgar qué era verdad y qué era engaño; sin embargo, se mostraban más seguros de sí mismos y articulaban mejor las razones de sus juicios, a menudo erróneos.

11 «Sandy Speaks — March 1, 2015», YouTube, 24 de julio de 2015, <https://www.youtube.com/watch?v=WJw3_cvrcwE>, consultado el 22 de marzo de 2019.

12 Departamento estadounidense de Justicia, división de Derechos Civiles, «Investigation of the Ferguson Police Department», 4 de marzo de 2015, <https://www.justice.gov/sites/default/files/opa/press-releases/attachments/2015/03/04/ferguson_police_department_report.pdf>.

13 Charles R. Epp, Steven Maynard-Moody y Donald Haider-Markel, *How Police Stops Define Race and Citizenship*, Chicago, University of Chicago Press, 2004.

14 «Open Data Policing: North Carolina», leído en marzo de 2019, <https://opendatapolicing.com/nc/>, consultado en marzo de 2019.

15 Más sobre los dilemas causados por las búsquedas de agujas en pajares; en la mayoría de países se exhorta a las mujeres de media-na edad a hacerse mamografías con regularidad. No obstante, el cáncer de mama es muy raro, ya que poco menos del 0,5 por ciento de las mujeres que se hacen una mamografía resultan pa-decer el mal. La detección de cánceres de mama es, por lo tanto, la búsqueda de una aguja en un pajar.

La epidemióloga Joann Elmore calculó no hace mucho qué significa esto. Lo que dijo es que imaginemos que un equipo de radiólogos mamografiara a cien mil mujeres. Estadísticamente, debería haber 480 cánceres entre esas cien mil. ¿Cuántos encuentran los radiólogos? 398. Créanme, tratándose de una tarea tan difícil como leer una mamografía, no es mal número.

Ahora bien, durante el proceso de diagnosticar del modo adecuado esos casos, los radiólogos también obtendrán 8.957 falsos positivos. Así es como funcionan las búsquedas en pajares; para encontrar la pistola que de vez en cuando se detecta en el equipaje de un viajero, antes hay que haber descubierto muchos secadores de pelo.

Ahora supongamos que deseamos mejorar la detección de cánceres. No nos conformamos con 398 de 480. Elmore hizo un segundo cálculo, esta vez con un grupo de radiólogos cuya formación alcanzaba el nivel de la elite. Estos médicos eran exhaustivos en extremo y muy recelosos, el equivalente médico a Brian Encinia. Identificaron de modo correcto 422 de los 480 casos. ¡Qué bien! Pero ¿cuántos falsos positivos generó ese plus de recelo? 10.947. Otras dos mil mujeres, sanas del todo, estaban marcadas por una enfermedad que no tenían, y expuestas de forma potencial a un tratamiento que no necesitaban. Los radiólogos altamente capacitados se revelaron más eficaces en la detección de tumores, pero no porque fueran más precisos. Eran mejores porque recelaban más. Veían cáncer por todas partes.

Pregunta para las lectoras: ¿qué equipo de radiólogos prefiere que analice su mamografía? ¿Qué le preocupa más, la remota posibilidad de que padezca cáncer y no se lo detecten o la probabilidad mucho mayor de que le diagnostiquen un cáncer que no tiene? No hay una respuesta correcta o incorrecta a esa pregunta. Cada cual gestiona la salud y los riesgos propios como le place. Lo crucial, sin embargo, es la lección que esas cifras nos enseñan sobre las búsquedas en pajares. Lo que es raro sale caro.

16 Este mapa de delitos refleja los datos del condado de Waller entre 2013 y 2017, recopilados por el agregador de información sobre

delincuencia SpotCrime, con base en Baltimore, que recaba datos de los departamentos de policía locales.

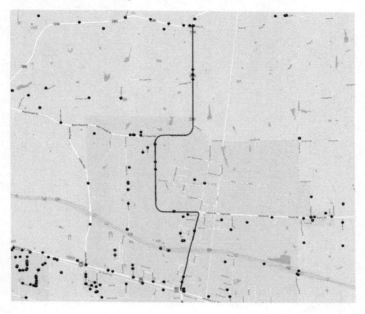

AGRADECIMIENTOS

Hablar con desconocidos, como todos los libros, ha sido una labor de equipo, y me siento afortunado por el hecho de que mis compañeros de equipo estén entre los mejores. Ha sido un placer trabajar con la gente de Little, Brown, en particular, mi brillante editora, Asya Muchnick y mi director, Reagan Arthur, así como todos los que han apoyado este libro desde el principio, como Elizabeth Garriga, Pamela Marshall, Allan Fallow y muchos otros miembros de la mejor editorial de Estados Unidos. Helen Conford, de Penguin Reino Unido, dijo la cosa más británica que haya oído nunca: «¡Muchos temas prohibidos! ¡Me encanta!». Gracias especiales a Eloise Lynton, mi incansable verificadora de datos, a Camille Baptista, que me contestó a un millón de preguntas, y a mi agente, Tina Bennett, sin la que estaría escribiendo a mano en un pergamino perdido en cualquier buhardilla sin calefacción. Muchos amigos dedicaron tiempo a leer el manuscrito y ofrecerme sus consejos, como Adam Alter, Ann Banchoff, Tali Farhadian, Henry Finder, Mala Gaonkar, Emily Hunt, todos los Lynton, Brit Marling, Kate Moore, Wesley Neff, Kate Taylor, Lily y Jacob Weisberg y Dave Wirtshafter.

Espero no haber olvidado a nadie.

Un agradecimiento especial, como siempre, a mi madre, que me enseñó a escribir con claridad y sencillez. Mi padre, por desgracia, murió antes de que lo pudiese terminar. Lo habría leído con cuidado, habría reflexionado sobre él y, después, habría dicho algo profundo o gracioso. O quizá ambas cosas. Es un libro de menos nivel sin esa contribución.

CRÉDITOS DE LAS ILUSTRACIONES

El autor agradece el permiso para usar el siguiente material con derechos de autor:

Fotos de la sonrisa Duchenne y no Duchenne. Reimpreso con permiso de Paul Ekman, Ph.D./Paul Ekman Group, LLC.

Foto de la «ira» de Job van der Schalk *et al.*, «Moving Faces, Looking Places: Validation of the Amsterdam Dynamic Facial Expression Set (ADFES)», *Emotion* 11, n° 4, 2011. P. 912. Reproducido con permiso del autor.

Imágenes de la «Figura compleja del test Rey-Osterrieth», «ROCF: Figuras dibujadas mediante recuerdo inmediato en grupos pre- y posestrés» y «ROCF: Figuras dibujadas mediante recuerdo inmediato en el grupo sometido a estrés», de Charles A. Morgan *et al.*, «Stress-Induced Deficits in Working Memory and Visuo-Constructive Abilities in Special Operations Soldiers», *Biological Psychiatry* 60, n.º 7, 2006, pp. 722-729. Reproducido con permiso del Dr. Charles A. Morgan III y de Elsevier.

Fragmentos de «Edge» [61], «Lady and Lazarus» [2] y «A Birthday Present» [6] de *The Collected Poems of Sylvia Plath*, Copyright © 1960, 1965, 1971, 1981 by the Estate of Sylvia Plath. Material editorial con derechos de autor © 1981 propiedad de Ted Hughes. Reimpreso con permiso de Harper Collins.

ÍNDICE ALFABÉTICO

Los números de página en *cursiva* hacen referencia a tablas y figuras.

360 HABLAR CON EXTRAÑOS

Malcom Gladwell (Fareham, Inglaterra, 1963) es autor de los best sellers *El punto clave* (Taurus, 2001), *Blink: Inteligencia intuitiva* (Taurus, 2007), *Outliers: Fuera de serie* (Taurus, 2009), *Lo que vio el perro* (Taurus, 2010) y *David y Goliat* (Taurus, 2013). Ha sido considerado una de las cien personas más influyentes según *Time Magazine* y como uno de los mejores pensadores del mundo según *Foreign Policy*. Es redactor estrella del *New Yorker*.